CONTES DE L'ALHAMBRA

WASHINGTON IRVING

CONTES
DE
L'ALHAMBRA

MIGUEL SÁNCHEZ, EDITOR

GRANADA

© Miguel Sánchez, Editeur - M. de Mondéjar, 44 - Granada
Traduction e introduction: André Belamich
Depósito legal: M.32472-1991
ISBN: 84-7169-018-7
Illustrations: Offo - Madrid
Impression: GREFOL, S. A., Pol. II - La Fuensanta
Móstoles (Madrid)
Printed in Spain

INTRODUCTION

*P*ARTIR *à cheval, un beau matin de Mai, de Séville vers Grenade, avec un ami, un écuyer, des provisions, une carabine pour se défendre contre les bandits, une petite somme d'argent, des mois entiers de liberté devant soi, et, pour seule route, celle de la fantaisie; ouvrir des yeux neufs sur une terre et un peuple demeurés, malgré tout, parmi les plus intacts et les plus authentiques du monde civilisé; arriver, de découverte en découverte, en face de Grenade, dorée par le soleil couchant, et là, se voir offrir par le Gouverneur de l'Alhambra ses propres appartements dans le vieux palais maure que l'on aura tout à soi, pour ainsi dire, pendant plus d'une saison, telle est l'aventure presque incroyable qui advint en 1829 à l'auteur de ce livre.*

A une époque où s'exaltait le goût de la couleur, du merveilleux exotique et légendaire, des ruines et de la mélancolie du passé, des contrastes de toute sorte (que l'humanité d'alors nous paraît jeune!) quel site, mieux que l'Alhambra, pouvait inspirer un écrivain? Asile de verdure au-dessus de la plaine brûlée, résidence des rois et abri des mendiants, tours formidables et patios raffinés, fragile beauté de ces dentelles de pierre sorties intactes des siècles destructeurs, silence de ces salles autrefois animées, où, la nuit, l'imagination inquiète croit entendre dans le murmure des eaux les plaintes d'âmes en peine, silence plein de légendes... quel foisonnement de thèmes! quels sujets de méditations!

Telle est la substance des pages qui vont suivre. Et, certes, elles ne sont pas totalement dépourvues des défauts de l'époque. Leur romantisme a quelque peu vieilli, comme celui des jolies gravures contemporaines qui l'illustrent. Le pittoresque des apparences et le merveilleux conventionnel des légendes y recouvrent parfois la poésie profonde de la réalité. L'enthousiasme de l'auteur s'y satisfait plus qu'il ne faudrait d'images banales, de clichés, de «brunes beautés», de «brises parfumées», etc., et l'on peut trouver les contes un peu trop étirés.

Pourtant le charme de ce livre d'esquisses et de contes en est à peine diminué. L'auteur du Sketch Book *sait voir d'un œil clair et peindre avec autant de justesse que de sensibilité un paysage: panorama matinal saisi du haut de la Tour de Comares; crescendo et decrescendo de la lumière du jour sur Grenade; effet de clair de lune sur l'Alhambra, dont nulle subtile nuance ne lui échappe, de la transfiguration des marbres à la faible rougeur de la rose. Ses silhouettes sont campées d'un trait vif, exact et drôle. L'humour et la bonne humeur alternent, dans ses légendes, avec l'émotion, plus proches de Walt Disney que de La Fontaine. Mais il excelle surtout dans le récit: on remarquera avec quelle délicatesse il conte l'histoire du pigeon volage de Dolores, avec quelle vérité il relate la première nuit passée dans l'appartement de la reine Elisabeth de Parme... Avec cela, le meilleur caractère du monde: simple, discret, enjoué, prompt à s'émouvoir, à se passionner.*

C'est le guide idéal avec qui visiter l'Alhambra dans l'espace, dans le temps, et selon cette autre dimension qui est celle de la féerie. Loin de Grenade, au hasard d'une phrase ou d'une évocation rencontrée en ce livre, le vieux palais resurgira dans notre souvenir, avec ses colonnes, ses jets d'eau, son jardin secret, à peine plus réel que les légendes qu'il a fait naître, comme par un effet de cet enchantement dont ces pages sont pleines.

ANDRÉ BELAMICH.

NOTE.—Pour les noms locaux, nous avons préféré à celle du texte de W. Irving la graphie exacte qu'en donne M. Villa-Real dans son excellente version espagnole de ce même livre.

A. M. DAVID WILKIE[1]

Cher monsieur,

Au cours des voyages que nous fîmes ensemble jadis dans certaines vieilles villes d'Espagne—je pense en particulier à Tolède et à Séville—vous vous souvenez peut-être combien nous fûmes sensibles à ce fort mélange de sarrasin et de gothique, qui date du temps des Maures, et au caractère particulier de certaines scènes de rues qui nous évoquaient des passages des «Mille et une Nuits». Vous m'engagiez à écrire quelque chose pour illustrer ces intéressantes particularités, «quelque chose à la manière de Haroun Al-Raschid» et qui eût le parfum de ces aromates d'Arabie dont l'air de l'Espagne est encore tout imprégné. Je vous remets ce détail en mémoire pour vous montrer que, dans une certaine mesure, vous êtes à l'origine de ce présent ouvrage, dans lequel j'ai consigné quelques croquis «arabes», pris sur le vif, et des légendes inspirées de la tradition populaire, lors d'une séjour dans un des endroits les plus authentiquement hispano-mauresques de la Péninsule.

Je vous dédie ces pages en souvenir des scènes agréables auxquelles nous avons assisté ensemble dans ce pays des miracles et en témoignage d'une estime pour votre personne qui n'a d'égale, Monsieur, que l'admiration que je porte à votre talent.

Votre ami et compagnon de voyage,

L'AUTEUR.

Mai, 1832.

---

[1] Peintre anglais, membre de la *Royal Academy de Londres*. (*N. d. T.*)

11

L'ALHAMBRA

ESQUISSES ET LÉGENDES
INSPIRÉES PAR LES MAURES
ET LES ESPAGNOLS

LE VOYAGE

A<small>U</small> printemps de 1829, l'auteur de cet ouvrage, que la curiosité avait attiré en Espagne, fit une excursion de Séville à Grenade en compagnie d'un ami, membre de l'ambassade russe de Madrid. Venus l'un et l'autre de contrées éloignées du globe, le hasard nous avait réunis, et la similitude de nos goûts nous engagea à vagabonder ensemble parmi les romantiques montagnes de l'Andalousie. Quels que soient les lieux où l'aient conduit les devoirs de sa charge, dans le faste des cours ou parmi les richesses plus réelles de la nature, si jamais ces pages tombent sous ses yeux, puissent-elles lui rappeler, avec les images de notre aventureuse randonnée, celle de quelqu'un chez qui le temps ni la distance ne sauraient effacer le souvenir de son aimable et précieuse amitié!

Mais avant de commencer, qu'on me permette de faire quelques remarques préliminaires sur la terre d'Espagne et sur la façon dont on y voyage. En général, on se représente l'Espagne comme une molle région méditerranéenne, parée de tous les charmes brillants de la voluptueuse Italie. Bien au contraire: hormis quelques provinces maritimes, c'est un pays sombre et sévère, aux monts hérissés, aux plaines immenses, privées d'arbres, ineffablement solitaires et silencieuses, qui présente tous les caractères de l'Afrique sauvage et désolée. Ce qui accroît cette impression de silence, c'est l'absence d'oiseaux chanteurs, conséquence naturelle du manque de bosquets et de haies. L'aigle et le vautour font de grands cercles autour des falaises, bien au-dessus des plaines, et l'outarde timide traverse en bandes les bruyères; mais les myriades de petits oiseaux qui animent toute la physionomie des autres pays ne se trouvent en Espagne que dans quelques provinces, de préférence auprès des vergers et des jardins qui entourent la demeure de l'homme.

Dans les provinces de l'intérieur, il arrive parfois au voyageur de traverser d'immenses terres à blé, parfois vertes et ondoyantes, d'autres fois sèches et brûlées, et il cherche en vain la main qui les a cultivées. Finalement, il aperçoit, sur une colline abrupte ou un roc décharné, un village avec sa tour de guet et ses remparts en ruine qui le défendaient autrefois contre les guerres civiles ou les incursions mauresques. La coutume de se grouper pour se protéger s'est d'ailleurs conservée chez les paysans, à la suite des méfaits des pillards.

Mais si l'Espagne est à peu près dépourvue de l'agrément des bois et des forêts ainsi que de l'ornement des plantes cultivées, en revanche, elle y gagne en hauteur et en noblesse —qualités qu'on retrouve chez son peuple. Je crois mieux comprendre la fierté, la bravoure; la frugalité, la tempérance de l'Espagnol, son mâle mépris de l'infortune et son dégoût de la mollesse, depuis que j'ai vu le pays qu'il habite.

Il y a encore dans l'austère simplicité de lignes du paysage espagnol quelque chose qui fait naître dans l'âme le sentiment du sublime. Les plaines interminables des deux Castilles et de la Manche, dont l'œil n'atteint pas la limite, tirent un intérêt de leur nudité même qui évoque la grandeur solennelle de l'océan. En parcourant du regard ces espaces infinis, on voit, çà et là, un troupeau éparpillé sous la garde d'un pâtre solitaire, immobile comme une statue, avec son long bâton au bout effilé a la façon d'une lance; ou bien, c'est une longue file de mules qui chemine lentement sur le plateau, telle une caravane au milieu du désert; ou encore, un berger, armé d'un tromblon et d'un stylet, qui rôde comme un bandit dans la plaine. Ainsi la terre, les mœurs, l'allure même des gens ont un cachet arabe. L'état d'insécurité générale du pays est attesté par le fait que tout le monde porte des armes. Le berger au champ, le pâtre dans la plaine ont leur mousquet et leur couteau. Le villageois se risque rarement jusqu'à la bourgade voisine sans son *trabuco*[1] et parfois même un domestique à pied portant son escopette en bandoulière. Le moindre déplacement s'entoure de préparatifs belliqueux.

Les périls de la route ont provoqué un mode de voyage qui s'apparente, quoique sur une moindre échelle, aux caravanes de l'Orient. Les *arrieros,* ou muletiers, se rassemblent en convois importants et bien armés qui se mettent en route à jours fixes; en chemin, de nouveaux voyageurs viennent grossir leur force et leur nombre. C'est de cette façon primitive que s'effectue le commerce du pays. Le muletier est le grand convoyeur en titre qui traverse toute la Péninsule depuis les Pyrénées et les Asturies jusqu'aux Alpujarras, jusqu'à la Serranía de Ronda et même aux portes de Gibraltar. Il vit frugalement: ses *alforjas*[2] de gros drap contiennent ses maigres provisions et sa gourde de cuir, pendue à l'arçon de sa selle, le vin ou l'eau qui lui permettront de traverser ces montagnes stériles et ces plaines desséchées. La nuit, la couverture de sa mule, étendue sur le sol, lui sert de lit, et la selle, d'oreiller. De petite taille, mais vigoureux et bien découplé, il respire l'énergie; son teint est brun, cuit par le soleil, son regard résolu mais serein, sauf lorsqu'il est pris d'une émotion subite; franc, viril et poli à la fois, il ne passe jamais près de vous sans vous adresser une grave salutation: «¡*Dios guarde a usted! ¡Vaya usted con Dios, caballero!*»[3]

[1] Mousquet de gros calibre.
[2] Sacs pendus à la selle.
[3] Dieu vous garde! Allez avec Dieu, *caballero.*

Comme ces hommes risquent souvent toute leur fortune sur le dos de leurs mules, ils tiennent leurs armes à portée de la main, attachées à leur selle, toujours prêts à défendre chèrement leur vie en cas d'alerte. Mais leur nombre les garantit contre les petites bandes de pillards, et le *bandolero*[1] solitaire, armé jusqu'aux dents sur son coursier andalou, rôde autour d'eux sans oser les attaquer, comme un pirate autour d'un convoi de vaisseaux marchands.

Le muletier espagnol possède un inépuisable répertoire de chants et de ballades qui trompent la monotonie de ses continuels voyages. Ses airs sont rudes, simples, peu modulés. Et il les chante d'une voix forte et traînante, assis de côté sur sa mule qui semble l'écouter de l'air le plus grave du monde et marquer la mesure de son trottinement cadencé. Les paroles mises en musique sont souvent de vieux «romances» traditionnels sur les Maures, des légendes de saints ou bien des chansons d'amour; ou encore, ce qui est plus fréquent, quelque ballade en l'honneur d'un hardi *contrabandista,* ou d'un intrépide *bandolero,* car, dans la poésie populaire, le contrebandier et le bandit font figure de héros. Souvent la chanson du muletier est composée impromptu à l'occasion d'une scène locale ou d'un incident de voyage. Ce talent d'improvisation, si fréquent en Espagne, serait un héritage des Maures. C'est une sensation énivrante que d'écouter ces chansons au milieu des sites sauvages et désolés qui les ont fait naître, accompagnées, çà et là, par les sonnailles de la mule.

Rien n'est plus pittoresque que la rencontre d'un convoi de mules dans un col de montagne. On commence par entendre les grelots des premières mules dont la simple mélodie vient rompre le silence de ces hauteurs; ou bien, c'est la voix du muletier qui gronde une bête attardée ou capricieuse ou qui entonne à tue-tête une vieille ballade. Puis l'on aperçoit la file

[1] Voleur de grands chemins.

des mules qui se déroule en zigzag le long du défilé rocheux, soit qu'elles descendent des pentes raides en silhouettes nettement découpées sur le ciel, soit qu'elles gravissent avec peine les flancs arides de l'abîme qui se creuse sous vos pieds. A mesure qu'elles se rapprochent, on peut distinguer les brillantes couleurs de leurs pompons de laine, de leurs glands et de leur harnais. Et lorsqu'elles passent près de vous, la vue de l'éternel *trabuco* accroché derrière les ballots et les selles vous rappelle l'insécurité de la route.

L'antique royaume de Grenade, où nous sommes sur le point de pénétrer, est l'une des régions les plus montagneuses de l'Espagne. De vastes *sierras,* ou chaînes de montagnes, sans la moindre trace d'arbustes ou de végétation, veinées de marbres et de granits diaprés, dressent leurs sommets brûlés de soleil contre un ciel du bleu le plus profond; mais pourtant, c'est au sein de cette aridité de pierre que verdoient les plus fertiles vallées, où le jardin surgit du désert et où le roc lui-même se voit, pour ainsi dire, contraint de produire la figue, l'orange et le citron et de fleurir en touffes de myrtes et de roses.

Dans les défilés sauvages de ces montagnes, lorsqu'on aperçoit des villes ou des villages fortifiés, bâtis en nids d'aigle parmi les escarpements rocheux, avec leurs remparts mauresques ou bien des tours en ruines perchées sur des pics aigus, l'esprit se reporte aux temps chevaleresques des guerres entre chrétiens et Maures et aux luttes épiques pour la conquête de Grenade. En traversant ces hautes *sierras,* le voyageur est souvent forcé de mettre pied à terre et de mener son cheval par la bride dans des montées et des descentes abruptes et discontinues comme un escalier brisé. Parfois la route côtoie les lacets d'un précipice vertigineux, sans parapet pour le protéger de l'appel du gouffre, avant de plonger à pic, dangereusement, dans le noir. Parfois encore, elle s'étire le long de *ba-*

rrancos—ou ravins pierreux, rongés par les torrents de l'hiver—c'est la piste secrète du *contrabandista;* de temps à autre, une croix sinistre, érigée sur un tas de pierres, à un point solitaire de la route, en souvenir d'un vol ou d'un crime, avertit le voyageur qu'il se trouve au voisinage de repaires de brigands et peut-être à l'instant même sous les yeux de quelque *bandolero* à l'affût. Parfois, tandis qu'il suit les sinuosités d'une étroite vallée, un mugissement sauvage le fait sursauter et il aperçoit au-dessus de sa tête, dans un vert recoin du versant, un troupeau de féroces taureaux andalous destinés aux combats de l'arène. Il y a quelque chose d'affreux dans la vue de ces formidables animaux, doués d'une force terrible, qui parcourent leurs prés dans un état de sauvagerie indomptée et ignorent presque la face de l'homme: ils ne connaissent que le berger solitaire qui les soigne, et encore celui-ci n'ose-t-il pas toujours les approcher. Le sourd mugissement de ces taureaux, l'aspect menaçant qu'ils ont du haut de ces rochers rendent encore plus farouche le paysage environnant.

Je me suis laissé entraîner, sans m'en rendre compte, à une digression plus longue que je ne le voulais sur ces particularités: c'est que toute réminiscence d'Espagne possède un charme qui enchante l'imagination.

C'est le Ier Mai que mon compagnon et moi-même quittâmes Séville en direction de Grenade. Nous avions fait tous les préparatifs requis par notre expédition qui devait nous faire traverser des régions montagneuses, où les chemins ne sont guère que des sentiers muletiers, trop souvent infestés de voleurs. Nous avions confié la partie la plus précieuse de nos bagages aux *arrieros,* ne conservant que du linge, des objets nécessaires en voyage, de l'argent pour les frais de route, et un pécule supplémentaire, en cas d'agression, pour satisfaire aux exigences des voleurs et nous préserver des mauvais traitements qui attendent le voyageur trop précautionneux qu'ils trouvent les mains vides. Nous louâmes deux bons chevaux pour nous-mêmes, un troisième pour transporter notre maigre bagage et un vigoureux Biscayen d'une vingtaine d'années qui devait nous guider à travers l'enchevêtrement des chemins de montagne, s'occuper des bêtes, nous servir parfois de domestique et toujours de garde de corps: il avait pour nous défendre des *rateros,* ou bandits solitaires, un formidable *trabuco* dont il était excessivement fier; mais, au risque de diminuer sa gloire, il faut bien que je le dise, la plupart du temps, l'arme pendait, non chargée, derrière la selle. Au demeurant, le meilleur garçon du monde, fidèle, bon, farci de proverbes et de dictons, comme cette perle des écuyers, le célèbre Sancho, dont nous lui donnâmes le nom; mais en véritable Espagnol qu'il était, bien que traité par nous comme un compagnon, il ne dépassa jamais, même au plus fort de son hilarité, les bornes de la déférence et du respect.

Ainsi équipés et suivis, nous nous mîmes en route, bien décidés à goûter tout le charme de notre aventure. Dans cet état d'esprit, quel pays pour le voyageur que cette Espagne où l'auberge la plus misérable offre autant d'aventures qu'un château enchanté, et où le moindre repas prend figure d'exploit! Que d'autres y regrettent les hôtels somptueux, les routes civilisées et tous les raffinements compliqués des pays où règne l'insipide banalité; ce que je veux, moi, c'est la rude ascension montagnarde, la route hasardeuse, pleine d'imprévu, et ces manières franches, hospitalières, bien qu'un peu sauvages, qui donnent une saveur si âpre et si authentique à l'Espagne!

Notre première soirée fut typique, à cet égard. Nous arrivâmes après le crépuscule dans une petite ville nichée au milieu de collines, après un trajet épuisant dans une vaste plaine déserte où nous avions été plus d'une fois douchés par des averses. Dans l'auberge, il y avait un groupe de *miqueletes*[1]

---

[1] Miquelet, soldat de la garde des gouverneurs de province. (*N. d. T.*)

qui faisaient la patrouille dans le pays, à la poursuite des voleurs. L'apparition d'étrangers était assez insolite dans cette petite ville perdue: notre hôte s'en alla dans un coin de la *posada* étudier nos passeports en compagnie de deux ou trois camarades qui chuchotaient, dans leurs capes brunes, tandis que l'*alguacil* prenait des notes, à la lueur indécise d'une lampe. Les passeports, rédigés en langues étrangères, n'étaient pas faits pour dissiper leur perplexité, mais notre écuyer Sancho leur vint en aide, et avec une emphase tout espagnole, nous posa à leurs yeux comme de grands personnages. Entre temps, quelques cigares, royalement distribués à la ronde, nous avaient gagné tous les cœurs; et bientôt tout ce monde parut s'agiter afin de nous recevoir dignement. Le *corregidor* lui-même vint nous saluer et notre hôtesse avança en grande pompe un énorme fauteuil paillé pour cet important personnage. Le capitaine de la patrouille vint dîner avec nous: c'était un Andalou pétillant, qui avait fait une campagne en Amérique du Sud. Il nous conta ses exploits amoureux et belliqueux avec de grands mots, de grands gestes et des œillades pleines de mystère. Il nous dit qu'il avait une liste de tous les brigands du pays et qu'il allait les dénicher, tous tant qu'ils étaient; en même temps, il nous offrit quelques uns de ses soldats comme escorte. «Un seul suffirait à vous protéger, *señores;* les voleurs me connaissent, moi et mes hommes; la vue d'un seul d'entre eux suffira à répandre la terreur dans toute la *sierra.*» Nous le remerciâmes de son offre et lui répondîmes, tout aussi simplement, qu'avec la protection de notre redoutable Sancho, nous n'avions rien à craindre de tous les *ladrones* réunis de l'Andalousie.

Pendant que nous dînions avec notre ami le matamore, nous entendîmes le son d'une guitare, le cliquetis de castagnettes, puis des voix qui chantaient en chœur un air populaire: notre hôte avait eu la délicate attention de réunir en notre honneur les musiciens et les rustiques beautés du voisinage.

Le patio, quand nous y entrâmes, nous offrit le spectacle d'une véritable fête espagnole. Nous prîmes place, avec nos hôtes et le capitaine de la patrouille, sous la voûte de la cour; la guitare passait de main en main; elle trouva son Orphée dans la personne d'un jovial cordonnier. Aimable à voir, avec ses énormes favoris noirs, les manches retroussées aux coudes, il pinçait la guitare avec une sûreté magistrale et chantait de petites mélodies amoureuses en lançant des œillades assassines aux femmes, auprès desquelles il était manifestement populaire. Ensuite, il fit un *fandango* avec une plantureuse Andalouse, pour la plus grande joie des spectateurs. Mais aucune des jeunes personnes présentes n'aurait pu se comparer à la jolie Pepita, la fille de notre hôte, qui était allée en cachette se faire une toilette pour la circonstance et couronner sa chevelure de roses, et qui se distingua dans un *bolero* qu'elle dansa avec un jeune et beau dragon. Nous avions donné ordre de faire couler le vin et les rafraîchissements à volonté; mais de toute cette assemblée disparate de soldats, de muletiers et de villageois, personne ne dépassa les bornes de la sobriété. La scène était à peindre: le groupe pittoresque des danseurs, les miquelets dans leur accoutrement à moitié militaire, les paysans enveloppés dans leurs capes brunes... et je ne dois pas omettre le vieil *alguacil,* tout maigre dans sa houppelande noire, qui, assis dans son coin, parfaitement indifférent aux réjouissances, continuait à écrire d'une main alerte, à la pâle lumière d'une immense lampe de cuivre qui datait sans doute de Don Quichotte.

Comme je n'ai pas la prétention de donner ici un récit suivi, ni de conter par le menu les différents incidents qui se produisirent au cours de cette excursion de plusieurs jours par monts et par vaux, à travers landes et montagnes, je me contenterai de dire, en résumé, que nous voyageâmes tout à fait à la façon du *contrabandista,* acceptant toute chose—agréable ou non—telle qu'elle se présentait à nous et nous mêlant avec les gens de tout rang et de toute condition dans une sorte de compagnonnage de la route. C'est le meilleur moyen de voyager en Espagne. Avertis des maigres ressources des auberges, et des étendues désertes que le voyageur est souvent exposé à traverser, nous avions pris grand soin, au départ, de bourrer les *alforjas*—ou sacs de selle—de notre écuyer de provisions froides et d'emplir jusqu'au goulot son imposante *bota*—ou gourde de cuir—, d'un bon vin de Valdepeñas. Comme c'était pour notre campagne un genre de munition qui nous était d'une utilité encore plus grande que son *trabuco,* nous l'exhortâmes à y avoir l'œil. Et je dois dire à son honneur que son homonyme Sancho, l'ami de la bonne chère, ne l'aurait pas surpassé dans ses fonctions de pourvoyeur. Bien que soumises à de fréquents et vigoureux assauts tout au cours du voyage, les *alforjas* et la *bota,* comme par miracle, ne se vidaient jamais; car notre vigilant écuyer prenait soin de faire main basse sur les restes de nos dîners à l'auberge, afin d'assurer le déjeuner du lendemain.

Ah! quels plantureux festins nous faisions à midi, installés sur une verte pelouse au bord d'un ruisseau ou d'une fontaine, à l'ombre d'un arbre! Puis, quelles délicieuses siestes, sur nos capes, étendus dans l'herbe!

Un jour, à midi, nous nous arrêtâmes pour faire un repas de ce genre. C'était dans un charmant petit pré, tout entouré de collines couvertes d'oliviers. Nous avions étendu nos capes sur l'herbe, au pied d'un orme, au bord d'un cours d'eau murmurant; nos chevaux, mis à l'attache, pouvaient paître tout leur content. Sancho nous exhiba ses *alforjas* avec un air de triomphe. Elles contenaient la récolte de quatre jours d'errances, mais s'étaient aussi considérablement enrichies du butin de la veille, pris dans une auberge particulièrement fournie d'Antequera. Notre écuyer en tira, un à un, les articles les plus disparates, et cela n'en finissait plus. Ce fut d'abord une épaule de chevreau rôti, à peine faisandé; puis une perdrix entière;

puis un gros morceau de morue salée, enveloppé dans du papier; puis un reste de jambon; puis un demi poulet, le tout accompagné de plusieurs petits pains, et d'une kyrielle d'oranges, de figues, de raisins secs et de noix. Quant à sa *bota,* elle s'était enflée d'excellent vin de Málaga. A chaque nouvelle apparition de vivres, il se délectait de notre stupéfaction, se renversait sur l'herbe et riait à gorge déployée. Rien ne faisait plus plaisir à ce cœur simple que d'être comparé, pour sa dévotion à la bonne chère, au célèbre écuyer de Don Quichotte. Il connaissait à fond l'histoire de Don Quichotte, et, comme la plupart des petites gens d'Espagne, il y croyait dur comme fer.

—Mais pourtant, tout ça, c'est arrivé il y a longtemps, n'est-ce pas, *señor?* me demanda-t-il un jour, avec un regard interrogateur.

—Il y a très longtemps.

—Il y a plus de mille ans, je crois? continua-t-il, pas très fixé.

—Pas moins.

Et notre écuyer fut satisfait.

Or, nous étions au milieu du repas décrit plus haut, à nous divertir de l'innocente drôlerie de notre écuyer, lorsque nous vîmes approcher un mendiant. On aurait pu le prendre pour un pélerin. Il était manifestement très vieux, avec une barbe grise, et il s'aidait d'un bâton; mais l'âge ne l'avait pas courbé. Il se tenait très droit et conservait quelques vestiges d'une beauté ancienne. Il portait un chapeau rond d'Andalousie, une veste en peau de mouton, un pantalon de cuir, des guêtres et des sandales. Son costume, bien qu'usé et raccommodé, était décent et ses manières pleines de franchise. Il s'adressa à nous avec la grave courtoisie qu'on trouve même chez l'Espagnol le plus pauvre. Nous étions d'humeur propice à accueillir un tel visiteur et dans un élan quelque peu fantasque de charité, nous lui offrîmes de l'argent, une miche de bon pain de froment et un gobelet de notre bon vin de Málaga. Il reçut le tout avec une gratitude exempte de toute obséquiosité. Il goûta le vin, l'éleva à la lumière, avec une légère lueur de surprise dans les yeux, puis l'avalant d'un trait: «Voici des années que je n'ai pas goûté un tel vin, dit-il. C'est un cordial pour le cœur d'un vieillard.» Puis, regardant le beau pain de froment: «*¡Bendito sea tal pan!* Soit béni un tel pain!» s'exclama-t-il. Puis il le mit dans sa besace. Nous le priâmes de le manger sans plus tarder. «*No, señores,* répondit-il, pour le vin, je devais le boire ou le laisser; mais le pain, je dois l'apporter chez moi pour le partager avez ma famille.»

Notre Sancho nous consulta du regard, et sur notre permission muette, donna au vieillard quelques bons morceaux de notre repas; mais en insistant pour qu'il s'assît et mangeât, toutefois, devant nous.

Il s'assit donc, un peu à l'écart, et se mit à manger lentement avec une modération et une élégance de manières qui n'auraient pas été indignes d'un hidalgo. Il y avait, de plus, chez notre invité, une aisance et une tranquille maîtrise de soi qui me firent penser qu'il avait dû connaître des jours meilleurs. Son langage, également, bien que simple, avait parfois des tournures pittoresques, voire poétiques. Je décidai à part moi que c'était quelque chevalier ruiné. Je me trompais: ce que j'appréciais en lui n'était rien d'autre que la courtoisie innée de l'Espagnol et la couleur poétique de langage et de pensée qu'on trouve même dans les classes les plus basses de ce peuple brillant. Pendant cinquante ans, nous dit-il, il avait été berger; mais maintenant, il était sans emploi et dans l'indigence. «Quand j'étais jeune, rien ne pouvait m'atteindre ou me troubler; j'étais toujours bien, toujours gai; mais maintenant, j'ai soixante-dix-neuf ans, j'en suis réduit à la mendicité et le cœur commence à me manquer.»

Pourtant, il n'était pas mendiant de son état: c'était seulement depuis peu que le besoin l'avait contraint à cette dégradation. Et il nous fit une émouvante peinture du conflit qui s'était produit en lui entre la faim et la fierté, lorsqu'il avait été en proie, pour la première fois, à l'affreux dénuement: il retournait chez lui de Málaga sans argent; il n'avait pas mangé depuis quelque temps et traversait une de ces vastes plaines d'Espagne où les habitations sont extrêmement rares. Lorsque, à moitié mort de faim, il avait frappé à la porte d'une *venta,* ou auberge de campagne, «*¡Perdone usted por Dios, hermano!*» (Frère, excusez nous, pour Dieu!) lui avait-on répondu, selon la formule employée en Espagne pour refuser l'aumône. «Je m'en allai, fit-il, avec une honte encore plus grande que ma faim, car mon cœur était encore trop fier. J'arrivai à un fleuve qui avait de hautes rives et un courant rapide, et je fus tenté de m'y jeter: Pourquoi vivre, quand on n'est plus qu'une vieille loque, un inutile? Mais lorsque je fus au bord de l'eau, je pensai à la Sainte Vierge et m'en éloignai. Je me remis donc en marche. Je vis une villa, un peu à l'écart de la route, je franchis la porte de la cour. La porte de la maison était fermée, mais il y avait deux jeunes *señoras* à une fenêtre. Je m'approchai et tendis la main: «*¡Perdone por Dios, hermano!*» me répondit-on de nouveau en fermant la fenêtre. Je m'esquivai comme un voleur, mais la faim fut la plus forte; le cœur me manqua: je crus ma dernière heure venue. Je m'étendis devant la grille d'entrée, reccommandai mon âme à la Sainte Vierge et couvris mon visage pour mourir. Mais bientôt, le maître de la maison, qui rentrait chez lui, me vit étendu à sa grille: il me découvrit le visage, eut pitié de mes cheveux gris, me fit entrer dans sa maison et me donna à manger. Ainsi, *señores,* vous voyez qu'il faut toujours avoir foi en la protection de la Vierge.»

Le vieillard retournait à son village natal, Archidona, qui était juché, non loin de là, sur le sommet d'une montagne

27

abrupte et hérissée. Il nous montra du doigt les ruines de son vieux château arabe. «Ce château, fit-il, était habité par un roi maure, du temps des guerres de Grenade. La reine Isabelle l'attaqua avec une grande armée; mais le roi, du haut de son château perdu dans les nuages, la défiait avec mépris! Là-dessus, la Vierge apparut à la reine et la guida, avec son armée, par un chemin mystérieux dans la montagne que personne ne connaissait. Quand le Maure la vit arriver, il fut si stupéfait, qu'il se jeta avec son cheval dans un précipice où il fut broyé! On voit encore sur le bord du rocher les marques des sabots de son cheval. Regardez, *señores,* vous voyez là-bas la route par laquelle la reine et son armée sont montées; on dirait un ruban sur le versant de la montagne; mais le miracle est qu'on ne l'aperçoit que de loin; quand on s'en approche, il disparaît!»

La route fictive qu'il nous désignait était sans doute un ravin sablonneux, qui, de loin, paraissait étroit et nettement dessiné, mais qui, de près, s'élargissait jusqu'à perdre toute forme.

Sous l'effet des libations qui réchauffaient son cœur, le vieil homme nous conta une autre histoire: celle du trésor enseveli sous le château par le roi maure. Sa propre maison touchait presque aux fondations du château. Le curé et le notaire avaient fait, par trois fois, le rêve de ce trésor et ils s'étaient mis à entreprendre des fouilles à l'endroit que leur rêve leur avait révélé. Son beau-fils avait même entendu, la nuit, le bruit de leurs pioches et de leurs bêches. Ce qu'ils avaient découvert, personne ne le savait; en tout cas, du jour au lendemain, ils étaient devenus riches. Ils n'avaient rien divulgué. Ainsi notre vieillard avait été le voisin de la fortune; mais il était dit qu'il ne vivrait jamais sous son toit.

J'ai remarqué que les histoires de trésors enfouis par les Maures, si populaires dans toute l'Espagne, reviennent le plus souvent dans la bouche des plus infortunés. C'est ainsi que notre mère nature compense avec des mirages le manque de choses palpables. L'homme altéré rêve de fontaines et d'eaux courantes; celui qui a faim, de banquets fabuleux; et le miséreux, de montagnes d'or secrètes; sûrement, rien n'est plus riche que l'imagination d'un mendiant.

Le dernier croquis de voyage que je donnerai ici sera une scène de nuit dans la petite ville de Loja. Loja était autrefois un célèbre poste frontière du temps des Maures: Ferdinand avait été repoussé de ses murs. C'était la forteresse du vieil Aliatar, le beau-père de Boabdil; c'est de là que le vieux guerrier farouche avait déclenché avec son gendre cette désastreuse offensive qui devait s'achever par la mort du chef et la capture du roi. Loja occupe une situation fantastique sur les rives du Genil, au fond de gorges profondes entre des rochers et des bois, des prairies et des jardins. Ses habitants semblent conserver l'esprit farouche d'antan. Notre auberge était dans le ton du lieu. Elle était tenue par une jeune et belle veuve andalouse dont la sémillante *basquiña* de soie noire, frangée de perles de verre, faisait valoir la gracieuse ligne d'une silhouette ronde et souple. Sa démarche était élastique et assurée; son œil noir, plein de feu; et la coquetterie de ses façons ainsi que ses atours montraient qu'elle avait l'habitude d'être admirée.

Elle formait avec son frère, qui avait à peu près son âge, un couple parfait; c'étaient les modèles idéaux du *majo* et de la *maja* andalous. Il était grand, vigoureux, bien fait, avec un teint clair, un peu olivâtre, des yeux de braise, et des favoris marron, tout bouclés, qui se rejoignaient sous son menton. Il était superbement habillé dans un boléro de velours vert qui le moulait et qui s'ornait d'une profusion de boutons d'argent et de mouchoirs blancs à chaque poche. Il avait un pantalon du même tissu, avec des rangées de boutons descendant des hanches aux genoux; un mouchoir de soie rose, passé autour du cou, noué par un anneau sur les plis impeccables de sa chemise; un foulard assorti, serré à la taille; des *botines* ou jambières, du plus beau cuir roux, artistement travaillées et découvrant le bas, à la hauteur du mollet; enfin, des souliers de même ton, qui mettaient en valeur un beau pied.

Comme il se tenait à la porte, un cavalier vint à lui et se mit à lui parler à voix basse, d'un ton sérieux. Il était vêtu d'une façon presque aussi raffinée. C'était un homme d'une trentaine d'années, trapu, aux traits romains, et beau dans l'ensemble, bien que légèrement grêlé de petite vérole; l'air hardi, quelque peu audacieux. Sa puissante monture noire, ornée de pompons, brillamment caparaçonnée, portait une paire de tromblons derrière sa selle. L'homme avait l'air d'un de ces *contrabandistas* que j'ai vus depuis dans les montagnes de Ronda, et semblait s'entendre assez bien avec le frère de mon hôtesse; si je ne m'abuse, il était un admirateur déclaré de la jolie veuve. A vrai dire, on sentait le contrebandier dans toute l'auberge et chez ceux qui la fréquentaient. Dans un coin, le tromblon voisinait avec la guitare. Le cavalier décrit plus haut passa la soirée dans la *posada*. Il chanta avec fougue plusieurs airs de montagne. Comme nous dînions, nous vîmes arriver deux pauvres Asturiens qui demandèrent si on voulait bien les nourrir et les héberger pour la nuit. Comme ils revenaient d'une foire dans les montagnes, ils étaient tombés dans un guet-apens tendu par des voleurs et ceux-ci leur avaient enlevé un cheval qui portait toutes leurs marchandises, les avaient dépouillés de leur argent et de leurs habits, les avaient battus pour avoir résisté, et abandonnés presque nus sur la route. Mon compagnon, avec sa générosité si spontanée leur commanda un dîner et une chambre et leur remit une somme d'argent qui leur permettrait de retourner chez eux.

Comme l'heure avançait, les *dramatis personæ* augmentèrent. Un homme d'une soixantaine d'années, grand et fort, entra d'un pas nonchalant dans l'auberge et se mit à causer avec l'hôtesse. Il portait le costume andalou ordinaire, mais serrait sous son bras un énorme sabre; il avait de grandes moustaches et un air superbe et crâneur. Tout le monde semblait le tenir en grande déférence.

Notre écuyer Sancho nous murmura que c'était Don Ventura Rodríguez, le héros et défenseur de Loja, fameux pour ses prouesses et la force de son bras. Lors de l'invasion française, il avait surpris six soldats endormis: après avoir mis leurs chevaux en sécurité, il les avait attaqués avec son sabre, en avait tué quelques-uns et avait fait le reste prisonnier. Pour cet exploit, le roi lui verse une pension d'une *peseta* (soit le cinquième d'un *duro,* ou dollar) par jour et lui a conféré le titre de *Don.*

Je m'amusai de sa grandiloquence de langage et de manières. C'était évidemment un pur Andalou, aussi vantard qu'il était brave. Il a toujours son sabre en main ou sous son bras. Il le promène toujours avec lui comme une fillette fait avec sa poupée. Il l'appelle sa Santa Teresa et déclare que lorsqu'il le tire: «*¡tiembla la tierra!*» la terre tremble!

Je veillai longtemps à écouter les divers propos de ce groupe disparate qui avait fraternisé aussitôt, comme on fait dans les *posadas* espagnoles. Nous eûmes des chansons de contrebandiers, des histoires de voleurs, des exploits de *guerrilla* et des légendes mauresques. Finalement ce fut au tour de notre belle hôtesse de nous faire un récit poétique des *infiernos:* les régions infernales de Loja—de sombres cavernes où des eaux et des cascades souterraines font des bruits mystérieux. Les gens du peuple disent que, depuis le temps des Maures, des faux monnayeurs s'y enferment et que les rois maures gardaient leurs trésors dans ces cavernes.

Si cela entrait dans mon propos, je pourrais emplir ces pages de tous les incidents et de toutes les scènes que je pus noter au cours de notre vagabonde expédition; mais je me suis donné un sujet différent. Voyageant ainsi que je l'ai dit, nous émergeâmes finalement des montagnes pour déboucher dans l'admirable *vega* de Grenade. Et c'est dans un bosquet d'oliviers, au bord d'un ruisseau que nous prîmes notre dernier déjeuner, face à la vieille capitale mauresque surgie dans le lointain, fascinés par les tours vermeilles de l'Alhambra, tandis que, bien au-dessus d'elles, les sommets neigeux de la Sierra Nevada brillaient comme de l'argent. C'était un jour sans nuages; de fraîches brises de montagne venaient tempérer l'ardeur du soleil. Après avoir pris notre repas, nous étendîmes nos manteaux et fîmes notre dernière sieste, bercés par le bourdonnement des abeilles parmi les fleurs et le roucoulement des ramiers alentour. Quand les heures les plus chaudes furent passées, nous reprîmes notre voyage; et après avoir cheminé entre des haies d'aloès et de cactus, à travers d'immenses jardins, nous arrivâmes au crépuscule devant les portes de Grenade.

*

Pour le voyageur épris d'histoire et de poésie, l'Alhambra de Grenade est un objet de vénération, autant que la Kaaba, le sanctuaire de la Mecque, l'est à tous les véritables pèlerins musulmans. Que de légendes et de traditions, vraies ou fabuleuses, que de chansons et de romances, arabes et espagnols, d'amour, de guerre, de chevalerie sont liées à ce romantique édifice! Le lecteur peut donc juger de notre ravissement lorsque, peu après notre arrivée à Grenade, le Gouverneur de l'Alhambra nous donna la permission d'occuper dans le palais mauresque ses appartements vacants. Mon compagnon fut bientôt rappelé par les devoirs de sa charge; mais moi, j'y demeurai plusieurs mois, retenu par le charme de ses pierres enchantées. Les pages qui vont suivre sont le fruit des rêveries

et des recherches que je fis au cours de cette délicieuse captivité. Si elles ont le pouvoir de faire sentir le sortilège de ces
lieux à l'imagination de mon lecteur, il ne regrettera point
de s'attarder une saison avec moi dans les salles légendaires de
l'Alhambra.

GOUVERNEMENT DE L'ALHAMBRA

L'ALHAMBRA est une ancienne forteresse ou château fortifié des rois maures de Grenade; c'est là qu'ils régnaient sur leur glorieux paradis terrestre; c'est là qu'ils s'accrochèrent en dernier lieu pour sauver leur pouvoir en Espagne. Le palais lui-même n'occupe qu'une partie de la forteresse, dont les murs, garnis de tours, couronnent de façon irrégulière tout le sommet d'une haute colline qui domine toute la ville et se rattache à la Sierra Nevada, la Montagne Neigeuse.

Du temps des Maures, la forteresse pouvait contenir dans son enceinte une armée de quarante mille hommes et servait aux souverains, le cas échéant, de bastion contre leurs sujets révoltés. Lorsque le royaume eut passé aux mains des chrétiens, l'Alhambra continua d'être une résidence royale et fut habitée de temps en temps par les Rois Catholiques. L'Empereur Charles-Quint commença à construire un somptueux palais à l'intérieur de ses murs, mais de nombreux tremblements de terre[1] l'empêchèrent de l'achever. Ses derniers hôtes royaux furent Philippe V et sa belle épouse, la reine Elisabeth de Parme, au début du XVIIIème siècle. De grands préparatifs furent faits pour les recevoir. Le palais et les jardins furent

---

[1]   La véritable raison de cette interruption fut une révolte des Maures, qui, en échange de certains privilèges, étaient soumis à des redevances de 80.000 ducats par an, consacrés à cet édifice. (*N. de l'Editeur.*)

restaurés et l'on bâtit une nouvelle série d'appartements que décorèrent des artistes venus spécialement d'Italie. Mais le séjour des souverains fut de courte durée et leur départ laissa, une fois de plus, le palais désert. Pourtant il conserva un certain apparat militaire. Le gouverneur le tenait directement de la couronne; sa juridiction s'étendait jusqu'aux faubourgs de la ville et restait indépendante de celle du Capitaine général de Grenade. Une garnison considérable y était maintenue; le gouverneur avait ses appartements en face du vieux palais mauresque et ne descendait jamais à Grenade sans une escorte. La forteresse, en fait, constituait en soi une petite ville avec des rues, un couvent franciscain et une église paroissiale.

Cependant, le départ de la cour avait porté un coup fatal à l'Alhambra. Ses salles splendides furent abandonnées; certaines d'entre elles tombèrent en ruines. Les jardins se dégradèrent et les fontaines cessèrent de jouer. Peu à peu la résidence s'emplit d'individus sans foi ni loi: *contrabandistas* qui profitaient de l'indépendance juridique du palais pour mener à une large échelle leur trafic; bandits et voleurs de tout poil qui faisaient de la forteresse un refuge d'où ils pouvaient impunément aller piller Grenade et ses environs. Le bras puissant du gouvernement intervint enfin: tout le monde fut passé au crible et on ne toléra à l'Alhambra que les personnes de réputation honorable, qui eurent légalement le droit d'y résider. La plupart des maisons furent démolies, à l'exception d'un petit hameau, de l'église paroissiale et du couvent franciscain. Durant les troubles récents d'Espagne, lorsque Grenade tomba aux mains des Français, l'Alhambra fut occupée par leurs troupes et le palais fut habité un certain temps par le commandant français. Avec ce goût si délicat qui a toujours caractérisé la nation française dans ses conquêtes, ce monument de l'élégance et de la grandeur des Maures fut sauvé de la ruine et du délabrement complets auxquels il semblait voué. Les toits furent réparés, les salons et les galeries protégés des intempéries, les jardins cultivés, les conduites d'eau remises en état et les fontaines appelées de nouveau à lancer leurs jets étincelants. L'Espagne peut donc remercier ses envahisseurs de lui avoir conservé le plus beau et le plus intéressant de ses monuments historiques.

En partant, les Français firent sauter plusieurs tours de la muraille extérieure et laissèrent les fortifications, pour ainsi dire, indéfendables. Dès lors, l'importance militaire de ce poste est nulle. La garnison n'est plus constituée que par une poignée d'invalides, dont la principale fonction est de garder quelques tours extérieures, qui servent parfois de prisons d'Etat; et le gouverneur, qui a abandonné la haute colline de l'Alhambra, réside maintenant au centre de Grenade pour y accomplir plus commodément sa tâche officielle. Je ne puis achever ce rapide exposé de l'état de la forteresse sans rendre hommage aux louables efforts de son commandant actuel, Don Francisco de Serna, qui consacre toutes les maigres ressources dont il peut disposer à la restauration du palais: grâce à ses judicieuses précautions, la menace d'une ruine trop certaine a pu être écartée pour un temps. Si ses prédécesseurs s'étaient acquittés de leurs devoirs avec le même dévouement, l'Alhambra apparaîtrait encore dans sa beauté primitive. Que le gouvernement lui accorde un appui égal à son zèle, et cet édifice subsistera, pour la gloire de l'Espagne et le plaisir de maintes générations de curieux et d'amoureux du beau, venus de tous les coins du monde.

L'INTERIEUR DE L'ALHAMBRA

L'ALHAMBRA a été si souvent et si minutieusement décrit par les voyageurs qu'une simple esquisse suffira, je pense, à rafraîchir la mémoire de mon lecteur; je lui donnerai donc une brève relation de la visite que nous y fîmes dans la matinée qui suivit notre arrivée à Grenade.

Au sortir de notre *posada de la Espada,* nous traversâmes la fameuse Place de Bibarrambla, où se déroulaient autrefois les joutes et les tournois des Maures; aujourd'hui s'y tient un marché. De là, nous prîmes le Zacatín, la rue principale de ce qui, du temps des Maures, était le Grand Bazar: ses échoppes et ses ruelles en ont conservé un cachet oriental. Puis, après avoir traversé une grande place en face du palais du capitaine général, nous montâmes par une venelle tortuese dont le nom nous rappela l'époque chevaleresque de Grenade. Elle s'appelle la *calle* (ou rue) de Gomeres, du nom d'une célèbre famille mauresque, citée dans les chroniques et les romances. Cette venelle nous fit déboucher sur une porte massive, construite dans le style grec, par Charles-Quint et par où l'on entre dans le domaine de l'Alhambra [1].

---

[1] La Puerta de las Granadas, arc triomphal, construit au XVIème siècle, dont le couronnement porte les armes de Charles-Quint et trois grenades ouvertes. (*N. d. T.*)

A quelques pas de là, deux ou trois vétérans loqueteux somnolaient sur un banc de pierre: c'étaient là les successeurs des Zegris et des Abencérages. Un individu, long et maigre, dont la cape couleur rouille était manifestement destinée à dissimuler l'état de ses vêtements, flânait au soleil et bavardait avec une vieille sentinelle qui montait la garde. Comme nous franchissions la porte, il vint nous proposer de nous montrer la forteresse.

Je me méfie, comme tous les voyageurs, des cicérones officieux et, d'autre part, l'accoutrement du solliciteur ne me plaisait guère.

—Vous connaissez bien cet endroit, je présume?

—*Ninguno más; pues, señor, soy hijo de la Alhambra.* (Mieux que personne, monsieur: je suis fils de l'Alhambra.)

Les gens du peuple, en Espagne, ont une manière si poéti que de s'exprimer. «Fils de l'Alhambra», ce terme me conquit d'emblée: les guenilles même de ma nouvelle connaissance en prirent une espèce de dignité à mes yeux. Elles étaient l'emblème des vicissitudes de ces lieux et convenaient au rejeton d'une ruine!

Je lui posai quelques questions et découvris que son titre n'était pas usurpé. Sa famille avait vécu dans la forteresse, de génération en génération, depuis le temps de la conquête. Il s'appelait Mateo Jiménez. «Alors, vous êtes peut-être, lui dis-je, le descendant du célèbre cardinal Jiménez?» «*Dios sabe,* Dieu le sait, *señor.* C'est bien posible. Nous sommes la plus vieille famille de l'Alhambra. *Cristianos viejos,* des chrétiens pur sang, sans tache de Maure ou de Juif. Je sais que nous appartenons à une grande famille, mais j'ai oublié laquelle. Mon père sait tout ça: il a des armoiries pendues à sa maisonnette là-haut dans la forteresse.» Il n'y a pas un Espagnol, si pauvre soit-il, qui ne revendique une noble origine. Le premier titre de cet illustre déguenillé avait suffi pour me captiver. J'acceptai donc volontiers les services du fils de l'Alhambra.

Nous nous trouvions alors dans une vallée profonde et resserrée, peuplée d'arbres magnifiques avec une avenue montante et divers sentiers capricieux, des bancs de pierre et des fontaines. A notre gauche, nous pouvions voir les tours de l'Alhambra qui nous surplombaient; à notre droite, sur l'autre versant de la vallée, nous étions également dominés par des tours rivales, posées sur une éminence rocheuse. C'étaient, nous dit-on, les *Torres Bermejas,* ou Tours Vermeilles, ainsi appelées d'après leur couleur rougeâtre. Elles sont d'une date bien antérieure à l'Alhambra. Personne n'en connaît l'origine: d'aucuns supposent qu'elles ont été construites par les Romains; d'autres, par une colonie nomade de Phéniciens. Parvenus au haut de cette avenue ombragée, nous arrivâmes au pied d'une énorme tour carrée, formant une sorte de barbacane, par laquelle s'ouvrait la principale entrée de la forteresse. Là, nous tombâmes sur un autre groupe de vétérans; l'un d'eux montait la garde devant la porte, tandis que les autres, enveloppés dans leurs capes trouées, dormaient sur les bancs de pierre. Cette entrée se nomme la Porte de la Justice, à cause du tribunal qui s'y tenait pendant la domination musulmane, pour examen des procès courants: coutume familière aux peuples de l'Orient et citée plus d'une fois dans les Ecritures [1].

Le grand vestibule, ou porche d'entrée, est formé par un immense arc en fer à cheval, qui s'élève à mi-hauteur de la tour et sur la clef duquel est gravée une main énorme. A l'intérieur, sur un arc plus petit, est sculptée de la même manière une clé gigantesque. Ceux qui prétendent avoir une certaine connaissance des symboles mahométans affirment que la main est l'emblème de la doctrine, et la clé, celle de la foi; cete der-

---

[1] «Tu placeras des juges et des écrivains publics à toutes tes portes, et ils jugeront équitablement mon peuple.» (*Deut., XVI, 18.*)

nière, selon eux, aurait été peinte, à la manière arabe, lorsque les Musulmans soumirent l'Andalousie, en opposition à la croix des chrétiens. Mais le fils légitime de l'Alhambra nous en donna une explication différente, et plus conforme aux croyances populaires qui attribuent du mystère et de la magie à tout ce qui est musulman et qui associent toutes sortes de superstitions à la vieille forteresse musulmane.

Selon Mateo, la tradition, qui s'était transmise depuis l'origine et qu'il tenait de son père et de son grand-père, voulait que la main et la clé eussent une valeur symbolique dont dépendait la destinée de l'Alhambra. Le roi maure qui l'avait bâti était un grand magicien (certains prétendaient même qu'il avait vendu son âme au diable) et il avait placé toute la forteresse sous un charme magique. C'est pour cette raison qu'elle avait tenu tant de siècles, défiant orages et tremblements de terre, alors que presque tous les autres bâtiments des Maures étaient tombés en ruine et avaient disparu. Ce charme, selon cette même tradition, continuerait à agir jusqu'au jour où la main de l'arc extérieur descendrait saisir la clé: alors tout le monument s'écroulerait en poussière et les trésors enfouis par les Maures apparaîtraient au jour.

Malgré cette inquiétante prédiction, nous nous aventurâmes sous la porte, quelque peu rassurés contre tous ces artifices magiques par la Vierge dont l'image décorait l'entrée.

Après avoir franchi la barbacane, nous gravîmes un étroit sentier qui serpentait entre des murailles et nous débouchâmes sur une esplanade comprise dans la forteresse. On l'appelle la *Plaza de los Aljibes*—ou Place des Citernes—à cause des grands réservoirs que les Maures y ont taillé dans le roc vif pour les besoins de la forteresse. Il y a également un puits, d'une grande profondeur, qui donne l'eau la plus pure et la plus fraîche qui soit: autre preuve du goût raffiné des Maures, qui n'épargnaient aucun effort pour obtenir ce liquide dans toute sa pureté cristalline.

En face de cette esplanade se dresse le magnifique palais érigé par Charles-Quint, en vue, dit-on, d'éclipser la demeure des rois musulmans. Malgré toute sa grandeur et ses mérites architecturaux, il nous fit l'effet d'un orgueilleux intrus. Nous nous contentâmes de le dépasser et bientôt, par une porte d'allure toute simple, nous entrions dans le palais musulman.

Ce passage eut quelque chose de magique: d'un coup, nous étions transportés dans une autre époque, dans un autre royaume, au milieu du théâtre de l'histoire arabe. Nous nous trouvâmes dans une grande cour, pavée de marbre blanc, et ornée à chaque extrémité par de légères galeries mauresques: elle s'appelle la cour *de la Alberca* [1]. En son milieu, elle contient un inmense bassin, de cent trente pieds de long et de trente de large, peuplé de poissons rouges et bordé de massifs de roses. Au-dessus de la galerie nord s'élève l'énorme tour de Comares.

De là nous entrâmes, par un arc arabe, dans la célèbre Cour des Lions. Il n'y a pas une partie de l'Alhambra qui donne autant que celle-ci une idée plus complète de sa beauté et de sa magnificence primitives, car aucune d'elles n'a aussi peu souffert des ravages du temps. En son centre s'élève la fontaine si fameuse dans les chansons et les romances. Ses vasques d'albâtre répandent toujours leurs gouttes adamantines et les douze lions qui les soutiennent rejettent leurs flots de cristal comme au temps de Boabdil. La cour est couverte de parterres de fleurs et entourée d'un ensemble d'arcs arabes filigranés, que supportent de graciles colonnes de marbre blanc. Ici comme ailleurs, l'architecture se caractérise par l'élégance plus que par la grandeur et révèle un goût subtil et charmant, incliné

---

[1] Ou du Bassin. (*N. d. T.*)

vers l'indolence. Lorsqu'on regarde la nervure féerique des péristyles et les guipures, apparemment si fragiles, des murs, il est difficile de croire que tout cela a survécu à l'usure des siècles, aux tremblements de terre, aux violences de la guerre et au pillage, plus pacifique, mais non moins dangereux des touristes enthousiastes; cela seul suffirait à justifier la croyance populaire qui veut que tout l'édifice soit protégé par un charme magique.

D'un côté de la cour, un portique richement orné, donne accès à une grande salle, pavée de marbre blanc: la salle des Deux Sœurs. Une coupole à alvéoles laisse passer l'air et la lumière d'en haut. Les soubasssements des murs sont décorés de superbes faïences arabes et certains d'entre eux portent le blason des rois maures; le haut est revêtu de stuc, selon un procédé inventé à Damas et qui consiste à joindre artistement de grandes plaques formées au moule, de façon à donner l'impression qu'elles ont été patiemment sculptées à la main, avec leurs légers reliefs et leurs capricieuses arabesques mêlées de textes du Coran et d'inscriptions poétiques en caractères arabes et koufiques. Ces décorations des murs et de la coupole sont richement dorées et les interstices sont colorés en lapis-lazuli et en d'autres teintes également brillantes et durables. De chaque côté de la salle sont aménagées des alcôves. Au-dessus d'une porte intérieure, il y a un balcon qui communiquait avec l'appartement des femmes. Les *jalousies* [1] subsistent encore, derrière lesquelles les brunes beautés du harem pouvaient épier, sans être vues, les festivités de la salle du bas.

Il est impossible de contempler cette retraite favorite des Maures d'autrefois, sans se souvenir des romances arabes, ni s'attendre presque à voir le bras blanc de quelque mystérieuse princesse nous faire signe du balcon, ou un œil noir briller

[1] En français dans le texte.

derrière la jalousie. Cet asile de beauté s'offre à nos yeux comme s'il était habité hier encore; mais où sont les Zoraïdas et
les Lindarajas d'antan!

De l'autre côté de la Cour des Lions se trouve la Salle
des Abencérages, du nom des vaillants chevaliers de cette illustre maison qui y furent traîtreusement assassinés. Certains
dénient tout fondement à cette histoire, mais notre humble
Mateo nous désigna le portillon par lequel—dit-on—ils furent
introduits un par un et la fontaine de marbre blanc au centre
de la salle, où ils furent décapités. Il nous montra également
de larges taches rougeâtres sur le sol: c'étaient les traces de leur
sang qui, selon la croyance populaire, restaient ineffaçables.
Comme nous l'écoutions avec intérêt, il ajouta qu'on entendait
souvent, la nuit, dans la Cour des Lions, une espèce de bruit
indistinct comme un brouhaha, ponctué de temps en temps
d'un tintement sourd semblable à celui de chaînes heurtées dans
le lointain. Ce n'était, sans doute, rien d'autre que le glouglou
et le ruisselis des eaux qui, dans leurs conduites, venaient
sous le marbre alimenter les fontaines; mais, à en croire le fils
de l'Alhambra, c'étaient les esprits des Abencérages assassinés
qui revenaient chaque nuit sur les lieux du crime invoquer la
vengeance du Ciel sur leur meurtrier.

De la Cour des Lions, revenant sur nos pas, nous traversâmes la Cour de *la Alberca* en direction de la tour de Comares,
qui porte le nom de l'architecte arabe qui la construisit. Puissante, massive, hautaine, elle domine l'ensemble de l'édifice et
surplombe le versant de la colline qui tombe à pic jusqu'au
bord du Darro. Un passage voûté nous fit pénétrer dans une
salle très haute et très spacieuse qui occupe l'intérieur de la
tour. Elle servait autrefois de salle de réception aux monarques
musulmans: d'où son nom de Salle des Ambassadeurs. Elle
porte encore les vestiges de son ancienne splendeur. Ses murs
sont richement revêtus de stuc et décorés d'arabesques. Sa

magnifique coupole en bois de cèdre, dont le sommet se perd dans l'obscurité, brille encore de toutes ses dorures et de ses brillantes couleurs. Sur trois côtés, de profondes fenêtres ont été pratiquées dans l'énorme épaisseur des murs et leurs balcons dominent la verdoyante vallée du Darro, les rues et les couvents de l'Albaicín, et, plus loin, la *vega*.

Je pourrais décrire en détail les autres appartements, tous délicieux, qui sont situés de ce côté-ci du palais: le *Tocador* —ou boudoir—de la Reine, belvédère en plein air au sommet d'une tour, où les sultanes goûtaient les brises pures de la montagne et la vue sur le paradis qui les environnait; le jardin de Lindaraja, petit patio secret, avec sa vasque d'albâtre, ses massifs de myrtes et de roses, de citronniers et d'orangers; les salles voûtées des bains, sombres comme des cavernes, où l'aveuglante touffeur du jour se tamise en fraîche et douce lumière... Mais je m'interdis d'insister là-dessus; mon propos est simplement de présenter à mon lecteur cette retraite où, s'il le veut bien, il flânera avec moi au cours des pages qui suivent, tout en se familiarisant peu à peu avec ses détails.

Une abondante réserve d'eau, amenée des montagnes par les vieux aqueducs maures, circule par tout le palais, alimentant ses bassins et ses bains, étincelant en jets d'eau dans ses salles, ou murmurant dans ses canaux de marbre. Après avoir rendu hommage à la demeure royale et visité ses jardins et ses prés, elle s'écoule le long d'une grande allée vers la ville: friselis de ruisseaux et bouillonnements de fontaines qui maintiennent une perpétuelle verdure dans les bois qui couronnent toute la colline de l'Alhambra.

Seuls ceux qui connaissent les ardents climats du Sud pourront imaginer les délices d'une telle retraite où la brise de la montagne s'allie à la verdure de la vallée.

Tandis qu'en bas la ville halète sous la canicule et que la *vega* craquelée danse dans la vapeur, les souffles légers de la

Sierra Nevada, en jouant dans les salles du palais, leur apportent le parfum des jardins environnants. Tout y invite au sommeil—suprême plaisir des climats méridionaux—et tandis que l'œil mi-clos, du haut des balcons à l'ombre, perçoit vaguement l'étincelant paysage, l'oreille se laisse bercer par le frémissement des feuilles et le murmure des eaux courantes.

LA TOUR DE COMARES

L E lecteur a eu un croquis de l'intérieur de l'Alhambra. Il
peut désirer avoir une idée générale de ses alentours. La
matinée est pure et délicieuse; le soleil n'a pas encore pris
assez de force pour dissiper la fraîcheur de la nuit. Nous allons
monter au sommet de la Tour de Comares et prendre une vue
panoramique de Grenade et de ses environs.

Allons, lecteur, mon camarade, suis mes pas dans ce vestibule ouvragé de riches dentelles qui donne accès à la Salle des
Ambassadeurs. Nous n'y pénétrerons pas, mais tournerons sur
la gauche, vers cette petite porte qui s'ouvre dans le mur.
Attention! les marches sont abruptes et mal éclairées; c'est
pourtant par cet escalier en colimaçon, étroit et obscur, que les
fiers monarques de Grenade et leurs reines sont montés aux
créneaux de la Tour pour observer l'approche des armées chrétiennes ou contempler les batailles qui se déroulaient dans la
vega. Enfin, nous voici sur la terrasse. Nous pouvons souffler
un moment, tout en jetant un coup d'œil circulaire sur le
splendide panorama de la ville et de la campagne: montagne
rocheuse, vallée verdoyante, plaine fertile, château, cathédrale,
tours mauresques, dômes gothiques, vestiges en ruines et bosquets en fleurs.

Approchons-nous des créneaux et jetons un coup d'œil tout

en bas. Regarde! De ce côté-ci, nous avons tout le plan de l'Alhambra étalé devant nous; nous dominons les cours et les jardins. Au pied de la tour, nous avons la Cour de *la Alberca,* avec son grand bassin bordé de fleurs; plus loin, la Cour des Lions, avec sa fameuse fontaine et ses légères arcades mauresques; et, enfoui au centre, au cœur même du palais, le petit jardin de Lindaraja, avec ses roses, ses citronniers et sa verdure d'émeraude.

Cette ceinture de remparts, garnis de tours carrées, dont la ligne irrégulière couronne tout le sommet de la colline est la limite extérieure de la forteresse. Certaines de ces tours, tu peux le voir, sont en ruines et leurs massifs éboulements sont ensevelis parmi les vignes, les figuiers et les aloès.

Regardons maintenant du côté nord de la tour. Quelle hauteur vertigineuse! Les fondations de la tour s'élèvent au-dessus des bois de ce versant à pic. Vois! cette longue fissure dans ces murs épais révèle que la tour a été crevassée par un de ces tremblements de terre qui, de temps en temps, jettent la consternation dans Grenade, et qui, tôt ou tard, finiront par réduire ce monument chancelant en un monceau de ruines. Ce ravin étroit, à nos pieds, qui s'élargit peu à peu au sortir de la montagne, c'est la vallée du Darro; tu vois la petite rivière qui serpente au-dessous de terrasses aux toits de branchages, parmi des vergers et des parterres de fleurs. Ce cours d'eau était fameux autrefois pour l'or qu'il charriait, et de temps en temps, on examine encore ses sables pour y trouver le précieux minerai. Certains de ces pavillons blancs qui brillent çà et là entre des bosquets et des vignes servaient aux Maures de retraites rustiques où ils goûtaient la fraîcheur de leurs jardins.

Ce palais aérien, là-bas, avec ses hautes tours blanches et ses longues galeries, qui s'élève sur cette colline, parmi de somptueux bosquets et des jardins suspendus, c'est le Généralife, la résidence d'été des rois maures, où ils se réfugiaient durant les grandes chaleurs, pour jouir d'un site encore plus ventilé que l'Alhambra. La cime dénudée de la hauteur qui le domine, où tu aperçois des ruines informes, c'est la Silla del Moro, la Chaise du Maure, ainsi nommée parce que l'infortuné Boabdil, lors d'une insurrection, était allé s'y réfugier et, assis sur cette éminence, avait promené ses regards désolés sur la ville rebelle.

Un murmure d'eau s'élève par moments de la vallée. Il vient de l'aqueduc de ce moulin maure que tu aperçois là, presque au pied de la colline. Plus loin, cette avenue, c'est l'Alameda, au bord du Darro; très fréquentée le soir par les citadins, rendez-vous des amoureux pendant les nuits d'été qu'ils font longtemps résonner de leur guitare, sur les bancs des allées. En ce moment, on y voit flâner quelques moines et un groupe de porteurs d'eau qui viennent de la fontaine de l'Avellano.

Tu sursautes! ce n'est qu'un épervier que nous avons fait fuir. Cette vieille tour est le refuge idéal des oiseaux errants: l'hirondelle et le martinet abondent dans ses moindres fissures et crevasses qu'ils survolent tout le jour en cercles, tandis que, la nuit, quand tous les autres oiseaux se reposent, la chouette mélancolique sort de sa cachette et lance son cri de mauvais augure du haut des créneaux. Regarde comme l'épervier que nous avons dérangé plonge à nos pieds, rase la cime des arbres et remonte à tire d'ailes vers les ruines qui dominent le Généralife!

Laissons ce côté-ci de la tour et dirigeons notre regard vers l'ouest. Tu aperçois au loin une chaîne de montagnes qui borne la *vega;* c'était l'ancienne limite entre Grenade et les terres chrétiennes. Parmi ses hauteurs, on discerne encore des citadelles dont les murs et les créneaux gris font corps avec le roc sur lequel ils s'élèvent, tandis que, çà et là, une *atalaya*—ou tour de guet—solitaire, érigée sur un pic, domine du haut du ciel, pour ainsi dire, ses deux versants. C'est par un défilé escarpé, le «Paso de Lope» que les armées chrétiennes se répandirent dans la *vega*. C'est autour de la base de cette montagne grise et nue, presque isolée du reste, et qui pousse hardiment son promontoire rocheux dans le sein de la plaine, que débouchèrent les escadrons de l'envahisseur, bannières déployées, dans un tintamarre de tambours et de trompettes. Que la scène a changé! Au lieu des étincelantes rangées de guerriers en cottes de maille, elle nous montre le patient convoi du muletier qui chemine lentement en lisière de la montagne. Derrière ce promontoire se trouve le pont de Pinos, fertile en événements, rendu fameux par plus d'un engagement sanglant entre Maures et chrétiens, et, plus encore, pour être l'endroit où Christophe Colomb fut rejoint et rappelé par le messager de ıa reine Isabelle, au moment, où, en désespoir de cause, il se préparait à soumettre son projet de découverte à la cour de France.

Voici encore un endroit fameux dans la vie du grand homme. Cette ligne, là-bas, de murailles et de tours qui luisent au soleil du matin, au cœur de la *vega,* c'est la ville de Santa Fe, construite par les Rois Catholiques durant le siège de Grenade après qu'un incendie eut détruit leur camp. C'est dans ces murs que fut rappelé Colomb par la reine héroïque et que fut conclu le traité qui conduisit à la découverte du monde occidental.

Là, vers le Sud, l'œil se régale des luxuriantes beautés de la *vega:* ce n'est plus qu'une immense étendue de bois et de jardins florissants et de denses vergers, parmi lesquels le Genil, en méandres d'argent, alimente d'innombrables ruisseaux qui, conduits dans les vieux canaux d'irrigation des Maures, maintiennent tout le paysage dans une perpétuelle verdure. C'est là que se trouvent les tonnelles, les jardins et les maisons de campagne tant aimés des Maures, et pour lesquels ils se battirent avec un acharnement désespéré. Il n'est pas jusqu'aux fermes et aux cabanes, aujourd'hui habitées par les paysans, dont les traces d'arabesques et de décorations raffinées ne rappellent qu'elles furent d'élégantes résidences, du temps des Musulmans.

Au-delà de la fertile région de la *vega,* se dessine au sud une ligne de collines arides, au bas de laquelle chemine lentement une longue file de mules. C'est du haut d'une de ces collines que le malheureux Boabdil jeta son dernier regard sur Grenade et laissa échapper la douleur de son âme. C'est «le Soupir du Maure», si célébré dans les chansons et les légendes.

Lève maintenant les yeux vers le sommet neigeux de cette masse montagneuse, qui brille comme un blanc nuage d'été dans le ciel bleu. C'est la Sierra Nevada, l'orgueil et les délices de Grenade, la source de ses brises rafraîchissantes et de son éternelle verdure, de ses fontaines bouillonnantes et de ses cours d'eau intarissables. C'est cette admirable chaîne de montagnes qui procure à Grenade une combinaison de délices si rares dans une ville du sud: la fraîche végétation et les souffles tempérés des climats du nord qui s'unissent à l'ardeur vivifiante d'un soleil tropical et à l'azur sans tache d'un ciel méridional. C'est cet aérien trésor de neige, qui, fondant à mesure que s'accroît la chaleur de l'été, répand, par tous les ravins et toutes les gorges des Alpujarras, ruisseaux et rivières qui font naître la verdure et la fertilité à travers toute une série d'heureuses vallées secrètes.

Ces montagnes peuvent bien être appelées la gloire de Grenade. Elles dominent toute l'Andalousie et se voient de ses points les plus éloignés. Le muletier les salue lorsque, de la plaine brûlante, il aperçoit leurs cimes chenues; et le marin espagnol, sur le pont de son embarcation, là-bas, très loin, au milieu de la bleue Méditerranée, les contemple d'un œil pensif:

il songe alors à Grenade la délicieuse et chantonne à voix basse un vieux «romance» des Maures.

Mais suffit pour le moment—le soleil est haut dans le ciel et nous verse toute son ardeur. Déjà la terrasse de la tour brûle sous nos pieds. Abandonnons-la et descendons prendre le frais sous les galeries qui entourent la fontaine des Lions.

REFLEXIONS SUR LA DOMINATION
MUSULMANE EN ESPAGNE

Un de mes endroits favoris est le balcon central de la Salle des Ambassadeurs qui s'ouvre dans la haute tour de Comares. Je viens justement de m'y asseoir pour mieux jouir des derniers moments d'un long jour de lumière. Le soleil, en se couchant derrière les montagnes pourpres d'Alhama, a lancé un flot de clarté au-dessus de la vallée du Darro, recouvrant ainsi d'une mélancolique splendeur les tours cuivrées de l'Alhambra; tandis que la *vega,* frémissante d'une buée de chaleur, semblait s'étendre à l'infini comme un océan doré. Pas un souffle n'altérait la paix de l'instant, et si parfois une faible rumeur faite de rires et de musique s'élevait des jardins du Darro, elle ne faisait qu'approfondir le silence monumental du palais qui m'abritait. C'était une de ces heures et de ces scènes où le souvenir prend un pouvoir presque magique et où, comme le soleil couchant qui baigne ces tours croulantes, il lance lui aussi ses feux en arrière, sur les gloires du passé.

Comme je m'attardais à contempler l'effet du crépuscule sur l'Alhambra, je fus amené à réfléchir sur le caractère élégant, léger et voluptueux de son architecture interne et à l'opposer à la solennité grandiose et sombre des édifices gothiques élevés par les conquérants espagnols. Les pierres mêmes nous révèlent les natures antagonistes et irréconciliables de ces deux peuples guerriers qui luttèrent longtemps ici même pour la domination de la Péninsule. Peu à peu, j'en vins à rêver à la destinée singulière de ces Arabes ou Maures d'Espagne, dont toute l'existence, pareille à une légende, constitue un des épisodes les plus étranges et les plus splendides à la fois de toute l'histoire. Si puissante et durable qu'ait été leur domination, nous savons à peine comment les appeler. C'est, pour ainsi dire, une nation sans nom ni pays légitime. Vague extrême du grand ras-de-marée arabe lancé contre les côtes de l'Europe, ils eurent toute la violence d'un torrent déchaîné. L'allure de leurs conquêtes, du roc de Gibraltar aux sommets des Pyrénées, fut aussi rapide et brillante que celle des victoires musulmanes de Syrie et d'Egypte. Davantage même: s'ils n'avaient pas été arrêtées dans les plaines de Tours, toute la France, toute l'Europe auraient été submergées avec autant de facilité que les Empires de l'Orient, et Paris et Londres verraient encore aujourd'hui briller le croissant sur leurs temples.

Repoussées au-delà des Pyrénées, les hordes asiatiques et africaines qui composaient cette grande armée renoncèrent au principe musulman d'expansion et cherchèrent à établir en Espagne une domination pacifique et durable. En tant que conquérants, leur héroïsme n'avait d'égal que leur modération et en ces deux vertus ils l'emportèrent, pendant un certain temps, sur les nations avec lesquelles ils se mesuraient. Séparés de leur terre natale, ils aimèrent celle qui leur était donnée, croyaient-ils, par Allah et s'appliquèrent à la pourvoir de tout ce qui pouvait contribuer au bonheur de l'homme. Appuyant les fondements de leur pouvoir sur un ensemble de lois sages et équitables, cultivant avec zèle les arts et les sciences, favorisant l'agriculture, l'artisanat et le commerce, ils édifièrent peu à peu un empire d'une prospérité inégalée dans toute la chrétienté, et, en rassemblant amoureusement tous les ornements et les raffinements qui caractérisaient l'empire arabe en Orient au temps de sa civilisation la plus brillante, ils répandirent la lumière de l'est dans les régions occidentales encore plongées dans la nuit du moyen-âge européen.

Les villes de l'Espagne arabe se peuplèrent d'artisans chrétiens qui y faisaient leur apprentissage. Les universités de Tolède, de Cordoue, de Séville et de Grenade [1] étaient fréquentées par de pâles étudiants venus d'autres pays pour s'initier aux sciences des Arabes et à la culture antique; les amis du gai savoir se rendaient à Cordoue et à Grenade pour s'imprégner de la musique et de la poésie de l'Orient et les guerriers nordiques, dans leur armure d'acier, s'y pressaient en foule pour se rompre aux gracieux exercices et aux usages courtois de la chevalerie.

Si les monuments musulmans d'Espagne, si la mosquée de Cordoue, l'alcazar de Séville et l'Alhambra de Grenade portent toujours des inscriptions qui vantent la puissance et la permanence de leur domination, peut-on rire d'une telle prétention, la trouver arrogante et vaine? Les générations succédaient aux générations, les siècles aux siècles, et les Maures gouvernaient toujours le pays. Une période s'était écoulée, plus longue que celle qui datait de la conquête de l'Angleterre par les Normands, et les descendans de Mousâ et de Târik pouvaient aussi peu prévoir qu'ils seraient rejetés en exil à travers le détroit qu'avaient traversé leurs ancêtres triomphants que les descendants de Rollo, de Guillaume et de leurs pairs n'auraient pu rêver d'être refoulés sur les côtes normandes.

Et pourtant, malgré tout cela, l'empire musulman ne fut guère en Espagne qu'une sorte de superbe plante exotique qui ne sut prendre racine permanente dans le sol qu'elle

---

[1] Une *medersa* ou *madraza* était chez les Arabes une école ou un collège. Celles que cite ici l'auteur étaient célèbres dans toute l'Espagne à cette époque. La *medersa* de Grenade occupait l'emplacement de l'actuel Hôtel de Ville (*Ayuntamiento viejo*) qui s'élève juste en face de la Chapelle royale. (*N. d. Ed.*)

embellissait. Coupés de tous leurs voisins de l'Ouest par les infranchissables barrières de la religion et des mœurs et séparés par des mers et des déserts de leur congénères de l'Est, les Maures d'Espagne restaient un peuple isolé. Tour leur existence ne fut qu'une lutte prolongée, vaillante et chevaleresque, pour se maintenir dans un territoire usurpé.

Ils constituaient l'avant-garde de l'Islam. La Péninsule fut le grand champ de bataille où les conquérants gothiques du nord et les conquérants musulmans de l'est se rencontrèrent et se mesurèrent. Finalement le courage farouche de l'Arabe dut céder à la vaillance obstinée du Goth.

Jamais anéantissement ne fut plus complet que celui des Maures d'Espagne. Où sont-ils? Interrogez les rivages de Barbarie et ses déserts. Ce qui restait de cet empire si puissant se fondit dans l'exil parmi les barbares d'Afrique et cessa d'être une nation. Après avoir été pendant près de huit cents ans un peuple connu, ils n'ont même pas laissé de nom derrière eux. La terre qu'ils adoptèrent et occupèrent pendant des siècles refuse de les reconnaître si ce n'est comme envahisseurs et usurpateurs. Quelques monuments en ruines sont tout ce qui reste pour attester leur puissance révolue, à la façon dont certains rochers solitaires, perdus dans l'intérieur d'un pays, portent témoignage de l'étendue de quelque énorme inondation. Tel est l'Alhambra, palais musulman au sein d'une terre chrétienne, édifice oriental parmi les bâtiments gothiques de l'Ouest, élégant vestige d'un peuple brave, intelligent et raffiné qui conquit, gouverna et passa.

LA MAISONNÉE

Il est temps que je donne une idée de mon installation domestique dans cette singulière résidence. Le Palais Royal de l'Alhambra est confié à la charge d'une aimable vieille fille nommée Doña Antonia Molina; mais, selon la coutume espagnole, on l'appelle, plus familièrement, *Tía Antonia* (Tante Antonia). Elle entretient les salles mauresques et les jardins et les montre aux étrangers, services qui lui valent les gratifications des visiteurs et tout le produit des jardins, à l'exception d'un petit tribut de fruits et de fleurs qu'elle remet de temps en temps au gouverneur. Elle loge dans un coin du palais et sa famille se compose d'un neveu et d'une nièce, fils de deux frères différents. Le neveu, Manuel Molina, est un valeureux jeune homme, d'une gravité tout espagnole. Il a servi dans l'armée en Espagne et aux Antilles; mais maintenant il étudie la médecine, dans l'espoir d'obtenir, un jour ou l'autre, un poste dans la forteresse, qui lui procurerait au moins cent quarante douros par an. Quant à la nièce, c'est une petite Andalouse grassouillette aux yeux noirs, prénommée Dolores, mais qui, pour sa mine pimpante et réjouie, mériterait un nom plus gai. Elle est l'héritière déclarée de tous les biens de sa tante, consistant en certains baraquements ruineux, sis dans la forteresse, qui ne lui assureront pas moins de cent cinquante douros de rente. Je n'avais pas été longtemps à l'Alhambra avant de me rendre compte que le bon Manuel faisait discrètement la cour à sa sémillante cousine et que, pour unir leurs mains et leurs espérances, ils n'attendaient plus que son diplôme de docteur et une dispense du pape, à cause de leur consanguinité.

J'ai convenu avec la bonne Doña Antonia qu'elle me fournirait le logement et le couvert; l'allègre petite Dolores fait mon ménage et me sert aux repas. J'ai également à mon service un grand garçon blondasse et bègue, du nom de Pepe, qui travaille dans les jardins et m'aurait volontiers servi de domestique, s'il n'avait été précédé dans la place par Mateo Jiménez, «le fils de l'Alhambra»! Cet astucieux individu, en effet, s'est arrangé, je ne sais comment, pour ne pas me lâcher d'un pas, depuis l'instant où je l'ai rencontré à l'entrée de la forteresse, et pour s'insinuer dans tous mes plans, jusqu'au jour où j'ai dû le nommer mon domestique en titre, cicerone, guide, garde du corps, écuyer, chroniqueur, etc. J'ai dû, bien entendu, améliorer sa garde-robe pour qu'il ne fût point indigne de tant de fonctions; il a mis au rancart sa vieille cape brune, comme un serpent qui fait peau neuve, et se montre maintenant dans la forteresse avec un chapeau et une veste andalouse dont l'élégance le ravit en même temps qu'elle stupéfie ses camarades. Le défaut principal du bon Mateo, c'est un désir excessif de se rendre utile. Sachant fort bien qu'il s'est imposé dans un emploi qui est une vraie sinécure, étant donné mes goûts simples et tranquilles, il se creuse sans cesse la cervelle pour inventer le moyen d'accroître mon bien-être. De la sorte, je suis, pour ainsi dire, victime de son zèle: je ne peux mettre le pied hors du palais ou errer autour de la forteresse sans l'avoir sur le dos à vouloir m'expliquer tout ce que je vois; et si je me hasarde à me promener sur les collines environnantes, il insiste pour m'escorter, bien que je le suspecte fort, en cas d'attaque, de se fier bien plus au secours de ses jambes qu'à la force de son bras. Malgré tout, le pauvre diable est parfois un amusant compagnon; il est simple, pétillant de bonne humeur, bavard comme un coiffeur de village et connaît tous les potins de l'endroit et des environs; mais ce dont il est le plus fier, ce sont toutes ses connaissances relatives au palais et les histoires merveilleuses qu'il peut conter à propos de chaque tour, de chaque voûte, de chaque porte de la forteresse, et en lesquelles il a une foi inébranlable.

La plupart d'entre elles, dit-il, il les doit à son grand-père, un petit tailleur légendaire qui vécut près de cent ans, durant lesquels il ne fit que deux sorties hors des murs de la citadelle. Sa boutique, pendant près d'un siècle, avait été le rendez-vous d'une poignée de vénérables bavards qui y passaient la moitié de la nuit à causer des temps anciens, des événements merveilleux et des secrets de l'Alhambra. Ainsi toute la vie, tous les gestes, toutes les pensées et tous les actes de ce petit tailleur prodigieux s'étaient tenus à l'intérieur des murs de la forteresse; c'est là qu'il était né, qu'il avait vécu, respiré et vieilli; c'est là qu'il était mort et qu'on l'avait enterré. Heureusement pour la postérité, ses traditions orales ne moururent pas avec lui. Tout enfant, son digne petit-fils écoutait de toutes ses oreilles les récits du vieil homme et de ses compagnons rassemblés dans son échoppe. C'est ainsi qu'il possède un fonds de connaissances sur l'Alhambra qu'on ne trouve pas dans les livres et qui mérite bien l'attention de tous les voyageurs curieux.

Tels sont les personnages qui pourvoient à mon confort domestique dans l'Alhambra; et je me demande si aucun des potentats musulmans ou chrétiens qui m'ont précédé dans le palais a jamais été servi avec autant de fidélité ou a régné aussi pacifiquement dans ces lieux que moi.

Le matin, quand je me lève, Pepe, le jardinier bègue, m'apporte en guise de salutation des fleurs fraîchement cueillies; elles seront plus tard arrangées dans des vases par la main adroite de Dolores, qui se pique d'orner mon intérieur. Mes repas, je les prends où bon me semble; parfois dans une des salles mauresques, parfois sous les arcades de la Cour des Lions, entouré de fleurs et de fontaines; et, quand je sors, je suis conduit par le zélé Mateo aux retraites les plus romantiques des montagnes, aux creux les plus délicieux des vallées prochaines, qui ont toutes été le théâtre de quelque conte merveilleux.

Bien que j'aime passer la plus grande partie de la journée seul, il m'arrive de me mêler, le soir, au petit cercle de Doña Antonia. Il se tient, en général, dans une vieille salle mauresque, qui sert de cuisine et de salon à la fois. Une grossière cheminée a été pratiquée dans un coin; la fumée a décoloré les murs et presque effacé les vieilles arabesques. Une fenêtre, dont le balcon domine la vallée du Darro, laisse pénétrer la brise du soir. C'est là que je prends mon frugal dîner de lait et de fruits, tout en me mêlant à la conversation de la famille. Il y a chez les Espagnols un talent naturel qui fait d'eux des compagnons vivants et agréables, quelle que soit leur condition sociale et si imparfaite qu'ait été leur éducation; ajoutez à cela qu'ils ne sont jamais vulgaires; la nature les a doués du sens de la dignité. La bonne Tía Antonia, sans être cultivée, a une intelligence vive et forte, et la brillante Dolores, qui n'a lu de toute sa vie que trois ou quatre livres, offre un séduisant mélange de *naïveté* [1] et de bon sens; souvent je suis surpris de la saveur des traits d'esprit qui lui viennent tout naturellement. Parfois le neveu nous fait la lecture d'une ancienne comédie de Calderón ou de Lope de Vega, désireux sans doute d'instruire autant que d'amuser sa cousine. Mais, à sa grande mortification, la jeune personne s'endort presque toujours avant la fin du premier acte. Parfois Tía Antonia fait une petite réception d'humbles amis qui habitent le hameau voisin et de femmes d'invalides. Tout le monde la traite avec grande déférence, vu sa fonction, et lui fait la cour en lui apportant des nouvelles

[1] En français dans le texte.

de la forteresse ou des rumeurs de Grenade, qui se sont frayé un chemin jusqu'à leurs oreilles. A ces veillées, j'ai recueilli plus d'un fait curieux qui illustre les mœurs du pays, et les particularités du voisinage. Ce ne sont que de simples détails auxquels la nature de ces lieux confère tout leur intérêt et toute leur importance. Je marche sur un sol foulé par des ombres et je suis entouré de souvenirs romantiques. Depuis ma plus tendre enfance, du jour où, sur les rives de l'Hudson, je me plongeai dans un vieux livre d'histoire des guerres de Grenade, cette ville a été pour moi un objet de rêve, et bien souvent, en imagination, j'ai traversé les célèbres salles de l'Alhambra. Mais voici que, pour la première fois, un rêve s'est réalisé... Pourtant, j'en crois à peine mes yeux, je me demande encore si vraiment j'habite le palais de Boabdil et si, de ses balcons, je domine la chevaleresque Grenade. Et tandis que j'erre à travers cette demeure orientale en écoutant le murmure des fontaines et le chant du rossignol, tandis que je respire le parfum de la rose et la douceur de ce climat embaumé, je suis presque tenté de me croire transporté au paradis de Mohamet où la mignonne Dolores serait une des brillantes houris chargées de la félicité des vrais croyants.

LE VOLAGE

Depuis que j'ai écrit ces lignes, nous avons eu un petit drame à l'Alhambra, qui a rembruni le clair visage de Dolores. Cette jeune personne a une passion toute féminine pour toutes sortes d'animaux et l'étendue de son amour a eu pour effet d'emplir de ses favoris toute une cour en ruine de l'Alhambra. Un paon royal et sa femelle semblent y régner sur d'orgueilleux dindons, de chagrines pintades et un menu peuple de coqs et de poules. La prédilection de Dolores, néanmoins, s'était portée depuis quelque temps sur un couple de pigeons que venaient d'unir les liens sacrés du mariage et qui avaient même supplanté dans ses faveurs une chatte tigrée et ses chatons.

Pour installer le jeune ménage, elle leur avait préparé une petite chambre contiguë à la cuisine et dont la fenêtre donnait sur une tranquille cour mauresque. C'est là qu'ils coulaient leurs jours, dans une heureuse ignorance de tout ce qui n'était pas leur cour et ses toits ensoleillés. Jamais ils n'avaient aspiré à prendre leur essor au-dessus des créneaux ou à s'élever au sommet des tours. Leur vertueuse union fut enfin couronnée par deux œufs d'une blancheur immaculée. Rien n'était plus touchant que la conduite des deux jeunes époux en cette intéressante circonstance. Ils gardaient leur nid à tour de rôle pour faire éclore les œufs, et maintenant, pour protéger leur tendre progéniture. Tandis que l'un restait à la maison, l'autre s'en allait chercher à l'extérieur une nourriture qu'il rapportait, toujours abondante, à sa famille.

Mais ce tableau de félicité conjugale devait brusquement se gâter. Hier matin, de bonne heure, tandis que Dolores donnait à manger au pigeon mâle, il lui prit la fantaisie de lui découvrir le vaste monde. Elle ouvre la fenêtre qui domine la vallée du Darro et lance d'un coup le volatile hors des murs de l'Alhambra. Pour la première fois de sa vie, le pigeon étonné doit compter sur la force de ses ailes. Il plonge dans le vallée, puis, s'enlevant d'un seul élan, remonte jusqu'aux nuages. Jamais il ne s'est élevé si haut, jamais il n'a goûté à ce point la griserie de voler. Comme un jeune dépensier qui vient d'arriver à l'âge d'homme, le voici tout ébloui par son excessive liberté et par le champ d'action illimité qui s'ouvre devant lui. Tout le jour, en cercles capricieux, il va d'une tour à l'autre et d'arbre en arbre. C'est en vain que l'on essaie de l'attirer en répandant du grain sur les toits; on dirait qu'il a perdu tout souvenir de sa maison, de sa tendre compagne et de ses oisillons encore déplumés. Comme pour accroître l'inquiétude de Dolores, il a été rejoint par deux *palomas ladronas,* ou pigeons-voleurs, qui ont l'art d'entraîner les pigeons vagabonds dans leurs pigeonniers. Le fugitif, comme tant de jeunes étourdis lorsqu'ils se lancent dans le monde, semble fasciné par les adroits compères qui se chargent de lui faire connaître la vie et de l'introduire dans la société. Il s'élève maintenant avec eux au-dessus des toits et des clochers de Grenade. Une petite tempête a balayé la ville; mais il n'a pas songé à rentrer. La nuit est tombée et il n'est toujours pas là. Pour corser le drame, sa compagne, lasse de rester au nid sans être relevée, s'en est allée à la recherche de l'infidèle. Mais son absence a été si longue que les petits sont morts, faute de chaleur maternelle. A une heure tardive, Dolores apprend que le vagabond a été aperçu au-dessus des tours du Généralife. Or, il se trouve que l'*administrador* de cet antique palais a, lui aussi, un pigeonnier, qui compte parmi ses hôtes deux ou trois pigeons-voleurs, la terreur de tous les colombophiles du voisinage. Dolores en conclut aussitôt que les deux aventuriers à plume, en compagnie de qui on a vu son fugitif, sont les brigands du Généralife. Séance tenante, elle réunit un conseil de guerre dans la chambre de Tía Antonia. Le Généralife appartient à une juridiction différente de celle de l'Alhambra et les rapports entre les gardiens sont pointilleux, sinon inamicaux. On décide donc d'envoyer Pepe, le jardinier bègue, en ambassadeur auprès de l'*administrador* pour le prier, dans le cas où l'on trouverait un étranger dans ses terres, de bien vouloir le lui remettre en tant que sujet de l'Alhambra. Voilà donc notre Pepe qui s'en va accomplir sa mission diplomatique par les bois et les avenues éclairés de lune. Helas! Il nous revient, une heure plus tard, avec la désolante nouvelle que l'on n'a pas trouvé l'oiseau dans le pigeonnier du Généralife. Mais l'*administrador* lui a donné sa parole d'honneur que, si le fugitif y faisait une apparition, même à minuit, il serait arrêté instantanément et ramené prisonnier à sa petite maîtresse brune.

Voilà où en est cette triste affaire qui a répandu l'affliction dans le palais et condamné l'inconsolable Dolores à une nuit blanche.

«Chagrin du soir, joie du matin», dit le proverbe. Le premier objet qui ce matin frappe mes yeux, au sortir de ma chambre, c'est Dolores, l'infidèle dans ses bras, les yeux étincelants de joie. Il s'était montré de bonne heure sur les créneaux, et après avoir voleté gauchement de toit en toit, avait finalement pénétré par la fenêtre et s'était constitué prisonnier. Mais son retour ne lui vaut qu'un mince crédit: à la voracité avec laquelle il s'est lancé sur la nourriture qu'on lui a offerte, on a bien vu que, comme le fils prodige, seule la faim l'a ramené au foyer. Dolores le gronde pour son inconstance, en l'appelant volage et vagabond, mais tout en le serrant contre son sein et en le couvrant de baisers, en femme qu'elle est. J'ai observé pourtant qu'elle a pris soin de lui rogner les ailes, pour prévenir toute escapade future; précaution que je cite à l'intention de toutes celles qui ont des amants légers ou des maris papillonnants. On pourrait tirer de l'histoire de Dolores et de son pigeon plus d'une précieuse moralité.

LA CHAMBRE DE L'AUTEUR

Lorsque je m'installai à l'Alhambra, on avait aménagé, pour me recevoir, une série de chambres vides, d'architecture moderne, destinées au Gouverneur. Elles étaient en face du palais et donnaient sur l'esplanade; à l'autre extrémité, on communiquait avec un groupe de petites pièces, mi-mauresques, mi-modernes, qu'habitaient Tía Antonia et sa famille et qui aboutissaient à une grande salle, qui sert à cette brave dame de loge, de cuisine et de salle d'audience. La salle avait dû briller de quelque éclat du temps des Maures; mais une cheminée, pratiquée dans un coin, a décoloré ses murs, presque effacé ses ornements et répandu une teinte sombre sur l'ensemble. De ces appartements obscurs, un couloir étroit et un escalier en colimaçon, aussi noirs l'un que l'autre, menaient à un angle de la tour de Comares. On avançait en tâtonnant, on ouvrait une petite porte tout au fond et soudain on était ébloui en émergeant dans la lumineuse antichambre de la Salle des Ambassadeurs, avec la fontaine de la cour de *la Alberca,* étincelante en face de soi.

Je n'étais pas content d'être logé dans un appartement moderne en dehors du palais et je désirais vivement m'introduire au cœur même de ces merveilles. Comme je me promenais, un jour, le long des salles mauresques, je trouvai dans une galerie écartée une porte que jusque là je n'avais pas remarquée. Elle communiquait apparemment avec un vaste appartement fermé au public. Voilà un mystère, voilà l'aile hantée du château, me dis-je. Je me procurai une clé, sans difficulté, d'ailleurs, et la porte s'ouvrit devant une enfilade de chambres désaffectées, d'une architecture européenne, bien que bâties au-dessus d'une galerie mauresque, et longeant le petit jardin de Lindaraja. Il y avait deux hautes pièces, dont les plafonds étaient revêtus de profonds lambris de cèdre, richement et artistement sculptés de fruits et de fleurs mêlés de masques grotesques, malheureusement brisés en plus d'un endroit. Les murs avaient dû être tendus autrefois de damas; maintenant ils étaient nus et griffonnés de noms insignifiants de visiteurs; les fenêtres, délabrées, exposées au vent et aux intempéries, ouvraient sur le jardin de Lindaraja, dont les citronniers et les orangers poussaient leur branches jusque dans la chambre. Plus loin, il y avait deux salons, moins hauts, qui donnaient également sur le jardin. Dans les caissons de leurs plafonds, une main habile avait peint des paniers de fruits et des guirlandes de fleurs, passablement conservés. Les murs aussi avaient été peints à fresque, dans le goût italien, mais la peinture était presque effacée. Les fenêtres étaient dans le même état de délabrement que les autres pièces. Cette capricieuse série de chambres aboutissait à une galerie à l'air libre avec balustrades, qui faisait angle droit avec un autre côté du jardin. Tout l'appartement montrait tant de délicatesse et d'élégance dans sa décoration, il avait quelque chose de si rare et de si secret par sa situation même qu'il éveilla mon désir de connaître son histoire. Je m'en informai et découvris qu'il avait été aménagé par des artistes italiens, au début du siècle dernier, en prévision de l'arrivée de Philippe V et de la belle Elisabeth de Parme. Il était destiné à la reine et à sa suite. Une des grandes salles lui avait servi de chambre à coucher; un escalier étroit—aujourd'hui muré—conduisait directement au délicieux belvédère—à l'origine le *mirador* des sultanes—dont on avait fait en son honneur un boudoir, qui porte encore le nom de *Tocador* de la reine. La chambre à coucher dont je viens de parler donnait d'un côté sur le Généralife et ses tonnelles, tandis que, sous une autre fenêtre, jouait le jet d'eau du jardin de Lindaraja. Ce jardin fit remonter encore plus loin mes pensées, à l'époque où y régnaient d'autres beautés: les sultanes.

«Combien est beau ce jardin!» dit une inscription en arabe «ce jardin où les fleurs de la terre rivalisent d'éclat avec les astres des cieux! A cette vasque d'albâtre, pleine d'une eau cristalline, que peut-on comparer? Seule la lune dans toute sa splendeur, brillant au milieu de l'éther sans nuage!»

Les siècles avaient passé depuis, mais pourtant combien vivante était restée la beauté apparemment fragile de ces lieux! Le jardin de Lindaraja était toujours paré de fleurs; la fontaine offrait toujours le clair miroir de ses eaux... Il est vrai que l'albâtre avait perdu sa blancheur et que le bassin du bas, envahi de mauvaises herbes, était devenu la cachette du lézard; mais dans la ruine même il y avait quelque chose qui avivait l'intérêt du tableau en rappelant—comme elle le faisait—l'inconstance qui est le sort irrévocable de l'homme et de toutes ses œuvres. La désolation des chambres qui furent la demeure de la fière et élégante Elisabeth avait également pour moi un charme plus touchant que si j'avais pu les voir dans leur splendeur primitive, brillant de tous les fastes de la cour. Je décidai d'emblée de m'installer dans cet appartement.

Ma décision provoqua une grande surprise dans la famille, qui ne pouvait imaginer de motif raisonnable au choix d'un appartement si solitaire, si retiré, si abandonné. La bonne Tía Antonia y trouvait beaucoup de danger: le voisinage, disait-elle, était infesté de vagabonds; les grottes des collines alentour grouillaient de gitans; le palais était en ruine et on pouvait y pénétrer en plus d'un endroit; le bruit qu'un étranger s'était installé tout seul dans un appartement en ruine et incapable de se faire entendre des autres habitants pouvait tenter des visiteurs nocturnes, d'autant plus que les étrangers passent toujours pour avoir la bourse bien garnie. Dolores me représentait l'effrayante solitude de ces lieux: rien que des chauves-souris et des chouettes, et puis, il y avait aussi un renard et un chat sauvage, cachés dans les voûtes voisines, qui rôdaient tout autour, la nuit...

Je ne renonçai pas pour cela à mon caprice: avec l'aide d'un charpentier et du toujours zélé Mateo Jiménez, je fis bientôt remettre les portes et les fenêtres dans un état de sécurité relative. Malgré toutes ces précautions, il me faut bien avouer que la première nuit que je passai «chez moi» fut pénible au-delà de toute expression. Toute la famille m'escorta jusqu'à ma chambre et, lorsqu'elle prit congé de moi et s'en retourna par les vastes antichambres et les galeries sonores, je me rappelai ces contes de fées où le héros doit subir l'épreuve du manoir enchanté.

La pensée même de la belle Elisabeth et de sa charmante suite qui avaient orné ces salles de leur présence ajoutait, par une malice de mon imagination, à la mélancolie de la scène. Ces lieux avaient été le décor de leur joie et de leur grâce passagères; ces lieux portaient encore les traces de leur élégance et de leurs réjouissances. Qu'étaient devenues ces beautés?... De la poussière et des cendres, prisonnières de la tombe! des ombres de la mémoire!

Une appréhension vague et indescriptible m'envahissait peu à peu. J'aurais bien voulu l'attribuer à la pensée des voleurs dont il avait été question tout à l'heure; mais je sentais qu'elle tenait à quelque chose de surnaturel et d'absurde. En un mot, les craintes de mon enfance, que je croyais oubliées depuis longtemps, ressuscitaient et dominaient mon imagination. Tout fut affecté par le travail de ma fantaisie. Le chuchotement du vent parmi les citronniers, sous ma fenêtre, avait quelque chose de sinistre. Je jetai un coup d'œil dans le jardin de Lindaraja: les bois n'étaient qu'un gouffre d'ombre; les massifs, des formes indistinctes et inquiétantes. Je fus heureux de fermer la fenêtre; mais alors ma chambre fut gagnée par la contagion; une chauve-souris, qui s'y était introduite, vint voleter autour de ma tête et zigzaguer près de ma lampe solitaire; les visages grotesques gravés dans le cèdre se mirent à grimacer.

Je me ressaisis, et souriant à demi de ma faiblesse momentanée, je résolus de la vaincre. Lampe en main, je sortis faire le tour de l'antique palais. Malgré tous mes efforts, ce fut une épreuve assez dure. Les rayons de ma lampe s'arrêtaient à une faible distance autour de moi; j'avançai, pour ainsi dire, dans un simple halo de lumière au-delà duquel s'étendait une obscurité d'encre. Les couloirs voûtés me faisaient l'effet de cavernes; les coupoles des salles se perdaient dans le noir. Un ennemi invisible me guettait-il, peut-être, par devant ou par derrière? Mon ombre projetée sur les murs et l'écho de mes propes pas suffisaient à me troubler.

Assez peu rassuré, je traversais la Salle des Ambassadeurs, lorsque des bruits réels vinrent s'ajouter à mes fantaisies. De faibles gémissements et des plaintes indistinctes semblèrent s'élever sous mes pieds. Je m'arrêtai pour écouter. On eût dit que cela venait maintenant de l'extérieur de la tour. Parfois cela ressemblait aux hurlements d'un animal, parfois à des cris étouffés, mêlés de paroles incohérentes. L' effet saisissant de ces bruits dans le silence de la nuit et dans un endroit aussi singulier mit fin chez moi à toute envie de poursuivre cette ronde solitaire. Je retournai dans ma chambre avec plus d'empressement que je n'en étais sorti et je respirai plus librement lorsque je me retrouvai dans ses murs, la porte verrouillée derrière moi. Lorsque je m'éveillai le lendemain, la soleil brillait à ma fenêtre et illuminait tous les détails du palais de ses joyeux et francs rayons. J'eus quelque peine à me souvenir des fantômes et des imaginations qu'avaient suscités les ténèbres de la veille, ou à croire que les objets qui m'entouraient, si nets et si clairs, avaient pu se déguiser d'une façon si effrayante.

Pourtant, les hurlements et les plaintes affreuses que j'avais entendus n'étaient pas un effet de mon imagination. Ma servante Dolores m'expliqua bientôt que c'étaient les cris d'un pauvre maniaque, frère de sa tante, sujet à de violentes crises pendant lesquelles on l'enfermait dans une chambre voûtée, située au-dessous de la Salle des Ambassadeurs.

L'ALHAMBRA AU CLAIR DE LUNE

J'AI donné une image de mon appartement tel qu'il était lorsque j'en pris d'abord possession; il a suffi de quelques soirs pour modifier complètement le tableau et mes impressions. La lune, qui était alors invisible, a gagné peu à peu sur la nuit. La voici qui roule dans toute sa splendeur au-dessus des tours, inondant de sa tendre clarté les salles et les cours. Sous ma fenêtre, le jardin est doucement illuminé; les orangers et les citronniers sont pailletés d'argent; et la fontaine étincelle dans le clair de lune où l'on perçoit même la rougeur de la rose.

J'ai passé des heures à ma fenêtre à respirer l'air embaumé du jardin et à rêver aux fortunes diverses de ceux dont ces élégants vestiges rappellent l'histoire. Parfois à minuit, lorsque tout repose, je descends errer à travers le palais. Qui pourrait dire la beauté d'un clair de lune sous ce climat et dans un tel lieu? La température d'un minuit d'été andalou est purement céleste. On se sent comme transporté dans une atmosphère supérieure; on éprouve une sérénité d'âme, une légèreté d'esprit, un bien-être physique qui font du seul fait de vivre un délice. L'effet du clair de lune sur l'Alhambra a également quelque chose de magique: les fentes et les crevasses, les moindres taches de rouille disparaissent alors; le marbre reprend sa blancheur primitive; les longues colonnades paraissent s'éclaircir; les salles s'illuminent d'un rayonnement diaphane... On se croirait dans un palais enchanté des Mille et une Nuits.

J'aimais alors monter au petit pavillon qu'on appelle le Boudoir de la Reine pour jouir de la vue étendue et diverse qu'on y a. A droite, les cimes neigeuses de la Sierra Nevada brillaient commes des nuages d'argent contre le firmament foncé; les contours de la montagne se dessinaient en lignes pures, bien qu'adoucies. Mais mon plus grand plaisir était de m'accouder au parapet du *tocador* et de contempler Grenade étendue à mes pieds comme un plan, ensevelie dans un profond repos avec ses palais et ses couvents endormis, pour ainsi dire, au clair de lune.

Parfois j'entendais les faibles roulades d'une castagnette: c'était un groupe de danseurs qui s'attardait dans l'Alameda; parfois encore c'étaient les notes hésitantes d'une guitare; puis, une voix nue s'élevait d'une rue solitaire: je me représentais quelque jeune cavalier faisant une sérénade à la fenêtre de sa belle, coutume charmante d'autrefois, qui est en train de se perdre malheureusement, sauf dans les petites villes et les villages écartés d'Espagne. Telles étaient les scènes qui me retenaient des heures durant, au cours de mes promenades parmi les patios et les balcons du château, où j'éprouvais un mélange délicieux de rêverie et d'impressions qui, dans le sud, supprime la sensation du temps. Il faisait presque jour lorsque je regagnais mon lit où je m'endormais au son berceur du jet d'eau de Lindaraja.

LES HABITANTS DE L'ALHAMBRA

J'AI souvent observé que, plus les hôtes d'une demeure ont été superbes au temps de sa splendeur, plus ils sont humbles au temps de sa décadence, et que le palais du roi finit fréquemment par devenir le gîte du mendiant.

A l'Alhambra la transition s'effectue de la même façon. Dès qu'une tour tombe en ruines, elle devient la proie d'une famille de gueux qui occupent, en compagnie des chauves-souris et des chouettes, ses salles dorées, et qui accrochent leurs haillons, ces drapeaux de la misère, à ses fenêtres et à ses meurtrières.

Je me suis amusé à observer quelques-uns de ces personnages pittoresques qui ont ainsi usurpé l'ancienne résidence des rois et y semblent placés exprès pour donner une conclusion burlesque au drame de la fierté humaine. L'un d'eux porte même pour rire un titre royal. C'est une petite vieille, María Antonia Sabonea, qui porte le surnom de *Reina Coquina* (la Reine-Coquille). Elle est petite comme une fée, et pourrait bien l'être, car nul ne connaît son origine. Elle a élu pour domicile une espèce de recoin sous l'escalier extérieur et, assise dans la fraîcheur du couloir, on la voit tirer l'aiguille et chanter du matin au soir, et toujours le mot pour rire; car, si elle est une des plus pauvres, elle est également une des plus joyeuses petites vieilles qui aient jamais existé. Son grand mérite est de savoir conter; elle a, j'en suis convaincu, autant d'histoires dans son sac que l'inépuisable Shéhérazade des Mille et une Nuits. Je lui en ai entendu dire quelques-unes aux *tertulias* de Tía Antonia, auxquelles elle participe avec toute l'humilité requise.

Il faut bien que cette mystérieuse petite vieille détienne un pouvoir magique, car elle a eu la chance extraordinaire —minuscule, laide et misérable comme elle est—d'avoir eu, si on l'en croit, cinq maris et demi (comptant pour un demi un jeune dragon qui mourut au temps où il la courtisait). On pourrait lui donner comme pendant un vieillard corpulent, au nez en pied de marmite, qui arbore un accoutrement couleur rouille, un tricorne verni et une cocarde rouge. Fils légitime de l'Alhambra, lui aussi, il y a passé toute sa vie dans divers emplois: *alguacil* en second, sacristain à l'église paroissiale et marqueur d'un jeu de pelote installé au pied de l'une des tours. Pauvre comme Job, mais fier comme Artaban, il se vante de descendre de l'illustre maison d'Aguilar, d'où sortit Gonzalo Fernández de Córdoba, le *Gran Capitán*. Il porte le nom d'Alonso de Aguilar, si célèbre dans l'histoire de la Reconquête; mais les mauvais plaisants de la forteresse l'ont baptisé *El Padre Santo,* le Saint Père, titre que je croyais trop sacré aux yeux d'un vrai catholique pour servir à une plaisanterie. Quel caprice de la fortune que de présenter le descendant du fier Alonso de Aguilar, le miroir de la chevalerie andalouse, dans la personne grotesque de ce va-nu-pieds, qui mène une vie de mendiant —ou presque—dans la forteresse même que son ancêtre contribua à reconquérir... Mais tel aurait pu être le sort des descendants d'Agamemnon et d'Achille, s'ils étaient demeurés sur les ruines de Troie!

Dans cette communauté bariolée, la famille de mon loquace Mateo Jiménez forme une part non négligeable, ne serait-ce que par le nombre. Quant à la prétention de mon écuyer d'être un fils de l'Alhambra, elle n'est pas dénuée de fondement. Sa famille a habité la forteresse depuis le temps de la conquête et s'est transmis, de père en fils, une invariable pauvreté; on n'a jamais su qu'aucun d'eux ait possédé le moindre *maravedí*. Son père, qui a succédé au petit tailleur légendaire comme chef de famille et qui exerce la profession de tisseur de rubans, a maintenant près de soixante-dix ans et vit dans une cabane de roseaux et de plâtre qu'il a bâtie de ses mains, juste au-dessus de la Porte de Fer. Les meubles se limitent à un lit disloqué, une table, deux ou trois chaises, et un bahut de bois contenant son linge et les archives de la famille —c'est à dire, des papiers relatifs à de vieux procès, qu'il ne sait pas lire—; mais la gloire de la cabane, c'est un blason aux armes de la famille, brillamment colorié et suspendu, encadré au mur. Il indique nettement, par ses quartiers, les diverses familles nobles auxquelles cette nichée d'affamés se prétend alliée.

Quant à Mateo, il a fait de son mieux pour perpétuer sa descendance: il a une femme et une nombreuse progéniture qui vivent au village dans une baraque délabrée. Comment ils font pour subsister, Dieu seul, qui pénètre tous les mystères, peut le dire. La vie d'une famille espagnole de cette espèce est pour moi une énigme. Et pourtant, on subsiste, et, qui mieux est, on montre du plaisir à vivre. La femme de Mateo ne manque jamais de descendre le Dimanche au Paseo de Grenade avec un enfant au bras et une ribambelle à ses trousses; et la fille aînée—c'est déjà une jeune fille—se met des fleurs dans les cheveux et danse gaiement au son des castagnettes.

Ici, il y a deux classes de gens pour lesquels la vie n'est qu'un long Dimanche: les très-riches et les très-pauvres; les premiers, parce qu'ils n'ont besoin de rien faire; les seconds, parce qu'ils n'ont rien à faire; mais personne ne s'entend mieux à l'art de ne rien faire et à vivre de rien qu'un Espagnol

79

pauvre. Le climat y est pour une part, le tempérament pour une autre. Donnez à un Espagnol de l'ombre, l'été, du soleil, l'hiver; un bout de pain, de l'ail, de l'huile, des *garbanzos* (ou pois chiches), une vieille cape brune et une guitare..., que lui importe alors le monde! La pauvreté, pour lui, ce n'est pas un déshonneur. Il s'en drape fièrement, comme de sa cape en guenille. Il reste hidalgo, même en haillons.

Les «fils de l'Alhambra» sont une remarquable illustration de cette philosophie pratique. De même que les Maures s'imaginaient que le paradis céleste coïncidait avec ces lieux privilégiés, j'incline à croire parfois que l'âge d'or s'attarde encore parmi cette communauté déguenillée. Ils ne possèdent rien, ne font rien, ne se soucient de rien. Oisifs toute la semaine, ils observent tous les jours fériés aussi scrupuleusement que l'artisan le plus laborieux. Ils sont de toutes les fêtes, de toutes les danses de Grenade et des environs, allument des feux de joie sur la colline à la Saint-Jean... et dernièrement je les ai vus danser toute la nuit au clair de lune, sur un petit champ, enclos dans la forteresse, en l'honneur d'une moisson qui a bien rapporté quelques boisseaux de blé...

Avant d'en finir avec ces observations, je voudrais mentionner un divertissement typique qui m'a beaucoup frappé. J'avais déjà observé un grand escogriffe perché au sommet d'une des tours, tout occupé apparemment à manœuvrer une ou deux cannes à pêche, comme s'il voulait attraper les étoiles. Les évolutions de ce pêcheur céleste m'intriguèrent passablement; ma curiosité redoubla lorsque j'en remarquai d'autres tout pareillement occupés, en différents points des remparts et des bastions. Je m'en ouvris à Mateo Jiménez, qui me donna la clé du mystère.

Il semble que l'atmosphère pure et aérienne de la forteresse y favorise—comme dans le manoir de Macbeth—le foisonnement des hirondelles et des martinets qui évoluent au-

dessus de ses tours avec la jubilation d'une marmaille qu'on vient de lâcher de l'école. Attraper ces oiseaux au milieu de leurs étourdissants tournoiements, voilà l'amusement favori des «fils de l'Alhambra» en guenilles qui, avec l'infaillible ingéniosité des fainéants fieffés, ont inventé l'art de pêcher dans le ciel.

LA COUR DES LIONS

L E charme particulier de ce vieux palais de rêve est son pouvoir de faire naître dans l'esprit de vagues rêveries et des images du passé qui revêtent les faits abstraits des illusions de la mémoire et de l'imagination. Comme j'adore me mouvoir parmi ces «vaines ombres», je recherche volontiers les endroits de l'Alhambra qui se prêtent le plus à ces fantasmagories de l'esprit; et aucun d'eux ne le fait autant que la Cour des Lions et les Salles qui l'entourent. Ici la main du temps s'est posée la plus légère et les vestiges de l'élégance et de la splendeur mauresques y éclatent dans leur fraîcheur quasi-originelle. Les tremblements de terre ont secoué les fondements de l'édifice et crevassé ses tours les plus massives, mais voyez... pas une de ces sveltes colonnes ne s'est déplacée, pas un arc de sa légère et fragile colonnade n'a cédé, et toute la dentelle féérique de ces dômes, apparemment aussi irréelle que les fantaisies de cristal d'un matin de gelée, subsiste après tant de siècles aussi neuve que si elle sortait de la main de l'artiste musulman.

J'écris ces lignes parmi tous ces témoins du passé, à la fraîcheur du petit matin, dans la Salle fatidique des Abencérages. J'ai devant moi la fontaine sanglante, qui rappelle leur massacre. Son hardi jet d'eau lance sa poussière humide jusque sur mon papier. Comme il est difficile de concilier cette vieille légende de violence et de sang avec la douceur et la paix de ce cadre! Tout y semble fait pour inspirer des sentiments heureux et tendres, car tout y est délicat et charmant. La lumière même s'y répand discrètement, en passant par la lanterne d'une coupole teinte et ciselée comme par des mains de fées. Par le grand arc sculpté de la porte, j'aperçois la Cour des Lions qui brille de toute sa colonnade ensoleillée et de ses fontaines étincelantes. L'agile hirondelle plonge dans la cour, avant de s'élancer en gazouillant au-dessus des toits; l'abeille laborieuse butine parmi les massifs de fleurs; des papillons de couleur folâtrent çà et là et se poursuivent au soleil. Il n'est guère besoin de forcer son imagination pour se représenter quelque belle sultane pensive en train d'errer dans cette retraite secrète du raffinement oriental.

Mais qui voudrait contempler ces lieux sous un aspect plus en rapport avec leur fortune n'aurait qu'à les visiter lorsque les ombres du soir éteignent la splendeur de la cour et répandent leur obscurité dans les salles avoisinantes. Rien alors ne peut être plus sereinement mélancolique ou plus en harmonie avec la légende de leur grandeur évanouie.

C'est alors que j'aime à rêver dans la Salle de la Justice, dont les profondes arcades pleines d'ombre s'étendent à l'extrémité supérieure du patio. C'est là que fut célébrée, en présence de Ferdinand, d'Isabelle et de leur cour triomphante, une grand messe solennelle à l'occasion de la prise de l'Alhambra. On voit encore la croix sur le mur près duquel l'autel fut érigé et où officia le Grand Cardinal d'Espagne, assisté des plus hauts dignitaires du pays. Je m'imagine la scène, la salle emplie par les soldats vainqueurs, les prélats mitrés et les moines à la tête rasée, les chevaliers bardés d'acier et les courtisans vêtus de soie; les croix, les crosses, les étendards religieux mêlés aux pennons armoriés et aux bannières des grands d'Espagne brandis triomphalement dans ces salles mauresques. Je m'imagine Colomb, qui allait découvrir un monde, modestement retiré dans un coin, humble spectateur de la cérémonie. Je vois en imagination les Rois Catholiques agenouillés devant l'autel et remerciant Dieu de leur triomphe, tandis que les voûtes retentissent du son des mélodies sacrées et du grave *Te Deum*.

Mais voici que s'évanouit la fugace illusion; le pompeux spectacle s'efface... monarques, prêtres, guerriers retombent dans l'oubli avec les pauvres musulmans dont ils ont triomphé. La salle de leur victoire est déserte et désolée. La chauve-souris tournoie dans ces voûtes crépusculaires et, là-bas, sur la tour de Comares gémit la chouette...

Comme j'entrai un soir dans la Cour des Lions, je tressaillis en y apercevant un Maure en turban, tranquillement assis près de la fontaine. J'eus, un instant, l'impression qu'une superstition de l'Alhambra venait de se réaliser et qu'un de ses anciens habitants en rompant le charme des siècles se manifestait à mes yeux. Il ne s'agissait, en réalité, que d'un simple mortel; c'était un homme, originaire de Tétouan, en Barbarie, qui avait un magasin dans le Zacatín de Grenade où il vendait de la rhubarbe, des bibelots et des parfums. Comme il parlait couramment l'espagnol, je pus m'entretenir avec lui. Il me dit qu'il montait sur la colline de temps en temps l'été, pour passer une partie du jour à l'Alhambra qui lui rappelait les vieux palais de Barbarie, bâtis et décorés dans le même style, quoique d'une façon moins magnifique.

Tandis que nous nous promenions dans le palais, il me désignait des inscriptions arabes d'une grande beauté poétique.

—Ah, *señor,* me disait-il, quand les Maures tenaient Grenade, ils étaient bien plus gais que de nos jours! Ils ne songeaient qu'à l'amour, à la musique et à la poésie. Ils faisaient des vers à propos de tout et de rien et les mettaient en musique. Celui qui faisait les plus beaux vers et celle qui avait la plus belle voix étaient sûrs d'être distingués et choyés. En ce temps-là, quand quelqu'un demandait du pain, on lui répondait: fais-moi un couplet; et le plus misérable mendiant, s'il savait rimer, recevait souvent une pièce d'or.

—Est-ce que le goût de la poésie a tout à fait disparu chez vous? lui dis-je.

—Nullement, *señor;* chez moi, même dans les classes pauvres, on fait toujours des vers, comme autrefois; mais aujourd'-hui le talent n'est pas aussi bien récompensé: les riches préfèrent le son de leurs pièces d'or à celui de la poésie et de la musique.

Tandis qu'il parlait, il aperçut une des inscriptions qui prédisaient l'éternité au pouvoir et à la gloire des monarques musulmans, maîtres de ce palais. Il secoua la tête et haussa les épaules en la déchiffrant. «Cela aurait pu être le cas, dit-il. Les Musulmans pourraient encore régner dans l'Alhambra, si Boabdil n'avait pas livré sa ville aux chrétiens. Les monarques espagnols n'auraient jamais pu la conquérir par la force.»

J'essayai de laver la mémoire de l'infortuné Boabdil de cette accusation et de montrer que les dissensions qui entraînèrent la chute du trône des Maures résultaient de la cruauté de son père; mais mon interlocuteur n'admettait aucune circonstance atténuante.

«Muley Hassan, dit-il, a pu être cruel; mais il était brave, vigilant et patriote. S'il avait été dignement secondé, Grenade serait encore à nous; mais son fils Boabdil a entravé ses plans, amoindri son pouvoir, semé la trahison dans le palais et la dissension dans le camp. Que la malédiction de Dieu le châtie de sa félonie!» Et sur ces mots, le Maure s'en alla de l'Alhambra.

L'indignation de mon compagnon enturbanné concorde avec une anecdote que je tiens d'un ami. Celui-ci, au cours d'un voyage en Barbarie avait eu une entrevue avec le pacha de Tétouan. Le gouverneur maure lui avait posé toutes sortes de questions sur le sol et, en particulier, sur les régions privilégiées de l'Andalousie, les délices de Grenade et les vestiges du palais royal. Et les réponses de mon ami avaient réveillé chez son interlocuteur les souvenirs de la puissance et de la gloire de l'ancien empire d'Espagne, si chéri des Maures. Se tournant vers sa suite, le Pacha avait pris sa barbe dans ses mains et s'était répandu en lamentations passionnées: un tel sceptre, gémissait-il, était tombé des mains des vrais fidèles! Mais il se consolait à l'idée que le pouvoir et la prospérité de la nation espagnole étaient en décadence et qu'un temps viendrait où les Maures recouvreraient leur légitime possession. Et le jour n'était peut-être pas si loin où le culte mahométan serait célébré de nouveau dans la Mosquée de Cordoue et où un prince mahométan siègerait sur son trône, à l'Alhambra.

Telle est l'aspiration et la croyance des Maures de Barbarie, qui considèrent l'Espagne, et particulièrement l'Andalousie, comme leur héritage légitime dont ils ont été dépouillés par la traîtrise et la violence. Ces idées sont toujours entretenues chez les descendants des exilés de Grenade, dispersés dans les villes de Barbarie. Beaucoup d'entre eux résident à Tétouan, ils conservent leurs anciens noms, tels que Páez et Medina et s'abstiennent de toute alliance avec des familles qui ne peuvent prétendre à une aussi haute origine. Le peuple les entoure d'un respect que les communautés musulmanes témoignent rarement à la naissance, sauf quand il s'agit du sang royal.

Et ces familles, dit-on, continuent à soupirer après le paradis terrestre de leurs ancêtres: elles font des prières le Vendredi pour implorer Allah de hâter le moment où Grenade sera rendue aux vrais croyants: elles désirent cet événement avec autant d'ardeur et de confiance que les Croisés désiraient la délivrance du Saint-Sépulcre. On ajoute même que certaines d'entre elles conservent les chartes et les titres des biens et des jardins de leurs ancêtres et jusqu'aux clés des maisons, comme preuve de la légitimité de leur héritage, à produire au jour de la restauration.

La Cour des Lions a également sa part de légendes surnaturelles. J'ai déjà cité la croyance selon laquelle des murmures et des bruits de chaînes seraient produits la nuit par les esprits des Abencérages assassinés. Mateo Jiménez raconta un soir, à l'une des réunions de Tía Antonia, un fait qui était survenu du vivant de son grand-père, le petit tailleur légendaire:

Il y avait un soldat invalide dont la fonction était de guider les étrangers dans l'Alhambra. Un soir, au moment du crépuscule, comme il traversait la Cour des Lions, il entendit résonner des pas dans la salle des Abencérages. Quelque visiteur s'y attarde, pensa-t-il, et il s'avança à sa rencontre, lorsque, tout à coup, à sa stupéfaction, il aperçut quatre Maures richement habillés, avec des cuirasses d'argent, des cimeterres et des poignards tout luisant de pierres précieuses. Ils allaient et venaient d'un pas solennel; puis s'arrêtant, ils lui firent signe d'approcher. Le vieux soldat prit la fuite et, depuis, on n'a jamais pu le décider à remettre les pieds à l'Alhambra. C'est ainsi que parfois on tourne le dos à la fortune, car, selon Mateo, les Maures avaient l'intention de révéler l'endroit où leurs trésors étaient ensevelis. Mais le vieux soldat eut un successeur plus malin; il arriva pauvre à l'Alhambra, mais, au bout de l'année, il s'en alla à Málaga, où il acheta maison et équipage et où il est encore un des hommes les plus vieux et les plus riches de la ville—pour avoir découvert, bien entendu, le trésor secret des soldats fantômes, conclut Mateo.

BOABDIL EL CHICO

Ma conversation avec l'homme de la Cour des Lions avait acheminé ma rêverie vers le singulier destin de Boabdil. Jamais surnom ne fut plus mérité que celui que lui donnèrent ses sujets: «el Zogoybi», c'est-à-dire, le malchanceux. Ses infortunes commencent presque au berceau. Dès sa tendre enfance, il est emprisonné et menacé de mort par un père inhumain; il ne s'en tire que grâce à un stratagème de sa mère; plus tard, sa vie est empoisonnée et souvent mise en danger par l'hostilité d'un oncle usurpateur; son règne est troublé par des invasions de l'extérieur et des dissensions intestines; il est tour à tour l'ennemi, le prisonnier, l'ami, et toujours la dupe de Ferdinand jusqu'au moment où il est vaincu et détrôné par l'habileté et la force de ce monarque perfide. Exilé de sa terre natale, il se réfugie auprès d'un prince d'Afrique et tombe obscurément dans une bataille livrée pour un étranger. Mais ses infortunes ne cessent pas avec sa mort. Si Boabdil avait jamais désiré laisser un nom honorable dans les annales, combien ses espoirs ont été cruellement déçus! Quel est celui qui a prêté la moindre attention à la romantique histoire de la domination mauresque en Espagne sans s'enflammer d'indignation devant les prétendues atrocités de Boabdil? Quel est celui qui n'a pas été touché par les malheurs de sa belle et charmante épouse, soumise par lui à une épreuve mortelle, sur une fausse accusation d'infidélité? Qui n'a pas été révolté par l'assassinat de sa sœur et de ses deux enfants, qu'il aurait commis dans un accès de colère? Qui n'a pas senti son sang bouillir dans ses veines au récit de l'odieux massacre des trente-six valeureux Abencérages qu'il aurait fait décapiter dans la Cour des Lions? Toutes ces accusations se sont répétées sous diverses formes: elles ont passé dans les ballades, les drames, les romances jusqu'au moment où elles ont pris si complètement possession de la croyance populaire qu'il est impossible de les en déraciner. Il n'est pas un étranger cultivé qui ne visite l'Alhambra sans demander où se trouve la fontaine près de laquelle les Abencérages ont été décapités, qui ne regarde avec horreur la grille derrière laquelle on dit que la reine a été enfermée; pas un paysan de la Vega ou de la Sierra qui ne chante ces tristes exploits dans ses frustes mélodies accompagnées de la guitare, tandis que ses auditeurs apprennent à exécrer le nom même de Boabdil.

En vérité jamais nom n'a été aussi hideusement noirci. J'ai examiné toutes les lettres et chroniques authentiques écrites par des auteurs espagnols contemporains de Boabdil, dont certains, admis à la confidence des Rois Catholiques, assistèrent effectivement à toute la guerre. J'ai consulté toutes les autorités arabes, auxquelles j'ai pu avoir accès par des traductions, et je n'y trouve rien qui justifie ces odieuses accusations. La source de toutes ces légendes est un ouvrage, communément appelé *Les Guerres Civiles de Grenade,* et qui contient une pseudo-histoire des querelles entre les Zégris et les Abencérages durant les derniers spasmes de l'empire maure. Cet ouvrage, publié primitivement en espagnol, se prétendait traduit de l'arabe par un certain Ginés Pérez de Hita, citoyen de Murcie. Depuis, il a été écrit en plusieurs langues et Florian l'a beaucoup utilisé dans sa légende de Gonzalve de Cordoue; dès lors, il a fini par usurper l'autorité de l'histoire véritable auprès du peuple, et en particulier des paysans de Grenade. Ce n'est pourtant qu'un ramassis d'inventions, assaisonné de quelques faits plus ou moins arrangés qui lui donnent une apparence de véracité. Il contient des preuves internes de sa fausseté: les us et coutumes des Maures y sont représentés de façon extravagante, les scènes décrites sont totalement incompatibles avec leurs mœurs et leur foi: un écrivain mahométan n'aurait jamais pu les écrire.

J'avoue que je trouve quelque chose de criminel dans cette volonté de tout déformer. On peut accorder une grande latitude à la fiction romanesque, mais il y a des limites qu'il ne faut pas dépasser. Le nom des morts célèbres ne doit pas plus être calomnié que celui des vivants illustres. On aurait pu croire que l'infortuné Boabdil avait suffisamment payé de la perte de son royaume sa légitime hostilité envers les Espagnols, sans devenir, à la suite d'une injustifiable calomnie, un objet de moquerie et un synonyme d'infamie dans son pays natal et jusque dans la demeure de ses pères!

Je n'ai pas l'intention d'affirmer ici que les crimes imputés à Boabdil sont dépourvus de tout fondement historique; mais les recherches semblent indiquer que c'est son père, Aben Hassan, qui les a commis: les chroniqueurs arabes et chrétiens s'accordent à le peindre féroce et cruel. C'est lui qui mit à mort les chevaliers de l'illustre maison des Abencérages, parce qu'il les soupçonnait de comploter contre son trône.

De même, la légende de la reine accusée et enfermée dans une des tours a son origine dans un épisode appartenant à la vie du père de Boabdil: Aben Hassan avait épousé, à un âge déjà avancé, une belle captive chrétienne de famille noble qui avait pris le nom musulman de Zorayda et lui avait donné deux fils. Ambitieuse, elle voulait voir ses enfants lui succéder sur le trône. Elle influença, dans ce but, le caractère soupçonneux du roi; elle l'enflamma de jalousie contre les enfants qu'il avait eus de ses autres femmes et concubines, qu'elle accusait de comploter contre sa vie et contre le trône. Certains d'entre eux furent tués par leur père féroce. Aïcha *la Horra,* la vertueuse mère de Boabdil, qui avait été autrefois sa favorite chérie, devint, elle aussi, l'objet de ses soupçons. Il l'enferma avec son fils dans la Tour de Comares et eût sacrifié Boabdil à sa furie, si sa tendre mère ne l'avait fait descendre de la tour, en pleine nuit, au moyen d'écharpes, lui permettant ainsi de s'enfuir vers Guadix.

Telle est la seule apparence de vérité que je puisse trouver à la légende de la reine accusée et captive: et là Boabdil apparaît comme le persécuté et non le persécuteur.

Durant tout son règne, bref, agité et désastreux, Boabdil se révéla comme un homme doux et aimable. Dès l'abord, il gagna tous les cœurs par ses manières gracieuses et affables; il était toujours pacifique et ne punissait jamais sévèrement ceux qui se soulevaient parfois contre lui. Personnellement, il était brave, mais manquait de caractère. Dans les moments critiques, il restait hésitant et irrésolu. Cette faiblesse précipita sa chute, tandis qu'elle le dépouillait du prestige héroïque, qui, en lui conférant la grandeur et la dignité, l'eût rendu digne d'achever le drame splendide de la domination musulmane en Espagne.

SOUVENIRS DE BOABDIL

L'ESPRIT encore tout occupé par mon sujet, je décidai de
suivre les traces de ce prince infortuné, sur les lieux mêmes
qui virent sa grandeur et ses épreuves. Dans la galeríe de
tableaux du Généralife se trouve un portrait de lui. Le visage
est doux et beau, quelque peu mélancolique, avec un teint
clair et des cheveux blonds; si la peinture est fidèle, il a pu
être incertain et flottant, mais son aspect n'a rien de dur ni de
cruel.

Ensuite je visitai le cachot où il fut enfermé pendant son
enfance, lorsque son terrible père méditait de le tuer. C'est
une pièce voûtée située dans la tour de Comares, sous la Salle
des Ambassadeurs; une pièce identique, reliée à la première
par un étroit couloir, servait de prison à sa mère, la vertueuse
Aïcha *la Horra*. Les murs sont d'une prodigieuse épaisseur et
des barres de fer protègent les petites fenêtres. Une étroite
galerie de pierre, munie d'un parapet très bas, fait saillie sur
trois côtés de la tour, juste au-dessous des fenêtres, mais à une
hauteur considérable du sol. C'est de cette galerie, suppose-t-on,
que la reine, au moyen de ses écharpes et de celles de ses femmes, fit descendre son fils, en pleine nuit, jusque sur le versant
de la colline, au pied de laquelle l'attendait un domestique avec
un pur-sang qui devait emmener le prince dans la montagne.

Tandis que je parcourais la galerie, mon imagination me

peignait la reine anxieuse, penchée sur le parapet, écoutant, le cœur battant, les derniers échos des pas du cheval qui se perdaient dans l'étroite vallée du Darro.

Après quoi, je me mis en quête de la porte par laquelle Boabdil était sorti de l'Alhambra, lorsqu'il alla livrer sa capitale. Caprice d'un cœur désolé, il avait demandé aux monarques catholiques de ne plus permettre ensuite l'accès de cette porte à personne. D'après les anciennes chroniques, son souhait avait été respecté, grâce à la sympathie d'Isabelle, et la porte avait été murée. Pendant quelque temps, je m'enquis en vain de son existence; finalement, mon humble suivant, Mateo, apprit des vieux résidents de la forteresse qu'il existait une porte en ruine par laquelle le roi maure aurait quitté la forteresse, mais qui n'avait jamais été ouverte, aussi loin qu'ils pussent s'en souvenir.

Il m'y conduisit. La porte se trouve au centre de ce qui fut autrefois une tour immense, *la Torre de los Siete Suelos,* la tour à sept étages. C'est un endroit célèbre dans les superstitions du voisinage où elle est le théâtre d'apparitions étranges et d'enchantements.

Cette tour, autrefois redoutable, n'est plus qu'une ruine: les Français la firent sauter lorsqu'ils abandonnèrent la forteresse. D'énormes blocs gisent çà et là, ensevelis sous une herbe luxuriante, dans l'ombre des vignes et des figuiers. La voûte de la porte, bien que crevassée par le choc, subsiste encore; mais une fois de plus, le dernier souhait de Boabdil se trouve réalisé—grâce au hasard, il est vrai—car la porte, obstruée par les pierres, reste impraticable.

Sur les traces du monarque musulman, je traversai à cheval la colline de «los Mártires», longeai le jardin d'un couvent qui porte le même nom, puis plongeai dans un ravin abrupt, embroussaillé d'aloès et de cactus et bordé de grottes et de cabanes fourmillantes de gitans. C'était la route qu'avait prise

Boabdil pour éviter de passer par la ville. La descente était si raide et si inégale que je dus mettre pied à terre et mener ma monture par la bride.

Emergeant du ravin et passant par la Puerta de los Molinos (la Porte des Moulins), je débouchai sur la promenade publique du Prado et, suivant le cours du Génil, j'arrivai à une ancienne mosquée, aujourd'hui l'ermitage de San Sebastián. Une plaque sur le mur indique que c'est à cet endroit que Boabdil remit les clés de Grenade aux souverains castillans. De là, je parcourus lentement la Vega jusqu'à un village où la famille et les domestiques du malheureux roi étaient allés l'attendre, car il les avait envoyés en avant, la veille, afin que sa mère et sa femme ne participassent point à son humiliation et ne fussent pas exposées au regard des vainqueurs. Suivant toujours les pas du triste cortège des exilés royaux, je parvins au pied d'une chaîne d'arides et sombres collines qui forment la base des monts de l'Alpujarra. C'est d'un de ces sommets que l'infortuné Boabdil jeta un dernier coup d'œil sur Grenade; il porte ce nom expressif: *La Cuesta de las Lágrimas* (la côte des larmes). Plus loin, un chemin sablonneux serpente à travers un rude désert de pierres, doublement attristant pour le malheureux monarque, car il le conduisait à l'exil.

J'éperonnai mon cheval et grimpai au sommet d'un roc, à l'endroit où Boabdil poussa sa dernière exclamation de désespoir lorsqu'il détourna les yeux des lieux qu'il quittait: il s'appelle encore aujourd'hui: *El último suspiro del Moro* (le dernier soupir du Maure). Qui peut s'étonner de sa douleur de se voir chassé d'un tel royaume et d'une telle résidence? Avec l'Alhambra il paraissait céder tous les honneurs de son origine, toutes les gloires et toutes les délices de la vie.

C'est là également que son affliction fut portée à son comble par le reproche de sa mère, Aïcha, qui l'avait si souvent réconforté dans les moments difficiles et avait vainement essayé de lui infuser son esprit de détermination: «Tu fais bien, lui dit-elle, de pleurer comme une femme ce que tu n'as pas su défendre comme un homme»—paroles qui dénotent plus l'orgueil d'une princesse que la tendresse d'une mère.

Lorsque cette anecdote fut rapportée à Charles-Quint par l'évêque Guevara, l'empereur s'associa au mépris de la sultane pour la faiblesse de caractère de l'irrésolu Boabdil: «Si j'avais été de lui ou lui de moi, dit l'altier souverain, j'aurais préféré faire de l'Alhambra mon sépulcre plutôt que de vivre sans royaume dans l'Alpujarra.»

Comme il est facile, au sommet de la gloire et de la prospérité, de prêcher l'héroïsme aux vaincus! Comme on comprend mal, alors, que la vie puisse avoir plus de valeur pour les infortunés, lorsqu'il ne leur reste plus rien que la vie!

LE BALCON

Dans la Salle des Ambassadeurs, à la fenêtre centrale, il y a un balcon dont il a déjà été question: il fait saillie de la tour, comme une cage, en plein air, au-dessus de la cime des arbres qui poussent sur le versant de la colline abrupte. Il me tient lieu, en quelque sorte, d'observatoire, où je m'installe souvent pour contempler non seulement le ciel, mais aussi la terre. En plus du magnifique panorama sur la montagne, la vallée et la Vega, il offre à mon observation un petit tableau humain toujours changeant. Au pied de la colline se trouve une *alameda,* ou promenade publique, qui sans prétendre à l'élégance du moderne et splendide *paseo* du Génil, peut se vanter de recevoir une foule variée et pittoresque. On y voit la petite bourgeoisie des faubourgs, mêlée aux prêtres et aux frères, qui se promènent pour aiguiser leur appétit ou faciliter leur digestion, les *majos* et les *majas* (les élégants et les élégantes du peuple), vêtus de leurs costumes typiques, des contre-bandiers fanfarons et parfois quelque mystérieux aristocrate, au visage à demi-dissimulé, venu à un rendez-vous secret.

Cela compose un tableau mouvant et bariolé de la vie espagnole que je me délecte à étudier; et, de même que le naturaliste a son microscope pour l'aider dans ses investigations, moi j'ai un télescope de poche qui rapproche à tel point les visages des différents groupes que j'ai l'impression, parfois, que je vais deviner leur conversation au jeu et à l'expression de leur physionomie. Observateur invisible, sans quitter ma solitude, je peux, en un instant, me plonger au milieu de la société—rare avantage pour une personne un peu timide et calme de caractère, et qui, comme moi, aime à observer le drame de la vie, sans y être acteur.

Il y a un faubourg considérable au-dessous de l'Alhambra, qui remplit l'étroite vallée et s'étend, en face, sur la colline de l'Albaicín. Beaucoup de ses maisons sont bâties dans le style arabe, autour de *patios* rafraîchis de fontaines et ouverts au ciel; et comme les gens passent beaucoup de temps dans leurs *patios* et sur leurs terrasses pendant l'été, on comprendra que plus d'un aspect de leur vie domestique puisse être saisi par un spectateur aérien comme moi qui les regarde des nuages.

Je jouis, pour ainsi dire, des avantages de ce personnage de roman qui avait tout Madrid découvert de ses toits sous ses yeux [1]. Mon loquace Mateo Jiménez—digne d'Asmodée—ne se prive pas de me conter des anecdotes sur telle ou telle maison et ses habitants.

Je préfère, cependant, échafauder des histoires pour mon plaisir. Ainsi je reste des heures à former, à partir d'incidents et d'indications que le hasard offre à mes yeux, la trame des plans, des intrigues et des occupations des mortels qui s'affairent tout en bas. A peine y a-t-il un joli visage ou une silhouette remarquable parmi les personnages que je vois chaque jour, autour desquels je n'aie bâti peu à peu toute une histoire dramatique. Mais il arrive que mes personnages agissent au rebours de ce que leur indique leur rôle et déconcertent toute

[1] Il s'agit du *Diablo Cojuelo* (le *Diable Boiteux*), par Luis Vélez de Guevara, écrivain du XVIème siècle. On y voit un étudiant, du nom de Cleofás Pérez Zambullo, delivrer le diable Asmodée du flacon où il est emprisonné. Par gratitude, Asmodée, lui offre le spectacle de Madrid dépouillé de ses toits. Il en résulte, naturellement, une satire des moeurs de son temps. *(N. de l'Editeur.)*

ma pièce. Il y a quelques jours, j'inspectais avec mes lunettes les ruelles de l'Albaicín, quand j'aperçus la procession d'une novice qui allait prendre le voile. Je notai plusieurs détails qui excitèrent ma plus vive sympathie pour le sort de cette jeune personne qu'on allait enfermer vivante dans une tombe. Je m'assurai, non sans satisfaction, qu'elle était belle, et, à la pâleur de sa joue, qu'elle était une victime et non une professe volontaire. Elle était parée d'une robe de mariée et d'une guirlande de fleurs blanches, mais manifestement son cœur se révoltait contre cette parodie de noces et n'aspirait qu'à des amours terrestres. Un homme de haute taille et d'allure sévère marchait près d'elle pendant la procession; c'était évidemment le père tyrannique, qui, par bigoterie ou calcul, l'avait obligée à ce sacrifice. Dans la foule, il y avait un beau jeune homme brun, en costume andalou, qui semblait la fixer d'un œil désespéré. C'était, sans aucun doute, l'amoureux secret dont elle allait être pour toujours séparée. Mon indignation redoubla lorsque je remarquai l'expression maligne qui se peignait sur le visage des moines et des frères qui l'accompagnaient. La procession arriva à la chapelle du couvent; le soleil brilla une dernière fois sur la guirlande de la pauvre novice, lorsqu'elle traversa le seuil fatal et disparut derrière ses murs. La foule la suivit avec la croix et le chœur des chanteurs; l'amoureux s'arrêta un instant devant la porte. Je pouvais deviner le tumulte de son âme, mais il le domina et entra. Un long intervalle de temps s'écoula... Je m'imaginais la scène, à l'intérieur; la pauvre novice dépouillée de ses atours et revêtue de la robe du couvent, la couronne nuptiale ôtée de son front, sa belle tête privée de ses longues tresses soyeuses... je l'entendais murmurer l'irrévocable vœu. Je la vis étendue sur sa bière couverte d'un suaire... le service funèbre s'accomplissait; j'entendais les notes graves de l'orgue, le plaintif requiem chanté par les nonnes; le père devait conserver son regard dur et insensible. Quant à l'amoureux... mais non, mon imagination refusait de me peindre l'amoureux. Il restait à l'état d'ébauche dan le tableau.

Au bout d'un moment, la foule sortit et se dispersa, heureuse de retrouver la lumière du soleil et de se mêler de nouveau au mouvement de la vie. La victime était restée derrière eux. Enfin apparurent le père et l'amoureux: ils discutaient avec animation. Le jeune homme gesticulait avec véhémence; je m'attendais à voir mon histoire s'achever sur un incident violent. Mais l'angle d'une maison intercepta la scène. Depuis, mes yeux se sont souvent tournés vers le couvent avec un intérêt attristé. J'y ai remarqué, tard dans la nuit, une lumière qui brille à une fenêtre isolée, dans l'une de ses tours, et je me dis: «C'est là que la pauvre nonne passe la nuit à pleurer dans sa cellule, tandis que son amoureux rôde dans la rue, désespéré.»

L'officieux Mateo interrompit à ce point mes rêveries et en un instant détruisit toute la toile d'araignée de mes fantaisies. Avec son zèle coutumier, il avait recueilli toutes les informations relatives à la chose, qui mirent par terre tout mon bel échafaudage. L'héroïne de mon roman n'était ni jeune ni belle; elle n'avait pas d'amoureux; elle était entrée au couvent de sa propre volonté; et elle y était une des plus gaies pensionnaires.

Je mis quelque temps à pardonner à la nonne le tort qu'elle me faisait en osant être ainsi heureuse dans sa cellule, au mépris de toutes les conventions du roman; mais j'oubliai mon dépit en observant le joli manège d'une fille brune aux yeux noirs qui, de son balcon enseveli sous une végétation en fleur et protégé d'un store de soie, échangeait des signes mystérieux avec un beau cavalier brun, aux abondants favoris, qu'on pouvait voir souvent dans la rue, sous sa fenêtre. Parfois je le voyais, au petit matin, se glisser hors de la maison, enveloppé jusqu'aux yeux dans sa cape. Parfois il s'arrêtait à un angle—toujours dans un déguisement différent—attendant, sans doute, un signal convenu pour s'introduire dans la maison. Puis, dans la nuit, une guitare sonnait et l'on voyait une lanterne se déplacer sur le balcon. J'imaginais une intrigue, dans le genre de celle du comte Almaviva... mais toutes mes suppositions s'écroulèrent encore lorsque j'appris que l'amant supposé était l'époux de la dame—et contrebandier notoire—et que tous ces mystérieux signaux et tout ce va-et-vient cachaient quelque trafic louche...

Du haut de mon balcon, je m'amuse parfois à noter les changements d'éclairage qui s'opèrent sur le tableau que j'ai sous les yeux, selon les diverses phases du jour.

A peine l'aube grise a-t-elle rayé le ciel et le premier coq a-t-il chanté aux villas de la colline que les faubourgs se raniment: les fraîches heures du petit matin sont précieuses en été sous ces climats chauds. Tout le monde s'empresse de commencer avec le soleil la nouvelle journée de labeur. Le muletier fait sortir ses bêtes déjà chargées pour le voyage; le voyageur passe sa carabine derrière sa selle et enfourche sa monture à la porte de l'auberge; le rude paysan presse ses ânes chargés de corbeilles de fruits dorés et de légumes encore luisants de rosée; car déjà les actives ménagères se hâtent vers le marché.

Le soleil s'est levé et son éclat étincelle dans la vallée, derrière le translucide feuillage de ses bois. Les mélodieuses matines chantent dans l'air limpide, annonçant l'heure de la dévotion. Le muletier arrête ses bêtes devant la chapelle, passe son bâton derrière sa ceinture, lisse ses cheveux de jais, puis entre, le chapeau à la main, écouter la messe et faire une prière pour le succès de son voyage dans la *sierra*. Voici maintenant s'avancer, légère comme une fée, la gentille *señora* avec sa pimpante *basquiña,* l'éventail toujours en mouvement, et ses yeux noirs qui étincellent sous les plis gracieux de sa mantille. Elle recherche une église élégante pour y faire ses oraisons matinales; mais la toilette raffinée, le soulier exquis, le bas élégant, les cheveux d'ébène délicatement partagés en tresses, la rose fraîchement cueillie qui étincelle parmi eux comme un joyau, tout indique que la terre partage avec le ciel l'empire de son cœur. Ouvrez bien l'œil sur elle, mère attentive, vieille parente ou vigilante duègne qui marchez derrière elle!

Tandis que la matinée avance, le bruit de la ville augmente de toutes parts; les rues sont peuplées d'hommes, de chevaux et de bêtes de somme; le bourdonnement s'enfle en une clameur de vague. Au fur et à mesure que le soleil monte à son méridien, la rumeur et l'agitation déclinent; au sommet de midi, une pause s'établit. La ville haletante s'écroule sous le poids de la lassitude et, pendant plusieurs heures, c'est le repos général. Les fenêtres sont fermées, les rideaux tirés; tout le monde s'est réfugié dans les pièces les plus fraîches; le moine repu ronfle dans le dortoir; le solide porteur s'est étendu sur le trottoir, près de son fardeau; le paysan et le manœuvre sont couchés sous les arbres de l'Alameda, bercés par la note monotone de la cigale. Nul passant dans les rues, à l'exception du porteur d'eau dont le cri «plus froide que la neige de la montagne» rafraîchit l'oreille.

Puis le soleil décline; la ville se ranime et quand les cloches du soir annoncent que l'astre a disparu, toute le nature semble se réjouir de la chute du tyran. C'est alors que commencent l'animation et le plaisir: tout le monde sort pour respirer l'air du soir et jouir du bref crépuscule dans les promenades et les jardins du Darro et du Génil.

Lorsque tombe la nuit, cette scène mouvante prend un nouvel aspect. L'une après l'autre, les lumières se mettent à clignoter. Ici c'est un cierge à la fenêtre d'un balcon; là, une lampe votive devant l'image d'un saint. Peu à peu, la ville émerge ainsi de l'ombre qui l'envahit, étincelant de tous ses feux épars, telle le firmament étoilé. Alors, des cours et des jardins, des rues et des venelles s'élève le chant d'innombrables guitares, accompagné du cliquetis des castagnettes qui se fond, à ces hauteurs, en une confuse rumeur de fête. «Jouis de l'heure!» voilà la devise de l'ardent Andalou; et jamais il ne l'applique aussi intensément que par ces nuits d'été embaumées où il offre à sa maîtresse des danses, des chants d'amour et des sérénades passionnées.

Un soir que j'étais assis à mon balcon à goûter la brise légère qui faisait frémir les frondaisons de la colline, mon humble historiographe Mateo, qui était à mes côtés, me désigna un immeuble de belle apparence dans une rue obscure de l'Albaicín, sur lequel il me conta, à peu près dans ces termes, l'anecdote suivante:

L'AVENTURE DU MAÇON

Il y avait un jour à Grenade un pauvre maçon, ou briqueteur, qui observait toutes les fêtes des saints, jusques et y compris Saint Lundi; et pourtant, malgré toute sa dévotion, il devenait chaque jour plus pauvre et pouvait à peine acheter du pain pour sa nombreuse famille. Une nuit, il fut tiré de son premier sommeil par un coup frappé à sa porte. Il ouvrit et aperçut devant lui un long prêtre décharné, de mine cadavérique.

—Ecoute, mon brave, lui dit l'inconnu; j'ai remarqué que tu es un bon chrétien, à qui on peut se fier; veux-tu entreprendre un travail pour moi cette nuit même?

—De tout cœur, *señor padre,* à condition toutefois que je sois payé en conséquence.

—Tu le seras; mais il faudra que tu te laisses bander les yeux.

Le maçon ne s'y opposa pas. Il fut donc conduit, les yeux bandés, par des sentiers raboteux et des passages tortueux, jusqu'à la porte d'une maison. Le prêtre y appliqua la clé, qui fit grincer la serrure, et ouvrit un battant qui parut très massif au maçon. Ils entrèrent, la porte fut fermée et verrouillée et notre homme fut mené par un couloir sonore et une salle spacieuse à l'intérieur de la maison. Là, le bandage ôté, il se trouva dans un patio faiblement éclairé par une seule lampe.

Au centre, on voyait le bassin à sec d'une vieille fontaine mauresque, sous laquelle le prêtre lui demanda de bâtir une petite voûte avec les briques et le ciment qui étaient préparés à son intention. Il travailla toute la nuit, mais ne put achever son œuvre. Peu avant l'aube, le prêtre lui mit une pièce d'or dans la main et l'ayant de nouveau bandé, le reconduisit à sa demeure.

—Consens-tu à revenir achever ton travail? lui demanda-t-il.

—Volontiers, *señor padre,* à condition que je sois aussi bien payé.

—Eh bien, demain à minuit je t'appellerai de nouveau.

C'est ce qu'il fit et la voûte fut achevée.

—Maintenant, lui dit le prêtre, il faut que tu m'aides à transporter les corps que je dois ensevelir dans cette voûte.

A ces mots, notre pauvre maçon sentit ses cheveux se hérisser sur sa tête: il suivit le prêtre, d'un pas chancelant, dans une pièce écartée de la maison, s'attendant à un affreux spectacle; mais quel ne fut pas son soulagement lorsqu'il aperçut, à la place, trois ou quatre jarres imposantes dans un coin. Elles étaient manifestement bourrées d'argent et c'est à grand'-peine que le prêtre et lui purent les pousser et les loger dans leur tombe. La voûte fut fermée alors et toutes traces d'ouvrage effacées. Le maçon eut de nouveau les yeux bandés et fut reconduit par un chemin différent de celui qu'ils avaient pris. Après avoir longtemps erré dans un inextricable entrelacs de ruelles et de sentiers, ils s'arrêtèrent. Le prêtre lui mit deux pièces d'or dans la main et lui dit: «Reste ici jusqu'au moment où tu entendras les matines sonner à la cathédrale. Si tu oses te découvrir les yeux avant, un malheur t'attend.» Et sur ces mots, il le quitta. Le maçon attendit fidèlement; il trompa le temps en soupesant le deux pièces et en les faisant tinter l'une contre l'autre. Lorsque la cloche du matin fit retentir son premier carillon, il découvrit ses yeux et vit qu'il était sur les bords du Génil; il se hâta de rentrer chez lui et, sur le salaire de ses deux nuits de travail, fit bombance avec sa famille pendant une bonne quinzaine—après quoi, il se retrouva pauvre comme devant.

Il continua à vivre comme naguère, travaillant peu, priant beaucoup, observant dimanches et fêtes de saints, année après année, tant et si bien que sa famille devint aussi famélique et déguenillée qu'une tribu de gitans. Un soir, comme il était assis à la porte de sa masure, il fut accosté par un vieillard aussi riche que pingre, que l'on savait possesseur de plusieurs immeubles et propriétaire exigeant. Le bourgeois observa notre homme dessous ses sourcils broussailleux et inquisiteurs.

—On me dit, mon ami, que tu es bien pauvre.

—Pas moyen de le nier, *señor,* cela saute aux yeux.

—Je présume donc que tu serais heureux d'avoir du travail et que tu le ferais pour pas cher.

—Pour moins cher, *señor,* que n'importe quel maçon de Grenade.

—C'est ce qu'il me faut. J'ai une vieille maison qui tombe en ruines et qui me coûte plus d'argent qu'elle ne vaut pour la réparer, car personne ne veut y vivre; c'est pourquoi je dois m'arranger pour la retaper au plus bas prix possible.

Le maçon fut donc conduit à une grande maison abandonnée qui semblait sur le point de crouler. Il passa par diverses salles vides et entra dans une cour où son regard fut aussitôt arrêté par une vieille fontaine mauresque. Il s'arrêta un moment car le souvenir de ce lieu lui revenait comme un rêve.

—S'il vous plaît, fit-il, qui donc occupait cette maison?

—Peste soit de lui! s'écria le propriétaire. C'était un vieux prêtre avare qui ne se préoccupait que de lui. On le disait immensément riche, et, comme il n'avait pas de parents, on pensait qu'il laisserait tous ses trésors à l'Eglise. Il est mort subitement et les curés et les moines sont venus en foule pour prendre possession de ses richesses; mais ils n'ont trouvé que quelques ducats au fond d'une bourse de cuir. Le plus mauvais lot m'était réservé, car depuis sa mort, le vieux grigou continue à occuper ma maison sans me payer de loyer et il n'y a pas moyen de faire un procès à un mort. Les gens prétendent qu'ils entendent toute la nuit le tintement de l'or dans la chambre où il dormait, comme s'il recomptait son argent, et parfois des plaintes et des gémissements dans la cour. Vraies ou fausses, ces histoires portent préjudice à ma maison et personne ne veut y mettre les pieds.

—Ne m'en dites pas plus, répondit le maçon avec un accent plein de fermeté; laissez-moi vivre dans votre maison sans payer, jusqu'à ce que vous trouviez un meilleur locataire et je m'engage à la réparer et à apaiser l'âme en peine qui la trouble. Je suis pauvre et bon chrétien et le Diable en personne ne me ferait pas peur, quand bien même il m'apparaîtrait sous la forme d'un gros sac d'argent.

La proposition du brave maçon fut acceptée volontiers; il s'installa avec sa famille dans la maison et remplit tous ses engagements. Peu à peu, l'immeuble fut restauré et si l'argent y tinta, ce ne fut plus la nuit dans la chambre du prêtre défunt, mais le jour dans la poche du maçon vivant. En un mot, il fit rapidement fortune, à la stupéfaction de tous ses voisins, et devint un des hommes les plus riches de Grenade; il fit des dons importants à l'église, sans doute pour apaiser sa conscience, et ne révéla le secret de la voûte que sur son lit de mort, à son fils et héritier.

UNE EXCURSION PARMI LES COLLINES

L ORSQUE le soir tombe et que la chaleur commence à se dissiper, j'aime à faire de longues randonnées sur les collines environnantes et parmi les profonds vallons, accompagné de mon écuyer et historiographe Mateo à qui je laisse pleine licence de pérorer; et il n'est pas de rocher, de ruine, de fontaine brisée ou de ravin solitaire sur lesquels il n'ait une histoire à raconter—de préférence, une légende de trésor fabuleux; car jamais pauvre diable ne dispensa aussi généreusement que lui les trésors secrets.

Il y a quelques jours, nous fîmes une grande promenade de ce genre, au cours de laquelle Mateo se montra encore plus communicatif qu'à l'ordinaire. Au coucher du soleil, nous sortîmes par la Grande Porte de la Justice et prîmes une allée montante. Mateo s'arrêta sous un bouquet de figuiers et de grenadiers, au pied de l'énorme tour en ruine qu'on appelle la Tour à sept étages *(la Torre de los Siete Suelos)* et me signala une voûte basse, au pied de la tour; il m'informa qu'un esprit, un fantôme épouvantable y habitait depuis le temps des Maures pour garder les trésors d'un roi musulman. Parfois il sortait au milieu de la nuit et parcourait le bois de l'Alhambra et les rues de Grenade sous la forme d'un cheval sans tête poursuivi de six chiens hurleurs.

—Est-ce que vous l'avez vu vous-même, Mateo, au cours de vos promenades? lui demandai-je.

—Non, *señor,* grâce à Dieu! Mais mon grand-père, le tailleur, connaissait plusieurs personnes qui l'avaient vu; autrefois, il se manifestait plus souvent qu'aujourd'hui, tantôt sous une forme, tantôt sous une autre. Tout le monde à Grenade a entendu parler du *Velludo,* car les vieilles femmes l'appellent pour effrayer les enfants qui pleurent. On dit que c'est le fantôme d'un cruel roi maure qui tua ses six enfants et les enterra sous ces voûtes, et que ceux-ci le poursuivent, la nuit, pour se venger.

Je ne rapporterai pas ici tous les merveilleux détails que me donna le crédule Mateo sur ce redoutable esprit qui, de tout temps, a été effectivement un des thèmes favoris des contes de fées et des traditions populaires de Grenade et dont fait mention un ancien historien et topographe de la ville fort érudit [1]. Je me contenterai de rappeler que c'est par la porte de cette tour que sortit l'infortuné Boabdil pour livrer sa capitale.

Laissant derrière nous le fameux palais, nous continuâmes notre course en longeant les fertiles vergers du Généralife, parmi lesquels deux ou trois rossignols exhalaient leur riche mélodie. Derrière ces vergers, nous dépassâmes un certain nombre de citernes mauresques dont la porte, creusée dans la colline rocheuse, était bouchée. Ces citernes, me dit Mateo, avaient servi de piscines, à ses petits camarades et à lui-même, au temps de leur jeunesse, jusqu'au moment où ils avaient été effrayés par l'histoire d'un Maure hideux qui sortait de la porte rocheuse pour s'emparer des baigneurs imprudents.

Laissant derrière nous les citernes hantées, nous continuâ-

---

[1] Il s'agit du Père Echevarría, qui cite cette fable dans son ouvrage *Promenades à Grenade (Paseos por Granada). (N. de l'Editeur.)*

mes notre route par un chemin muletier solitaire qui serpentait entre les collines et bientôt nous nous trouvâmes au milieu de montagnes désertes et désolées, privées d'arbres et tachetées çà et là d'une maigre verdure. J'avais peine à croire qu'à une si courte distance de nous s'épanouissaient les vergers et les jardins en terrasse du Généralife, et que nous étions aux abords de la délicieuse Grenade, la ville des bosquets et des fontaines. Mais telle est la nature en Espagne: sombre et sauvage lorsqu'elle n'est pas cultivée. Le désert y voisine avec le jardin.

L'étroit ravin que nous traversions s'appelle—selon Mateo—*el barranco de la Tinaja,* le ravin de la jarre, parce qu'autrefois on y avait découvert une jarre mauresque pleine d'or. La cervelle du pauvre Mateo est farcie de ces légendes de trésors.

—Que signifie donc la croix que j'aperçois là-bas, sur un tas de pierres, au plus étroit du ravin?

—Oh… rien… un muletier qui a été assassiné ici, autrefois.

—Ainsi donc, Mateo, vous avez des voleurs et des meurtriers aux portes mêmes de l'Alhambra?

—Plus maintenant, *señor;* autrefois, lorsqu'il y avait beaucoup de bandits autour de la forteresse. Mais maintenant l'endroit est nettoyé. Ce n'est pas que les gitans qui vivent dans les grottes de la colline ne soient pas capables de faire un mauvais coup; mais nous n'avons pas eu de crime par ici depuis longtemps. L'homme qui a tué le muletier a été pendu dans la forteresse.

Notre chemin remontait le ravin, laissant à notre gauche un tertre escarpé et rocheux qui s'appelle la *Silla del Moro,* d'après la tradition déjà citée, qui rapporte que le pauvre Boabdil aurait fui jusqu'à ces lieux pendant une insurrection populaire et qu'il aurait passé toute la journée, assis sur ce sommet, à contempler tristement sa ville revoltée.

Nous parvînmes finalement au plus haut de la colline qui domine Grenade et qui s'appelle la Colline du Soleil. Le soir approchait: le soleil couchant ne dorait maintenant que les hauteurs. Çà et là, l'œil distinguait un pâtre solitaire qui ramenait son troupeau au bercail ou un muletier qui pressait ses bêtes traînardes, sur un sentier de montagne, pour arriver aux portes de la ville avant la nuit.

Bientôt le chant grave de la cloche de la cathédrale envahit les vallées, proclamant l'heure de la prière. Tous les clochers de la ville, ainsi que les doux carillons des couvents perdus dans la campagne lui répondirent. Le berger s'arrêta au pied de la colline, le muletier au milieu de la route, l'un et l'autre ôtèrent leur chapeau et restèrent un moment immobiles, murmurant la prière du soir. Il y a toujours quelque chose d'émouvant et de solennel dans cette coutume qui fait que, sur un signal mélodieux, tous les hommes s'unissent à travers tout le pays pour rendre grâce à Dieu des bienfaits du jour. Elle répand, l'espace d'un moment, une sorte de sainteté dans tout le pays, et le spectacle glorieux du soleil couchant ajoute à la solennité du tableau.

En l'occurrence, l'effet était rendu encore plus saisissant par le caractère sauvage et solitaire de ces lieux. Nous étions sur le sommet pierreux et dénudé de la fameuse Colline du Soleil, où les puits et les citernes en ruines, ainsi que les fondations de vastes contructions évoquaient toute une vie passée; mais maintenant tout était muet et désolé.

Comme nous errions parmi ces vestiges du passé, Mateo me désigna un trou circulaire qui paraissait s'enfoncer profondément dans le sein de la montagne. C'était évidemment un puits profond, que les Maures infatigables avaient creusé pour obtenir leur élément préféré dans toute sa pureté. Mateo, ce-

pendant, avait là-dessus une version différente, qui concordait davantage avec ses idées. C'était, selon la tradition, l'entrée d'une caverne souterraine dans laquelle Boabdil et sa cour étaient enfermés sous l'effet d'un charme magique; ils en sortaient la nuit, à certaines époques, pour revisiter leurs anciennes demeures.

L'intense crépuscule qui, sous ces climats, est si bref nous avertit que nous devions quitter ces lieux. Lorsque nous redescendîmes la pente de la montagne, on ne voyait plus personne, ni pâtre, ni muletier; seul résonnait le chant monotone des grillons. Les ombres de la vallée s'épaissirent jusqu'au moment où tout fut sombre autour de nous. La cime de la Sierra Nevada retenait encore un dernier rayon du jour; ses pics neigeux, éblouissants contre le firmament bleu, paraissaient tout proches par l'effet de l'extrême pureté de l'atmosphère.

—Comme la Sierra semble près, ce soir! dit Mateo; on dirait qu'on peut la toucher du doigt; et pourtant, elle est à des lieues d'ici. Tandis qu'il parlait, une étoile apparut audessus de la cime neigeuse de la montagne—la seule qui fût alors visible au ciel, et si pure, si grande, si claire et si belle que le bon Mateo se mit à pousser des cris d'extase.

—¡Qué estrella más hermosa! ¡Qué clara y limpia es! ¡No puede haber estrella más brillante!

(Quelle belle étoile! Comme elle est claire et limpide! Il ne peut pas y en avoir de plus brillante!)

J'ai souvent remarqué comme les gens du peuple sont sensibles, en Espagne, au charme des objets de la nature. L'éclat d'une étoile, le beauté ou le parfum d'une fleur, la pureté cristalline d'une fontaine leur inspirent une sorte d'émerveillement poétique... et quels mots harmonieux leur fournit leur admirable langue pour exprimer leurs transports!

—Quelles sont donc ces lumières, Mateo, que je vois

113

clignoter sur la Sierra Nevada, juste au-dessous de la région neigeuse et qu'on pourrait prendre pour des étoiles si elles n'étaient pas rougeâtres et ne brillaient pas contre le versant sombre de la montagne?

—Ces lumières, *señor,* ce sont les feux qu'allument les hommes qui recueillent la neige et la glace pour les besoins de Grenade. Ils montent tous les après-midis avec leurs mulets et leurs ânes et, à tour de rôle, se reposent et se réchauffent autour du feu ou remplissent leurs paniers de glace. Puis ils redescendent à temps pour atteindre les portes de Grenade avant le coucher du soleil. Cette Sierra Nevada, *señor,* c'est un bloc de glace mis au milieu de l'Andalousie pour la rafraîchir l'été.

Il faisait maintenant nuit noire; nous franchissions le *barranco* à l'endroit où se dressait la croix du muletier assassiné lorsque j'aperçus plusieurs lumières qui bougeaient dans le lointain et semblaient remonter le ravin. De plus près, nous vîmes que c'étaient des torches portées par un cortège d'étranges figures vêtues de noir. En n'importe quelle autre occasion, cette procession eût semblé suffisamment sinistre; mais là, en plein désert, elle l'était combien plus.

Mateo s'approcha de moi et me dit à voix basse que c'était un cortège funèbre qui conduisait un corps à un cimetière situé parmi ces collines.

Quand la procession arriva à notre hauteur, la lueur lugubre des torches qui illuminait les traits farouches et les vêtements noirs des hommes du cortège révéla un tableau aussi macabre que fantastique, car elle éclairait également le visage du mort que l'on portait, selon la coutume espagnole, dans une bière découverte. Je restai quelque temps à suivre des yeux la sinistre procession qui se déroulait dans les ténèbres du ravin. Elle me rappelait un vieux conte où l'on voit des démons amener le corps d'un pécheur au cratère du Stromboli.

—Ah, *señor,* s'écria Mateo, je pourrais vous conter une histoire de procession comme celle-ci; mais vous vous mettriez à rire; vous diriez que c'est encore une légende héritée de mon grand-père.

—Pas du tout, Mateo. Rien ne me plaît autant qu'une belle histoire.

—Eh bien, je vous dirai que, du temps de mon grand-père, il y a des années et des années, vivait un vieux bonhomme qu'on appelait *Tío Nicolás. Tío Nicolás* avait rempli les paniers de sa mule de neige et de glace et il descendait de la montagne. Comme il avait grand sommeil, il monta sur sa bête et bientôt s'endormit, la tête dodelinant de droite et de gauche, tandis que sa bonne mule longeait le bord des précipices et descendait les *barrancos* les plus escarpés d'un pas aussi égal et aussi sûr que si elle trottait en pleine campagne. Finalement, *Tío Nicolás* se réveilla, regarda autour de lui, se frotta les yeux... il y avait de quoi: la lumière de la lune brillait aussi claire que le jour et la ville s'étendait à ses pieds, aussi nette que je vous vois, et resplendissante, avec ses blanches maisons, comme un plat d'argent au clair de lune; mais, *señor,* ce n'était en rien la ville qu'il avait quittée il y a quelques heures! Au lieu de la cathédrale, avec son grand dôme et ses tours, au lieu des églises avec leurs clochers, des couvents avec leurs pinacles, tous surmontés de la sainte croix, il ne vit rien que des mosquées mauresques, des minarets, des coupoles décorées de croissants luisants tels que ceux des drapeaux de Barbarie. Ma foi, *señor,* comme vous l'imaginez, *Tío Nicolás* n'était pas peu surpris; mais, tandis qu'il contemplait la ville, une grande armée s'avança dans la montagne, se déroulant dans les ravins, tantôt au clair de lune, tantôt à l'ombre. Comme elle approchait, il vit qu'elle se composait de cavaliers et de fantassins, tous armés à la manière mauresque. *Tío Nicolás* essaya de s'en écarter, mais sa mule resta immobile, refusant de broncher, tremblant comme une feuille—car les pauvres animaux, *señor*, sont aussi épouvantés par le surnaturel que les humains. Donc l'armée fantôme avançait toujours; il y avait des hommes qui semblaient souffler dans dès trompettes et d'autres battre des tambours ou des cymbales, mais tout cela sans faire le moindre bruit; tout ce monde allait dans le plus grand silence, comme ces armées peintes que j'ai vu défiler sur la scène du théâtre de Grenade, et tous étaient pâles comme la mort. Enfin, à l'arrière-garde, entre deux cavaliers noirs, il aperçut le Grand Inquisiteur de Grenade, sur une mule blanche comme neige. *Tío Nicolás* s'étonna de le voir en telle compagnie, car l'inquisiteur était fameux pour sa haine des Maures, des Juifs, des hérétiques et de tous les infidèles en général; il les poursuivait tous sans merci. Pourtant *Tío Nicolás* se sentit en sécurité d'avoir en face de lui un prêtre d'une si grande sainteté. Il fit donc le signe de la croix et lui demanda sa bénédiction lorsque, *¡hombre!* il reçut un coup qui l'envoya avec sa mule, cul par-dessus tête, au fond du ravin! *Tío Nicolás* ne reprit ses sens que longtemps après l'aube: il se trouvait au fond du vallon; sa mule paissait à côté de lui et la neige de ses paniers avait toute fondu. Il se traîna jusqu'à Grenade, rompu et contusionné, mais il fut heureux de retrouver la ville telle qu'il la connaissait avec ses églises chrétiennes et ses croix. Lorsqu'il conta son aventure, tout le monde se mit à rire; les uns disaient qu'il avait rêvé, étant donné qu'il sommeillait sur sa mule; d'autres crurent qu'il avait forgé cette histoire—mais ce qu'il y a de curieux, *señor*, et qui donna à réfléchir par la suite, c'est que le Grand Inquisiteur mourut avant la fin de l'année. J'ai souvent entendu mon grand-père, le tailleur, dire que ce sosie-fantôme du prêtre avait plus de signification que les gens n'osaient l'imaginer.

—Vous voulez donc insinuer, mon brave Mateo, qu'il y a des limbes, une sorte de purgatoire maure dans les entrailles de ces montagnes, auxquels le *padre* inquisiteur fut amené?

—A Dieu ne plaise, *señor,* je n'entends rien à ces choses-là... Je rapporte simplement ce que j'ai entendu dire à mon grand-père.

Au moment où Mateo termina son histoire, que je relate ici de façon plus succincte, sans la foule de commentaires et de menus détails dont il l'agrémentait, nous arrivions aux portes de l'Alhambra.

TRADITIONS LOCALES

Les gens du peuple, en Espagne, ont une passion tout orientale pour conter les histoires et ils raffolent du merveilleux. Réunis sur le seuil de leurs maisons, les soirs d'été, ou autour d'une énorme et caverneuse cheminée de *venta,* ils écoutent avec un plaisir insatiable les miraculeuses légendes de saints, les périlleuses aventures de voyageurs et les exploits audacieux de bandits et de contrebandiers. Le caractère sauvage et retiré du pays, la diffusion imparfaite du savoir, le manque de sujets de conversation généraux et la vie aventureuse que chacun mène dans un pays où les voyages en sont encore à leur stade primitif, tout contribue à développer ce goût de la narration orale et à donner tant de force à l'extravagant et à l'incroyable. Il n'y a pas, cependant, de sujet plus populaire et plus persistant que celui des trésors ensevelis par les Maures; on le retrouve à travers tout le pays. En traversant les *sierras* sauvages, théâtres d'anciens hauts faits, vous ne pouvez voir d'*atalaya* (ou tour de guet) perchée sur une falaise, ou dominant un village de roc sur laquelle vous ne puissiez questionner votre muletier; alors il s'arrêtera de fumer son *cigarrillo* pour vous conter une histoire de trésor musulman enfoui sous leurs fondations; il n'est pas un *alcázar* en ruine dans une ville qui n'ait lui aussi sa tradition fabuleuse, transmise de génération en génération parmi les pauvres du quartier.

Comme la plupart des fictions populaires, ces histoires se basent sur de maigres données. Durant les guerres entre Maures et chrétiens qui déchirèrent le pays pendant des siècles, les villes et les châteaux étaient souvent exposés à changer soudain de main; et ceux qu'ils abritaient avaient coutume, pendant les sièges et les assauts, d'enterrer leur argent et leurs bijoux ou de les cacher sous des voûtes ou au fond des puits, comme on le fait encore aujourd'hui dans les pays belliqueux et despotiques d'Orient. Lorsque les Maures furent expulsés, beaucoup d'entre eux cachèrent leur biens les plus précieux, espérant que leur exil ne serait que temporaire et que bientôt ils pourraient revenir reprendre possession de leurs trésors. Il est certain que, de temps en temps, la pioche remet à jour accidentellement des cassettes d'or, après des siècles d'oubli, parmi les ruines de forteresses ou de demeures mauresques; il suffit d'un tel fait pour donner naissance à mille fictions.

Les histoires qui naissent de cette façon ont, en général, une couleur orientale et présentent ce mélange d'arabe et de gothique qui, pour moi, caractérise toute chose en Espagne, surtout dans les provinces du Sud. La fortune cachée est toujours placée sous un charme magique et protégée par des talismans et des sortilèges. Parfois elle est gardée par des monstres fantastiques ou des dragons féroces; parfois par des Maures enchantés, en armure, épée dégainée, immobiles comme des statues, dont la vigilance sans défaut se maintient pendant des siècles.

L'Alhambra, bien entendu, est, du fait de ces circonstances historiques, le fief de ces légendes que viennent renforcer de temps en temps, des exhumations de reliques. Tantôt c'est un vase de terre contenant des pièces mauresques et le squelette d'un coq, enterré vivant si l'on en croit de perspicaces conjectures; tantôt c'est un récipient contenant un grand scarabée d'argile cuite, dans lequel on s'empresse de voir une amulette prodigieuse, pleine de vertus occultes. En fin de compte, les beaux esprits en guenille qui hantent l'Alhambra l'ont peuplé de tant de prodigiuses spéculations qu'il n'est de salle, de tour ou de voûte dans la vieille forteresse qui n'abrite quelque merveilleuse tradition.

Maintenant que j'ai suffisamment familiarisé, j'espère, mon lecteur avec le site, je vais me lancer plus franchement dans les légendes féériques qui s'y rapportent et que j'ai soigneusement refaites à partir de divers éléments et indices recueillis au cours de mes pérégrinations, à la façon dont un archéologue reconstitue un document historique sur une inscription presque illisible.

Si quelque chose dans ces légendes choque la raison de mon lecteur, il devra tenir compte du caractère particulier des lieux qui les ont vu naître. Il ne doit pas s'attendre à trouver ici les lois de vraisemblance qui gouvernent notre vie quotidienne, mais se souvenir qu'il foule le parquet d'un palais de rêve et qu'il est transporté en plein enchantement.

LA MAISON A LA GIROUETTE

Au sommet de la haute colline de l'Albaicín, la partie la plus élevée de Grenade, se dressent les vestiges de ce qui fut autrefois un palais royal, bâti peu après la conquête de l'Espagne par les Arabes. Converti en manufacture, il est tombé dans l'oubli à tel point que j'eus du mal à le trouver, malgré le concours du sagace et précieux Mateo Jiménez. L'édifice porte toujours le nom par lequel il s'est fait connaître pendant des siècles: la *Casa del Gallo de Viento,* la maison à la girouette. Elle est ainsi appelée, d'après une figure de bronze représentant un guerrier à cheval, armé d'un bouclier et d'une lance, qui s'élève à l'une de ses tours et change de direction selon le vent. Elle porte une devise arabe qui, traduite en espagnol, se lit ainsi:

Dice el sabio Aben Habuz
Que así se defiende el andaluz.

Selon le sage Aben Habuz,
Ainsi se défend l'andalou.

Cet Aben Habuz, d'après les chroniques mauresques, était capitaine dans l'armée d'invasion de Tarik, lequel le laissa *alcaide* de Grenade. Il aurait imaginé cette effigie guerrière comme un avertissement aux habitants musulmans d'Andalou-

123

sie, qui, entourés d'ennemis de toutes parts, devaient être toujours sur leurs gardes et prêts à combattre.

Mais les traditions donnent une version différente de cette histoire et prétendent que ce cavalier de bronze était à l'origine un talisman de grande valeur, qui, au cours des âges, perdit ses propriétés magiques et dégénéra en simple girouette—ainsi qu'on le verra au chapitre suivant.

LA LEGENDE DE L'ASTROLOGUE ARABE

E N des temps très anciens, il y avait un roi maure du nom d'Aben Habuz, qui gouvernait le royaume de Grenade. C'était un conquérant en retraite, autrement dit un homme qui, après avoir passé sa jeunesse à piller et à ravager, maintenant qu'il se sentait vieux et faible, «languissait après le repos» et n'aspirait plus qu'à vivre en paix avec tout le monde, à astiquer ses lauriers et à jouir en paix des possessions qu'il avait arrachées à ses voisins.

Mais il advint que ce monarque raissonnable et pacifique était aux prises avec de jeunes rivaux, pleins de son ancienne passion pour la gloire et la bataille et qui avaient une fâcheuse tendance à lui demander des comptes pour les victoires qu'il avait accumulées sur le dos de leurs pères. Il y avait également sur ses propres terres certains cantons éloignés, qui, maintenant qu'il ne les tenait plus avec une poigne de fer et qu'il languissait après le repos, se découvraient du goût pour la révolte et menaçaient de l'assiéger dans sa capitale. Il avait donc ainsi des ennemis de tous côtés et, comme Grenade est environnée de montagnes sauvages et escarpées, l'infortuné Aben Habuz, incapable de savoir par où pourraient éclater les hostilités, passait ses jours dans les transes.

C'est en vain qu'il avait fait bâtir des tours de garde sur

les hauteurs et placé des sentinelles dans tous les cols, avec la consigne de faire des feux la nuit et de la fumée le jour dès l'approche de l'ennemi. Celui-ci, toujours agile, trompant toutes ses précautions, trouvait toujours un défilé insuffisamment défendu par lequel il se ruait dans ses terres, à sa barbe, et s'en retournait avec butin et prisonniers. Vit-on jamais pacifique conquérant en retraite dans une situation aussi gênante?

Un jour qu'Aben Habuz était encore plus empoisonné que d'habitude par tous ses ennuis, un vieux médecin arabe arriva à sa cour. Sa barbe grise lui descendait jusqu'à la taille et il présentait tous les signes de l'âge le plus avancé; pourtant, il avait fait à pied presque toute la route depuis l'Egypte, aidé de son seul bâton orné d'hiéroglyphes. Sa renommée l'avait précédé. Il se nommait Ibrahim Ebn Abu Ajub et l'on disait qu'il vivait depuis le temps de Mahomet, qu'il était le fils d'Abu Ajub, le dernier des compagnons du prophète. Tout enfant, il avait suivi l'armée victorieuse d'Amru en Egypte où il avait passé plusieurs années à étudier les sciences occultes, et particulièrement la magie, parmi les prêtres égyptiens.

On ajoutait qu'il avait trouvé le secret de prolonger la vie, grâce auquel il était parvenu à l'âge de deux siècles et plus, mais, que, comme il ne l'avait découvert que sur le tard, il n'avait pu que perpétuer ses cheveux gris et ses rides.

Cet étonnant vieillard reçut du roi l'accueil le plus empressé; celui-ci était à l'âge où les monarques donnent toutes leurs faveurs aux médecins. Il lui aurait bien offert un appartement dans son palais, mais l'astrologue préféra choisir une grotte sur le penchant de la colline qui s'élève au-dessus de la ville de Grenade et qui est celle même sur laquelle l'Alhambra devait être construit. Il fit élargir la grotte de façon qu'elle formât une haute salle spacieuse avec un grand trou circulaire au sommet, par lequel, comme du fond d'un puits, il pouvait voir le ciel et même les étoiles en plein midi. Les murs de cette salle furent couverts d'hiéroglyphes égyptiens, de symboles cabalistiques et des figures des étoiles dans leurs constellations. Il y ajouta un certain nombre d'objets fabriqués sous sa direction par les habiles artisans de Grenade, mais dont les vertus secrètes n'étaient connues que de lui.

Bientôt le sage Ibrahim devint le conseiller privé du roi, qui venait lui demander conseil dès qu'il était en difficulté. Un jour qu'Aben Habuz se plaignait amèrement de l'injustice de ses voisins et de l'incessante vigilance à laquelle ils le contraignaient, l'astrologue, après l'avoir écouté un moment en silence, lui répondit: «Sache, ô roi, que lorsque j'étais en Egypte j'ai vu une grande merveille, œuvre d'une prêtresse païenne d'autrefois. Sur une montagne au dessus de la ville de Borsa, et dominant la grande vallée du Nil, se dressait l'effigie d'un bélier portant un coq, l'un et l'autre en bronze et mobiles autour d'un pivot. Toutes les fois que le pays était menacé d'une invasion, le bélier se tournait dans la direction de l'ennemi et le coq se mettait à chanter: les habitants de la ville étaient ainsi avertis du danger et de la direction dans laquelle il s'annonçait, et ils pouvaient prendre des mesures pour se défendre.»

«Dieu est grand!» s'exclama le pacifique Aben Habuz. «Quel trésor vaudraient pour moi un bélier de cette sorte qui veillerait sur ces montagnes et un coq qui m'avertirait à temps du danger! *Allah Akbar!,* Avec de pareilles sentinelles sur le toit de mon palais, je dormirais sur mes deux oreilles!»

L'astrologue attendit que l'extase du roi se fût calmée et poursuivit:

«Lorsque le victorieux Amru (paix à son âme) eut achevé la conquête de l'Egypte, je demeurai parmi les vieux prêtres de ce pays à étudier les rites et les cérémonies de leur culte idolâtre et à essayer de me rendre maître de la science occulte pour laquelle ils sont si renommés. Un jour que je conversais, sur les bords du Nil, avec un vieux prêtre, celui-ci me désigna les imposantes pyramides qui s'élèvent dans le désert comme des montagnes. «Tout ce que nous pourrons t'enseigner, me dit-il, n'est rien au prix de la science qui est enclose dans ces formidables monuments. Au centre de la pyramide du milieu, il y a une chambre sépulcrale où est enfermée la momie du grand prêtre qui fit ériger cette construction stupéfiante; avec lui est enseveli un merveilleux livre du savoir qui contient tous les secrets de la magie et de l'art. Ce livre fut donné à Adam après sa chute et transmis de génération en génération au roi Salomon le Sage, qui s'en inspira pour construire le Temple de Jérusalem. Comment il parvint entre les mains du bâtisseur de ces pyramides, seul le sait Celui qui sait tout.»

«Quand j'eus entendu ces paroles, je fus enflammé du désir de posséder ce livre. J'avais à ma disposition plusieurs soldats de notre armée victorieuse et un certain nombre d'indigènes: avec eux je me mis à l'ouvrage et perçai le flanc gigantesque de la pyramide jusqu'au moment où je parvins à ses couloirs secrets. Je m'engageai dans un labyrinthe effrayant et pénétrai au cœur même de la pyramide: la chambre sépulcrale où reposait depuis des siècles la momie du grand prêtre. Je brisai le cercueil, défis les bandelettes de la momie et finalement découvris le précieux volume dans son sein. Je le saisis d'une main tremblante et m'empressai de sortir de la pyramide, laissant derrière moi la momie, dans le silence ténébreux de son sépulcre, attendre le jour final de la résurrection et du jugement.»

«Fils d'Abu Ajub, s'exclama Aben Habuz, tu as été un grand voyageur et tu as vu des choses merveilleuses; mais de quelle utilité peut m'être le secret de la pyramide et le volume de savoir du sage Salomon?»

«Voici, ô roi; par l'étude de ce livre, je me suis initié à tous les arts magiques et, pour réaliser mes plans, je dispose

Patio d
Leone

de l'aide des génies. Le mystère du Talisman de Borsa m'est familier et je peux en faire un pareil, que dis-je, un plus puissant.»

«O sage fils d'Abu Ajub, s'écria Aben Habuz, mieux vaudrait un tel talisman que toutes les tours des collines et toutes les sentinelles des frontières. Donne-moi une telle sauvegarde et toutes les richesses de mon royaume sont à tes pieds.»

L'astrologue se mit aussitôt à l'œuvre pour satisfaire le désir du monarque. Il fit ériger une grande tour au sommet du palais royal, qui se dressait sur la cime de l'Albaicín. La tour fut construite avec des pierres apportées d'Egypte, et provenant, dit-on, d'une pyramide. Au plus haut de la tour, il y avait une salle circulaire dont les fenêtres regardaient les quatre points cardinaux, et devant chaque fenêtre était placée une table sur laquelle était disposée—comme les pièces d'un jeu d'échecs—une minuscule armée de cavaliers et de fantassins, avec l'effigie du potentat qui gouvernait dans cette direction, tous taillés en bois. Chacune de ces tables portait une lance, pas plus grande qu'un passe-lacet, sur laquelle étaient gravés des caractères chaldéens. La salle était toujours fermée par une porte d'airain munie d'un énorme verrou d'acier dont le roi possédait la clé.

Au sommet de la tour se dressait, sur un pivot, l'effigie de bronze d'un cavalier maure tenant un bouclier et sa lance élevée perpendiculairement. Le cavalier avait le visage tourné vers la ville, comme pour la garder, mais à l'approche d'un ennemi quelconque, il se tournait dans sa direction et abaissait sa lance comme pour attaquer.

Lorsque le talisman fut achevé, Aben Habuz n'eut plus qu'un désir: celui d'éprouver ses vertus et il se prit à souhaiter une invasion avec autant d'ardeur qu'il aspirait naguère au repos. Son désir fut bientôt exaucé. Un jour, de bon matin, la sentinelle préposée à la surveillance de la tour, vint lui annoncer que le visage du cavalier de bronze venait de se tourner du côté des montagnes d'Elvira, et que sa lance était pointée en plein vers le Col de Lope.

—Fais sonner tambours et trompettes! que tout Grenade soit alerté! dit Aben Habuz.

—O roi, lui dit l'astrologue, à quoi bon inquiéter ta ville et tes guerriers? nous n'avons pas besoin d'armée pour nous délivrer de nos ennemis. Renvoie tes serviteurs et montons tous seuls dans la salle secrète de la tour.

Le vieil Aben Habuz monta les escaliers de la tour, appuyé au bras de son compagnon, encore plus vieux que lui, Ibrahim Ebn Abu Ajub. Ils ouvrirent la porte d'airain et entrèrent. La fenêtre qui regardait du côté du Col de Lope était ouverte. «C'est dans cette direction que se trouve le danger, dit l'astrologue; approche, ô roi, et contemple le mystère de la table.»

Le roi Aben Habuz s'approcha de l'échiquier sur lequel étaient disposées les petites pièces de bois quand, à sa grande surprise, il s'aperçut qu'elles bougeaient. Les chevaux dansaient et caracolaient, les guerriers brandissaient leur armes et l'on percevait en sourdine le bruit des tambours et des trompettes, le fracas des armes et le hennissement des destriers, mais pas plus fort, ni plus distinctement, que le bourdonnement d'une abeille ou d'une mouche lorsqu'on est étendu, l'été, à l'ombre d'un arbre, tout près de s'endormir.

«Voici, ô roi, dit l'astrologue, la preuve que tes ennemis sont en mouvement. Ils doivent avancer dans ces montagnes, par le Col de Lope. Si tu veux semer la panique et la confusion parmi eux et les faire battre en retraite sans pertes, frappe ces effigies du gros bout de cette lance magique; mais si tu veux répandre le sang et le carnage parmi eux, frappe-les de la pointe.»

Une lueur livide traversa le visage du pacifique Aben Ha-

130

buz; il saisit la minuscule lance d'une main tremblante, s'avança en chancelant vers la table, sa barbe grise toute secouée par l'exultation. «Fils d'Abu Ajub, s'exclama-t-il, je crois que nous allons avoir un peu de sang!»

Disant ces mots, il poussa la lance contre certaines de ces figures naines et se mit à ravager les autres rangs avec le gros bout de la lance: les premières tombèrent comme mortes sur la table, et les secondes, se retournant les unes contre les autres, s'exterminèrent dans la plus grande confusion.

Ce ne fut pas sans peine que l'astrologue put arrêter la main du plus pacifique des monarques et l'empêcher de massacrer jusqu'au dernier tous ses ennemis; finalement, il le décida à quitter la tour et à envoyer des vedettes au Col de Lope.

Elles retournèrent avec la nouvelle qu'une armée chrétienne s'était avancée jusqu'au cœur de la *sierra,* presque en vue de Grenade, et qu'une dissension avait alors éclaté entre les soldats: ils avaient retourné leurs armes les uns contre les autres, et après avoir versé beaucoup de sang, s'étaient retirés sur leur frontière.

Aben Habuz ne se sentit pas de joie d'avoir un talisman si efficace. «Enfin, fit-il, je vais pouvoir couler mes jours dans la tranquillité, maintenant que j'ai tous mes ennemis en mon pouvoir. O sage fils d'Abu Ajub, que puis-je t'offrir pour te récompenser d'un don si merveilleux?»

«Les besoins d'un vieux philosophe, ô roi, sont simples et peu nombreux; accorde-moi seulement les moyens de faire de ma grotte un ermitage convenable et je serai content.»

«Combien noble est la simplicité des vrais sages!» s'exclama Aben Habuz, secrètement réjoui de la modération de la récompense. Il convoqua son trésorier et lui ordonna de mettre à la disposition d'Ibrahim toutes les sommes dont celui-ci aurait besoin pour meubler et aménager son ermitage.

L'astrologue ordonna alors qu'on lui creusât d'autres pièces dans le roc massif, de façon à avoir ses appartements reliés à son cabinet astrologique; puis il les fit garnir de divans et de sofas. Il voulait que les murs fussent tendus des plus riches soies de Damas. «Je suis un vieil homme, disait-il, je ne peux plus étendre mes vieux os sur des couches de pierre et ces murs humides ont besoin d'être recouverts.»

Il se fit faire également des bains, pourvus de toutes sortes de parfums et d'huiles aromatiques, «car le bain, disait-il, est nécessaire pour remédier à la rigidité des ans et restaurer la fraîcheur et la souplesse d'un organisme exténué par l'étude.»

Il fit pendre au plafond de son appartement d'innombrables lampes d'argent et de cristal, qu'il emplit d'une huile parfumée, préparée selon une recette qu'il avait découverte dans les tombes d'Egypte. C'était une huile perpétuelle qui diffusait un doux rayonnement, pareil à la lumière tamisée du jour. «L'éclat du soleil, dit-il, est trop cru et trop violent pour les yeux d'un vieil homme et la lumière de la lampe est mieux faite pour les études d'un philosophe.»

Le trésorier d'Aben Habuz, mécontent des exigences quotidiennes de l'ermite, en fit part au roi. Mais celui-ci avait donné sa parole. Il haussa les épaules. «Il faut prendre patience, dit-il. Le bonhomme veut se tailler un ermitage à l'échelle des pyramides et des vastes ruines d'Egypte; mais tout a une fin, même l'aménagement d'une grotte.»

Le roi avait raison; l'ermitage fut achevé finalement en forme d'un somptueux palais souterrain. «Maintenant, je suis content, dit Ibraim Ebn Abu Ajub au trésorier. Je vais m'enfermer dans ma cellule et consacrer mon temps à l'étude. Je ne désire plus rien, plus rien qu'un petit divertissement insignifiant, qui me distraira de mon labeur intellectuel.»

—O sage Ibrahim, demande tout ce que tu voudras. Je suis là pour te fournir tout ce qui est nécessaire dans ta solitude.

—Eh bien, dit le philosophe, j'aimerais bien avoir quelques danseuses.

—Des danseuses! répéta la trésorier abasourdi.

—Oui, des danseuses, affirma gravement le sage... Oh, quelques unes seulement, car je suis un vieux philosophe, qui se contente de peu. Il faudrait, tout de même, qu'elles soient jeunes et agréables à voir, car la vue de la jeunesse et de la beauté rafraîchit la vieillesse.

Tandis que le sage Ibrahim Ebn Abu Ajub consacrait, comme on voit, son temps à la philosophie dans son ermitage, le pacifique Aben Habuz livrait de furieuses batailles, dans sa tour, sur l'échiquier. C'était une chose magnifique pour un vieil homme aux goûts tranquilles, comme lui, d'avoir la guerre chez soi, dans sa chambre, et de pouvoir chasser des armées entières, comme des nuées de mouches, d'un seul revers de la main.

Il s'offrit tous les caprices, allant même jusqu'à insulter ses voisins pour les inciter à l'attaquer; mais ceux-ci, rendus prudents par la somme de désastres qu'ils avaient essuyés, ne s'aventuraient plus dans ses terres. Pendant des mois, le cavalier de bronze resta en position de paix, la lance en l'air et le valeureux monarque se mit à grogner: on le privait de son divertissement favori et il trouvait cette tranquillité insupportable.

Un jour, enfin, le cavalier magique se mit à tourner et, abaissant la lance, désigna les montagnes de Guadix. Aben Habuz se précipita vers sa tour, mais la table correspondant à cette direction était parfaitement immobile, avec tous ses guerriers. Intrigué, il envoya un détachement de cavalerie en reconnaissance dans les montagnes. Après trois jours d'absence, les hommes revinrent.

—Nous avons inspecté tous les cols de montagne, lui dirent-ils, sans voir bouger une lance ni un casque. Tout ce que nous avons découvert au cours de notre expédition, c'est une jeune chrétienne d'une beauté non-pareille, qui dormait en plein jour au bord d'une fontaine, et que nous te ramenons captive.

—Une jeune chrétienne d'une beauté non-pareille, s'exclama Aben Habuz, les yeux brillants. Qu'on l'amène en ma présence.

La belle jeune fille fut donc amenée en présence du roi. Elle était parée de tous les ornements en usage chez les Espagnoles du temps de la conquête arabe. Des perles d'une éblouissante blancheur se mêlaient à ses tresses de jais et, sur son front, brillaient des bijoux qui rivalisaient d'éclat avec ses yeux. Elle avait autour du cou une chainette d'or à laquelle pendait une lyre d'argent.

Les éclairs que lançaient ses yeux noirs firent l'effet d'étincelles sur le vieux cœur encore inflammable d'Aben Habuz; la démarche voluptueuse de sa captive acheva de lui tourner la tête. «O la plus belle des femmes, s'écria-t-il, extasié, qui es-tu?»

—La fille d'un prince chrétien qui gouvernait naguère cette province. Les armées de mon père ont été détruites comme par magie dans ces montagnes; lui a été emmené en exil et sa fille est captive.

—Prends garde, ô roi, murmura Ibrahim Ebn Abu Ajub, cette femme est, peut-être, une de ces sorcières du nord, dont nous avons entendu parler et qui prennent une apparence séduisante pour perdre les imprudents. Je crois sentir la magie dans ses yeux et la sorcellerie dans chacun de ses gestes. Voilà sans doute l'ennemi que te désignait le talisman.

—Fils d'Abu Ajub, lui répondit le roi, tu es un sage, je te l'accorde, et même un magicien, mais tu ne connais guère les femmes; sur ce point, je ne le cède à personne, non, pas même au sage Salomon en personne, malgré le nombre d'épouses et de concubines qui l'entouraient. Je puis te dire que je ne vois aucun danger chez cette jeune personne; elle est belle à voir et plaît à mes yeux.

—Ecoute, ô roi, répondit l'astrologue. Je t'ai procuré quantité de victoires, grâce à mon talisman, sans jamais recevoir une part du butin. Accorde-moi cette captive pour qu'elle agrémente ma solitude avec sa lyre d'argent. Si elle est vraiment une sorcière, je possède des secrets qui neutraliseront ses charmes.

—Quoi, encore des femmes! s'écria Aben Habuz. N'as-tu pas assez de danseuses pour te réconforter?

—Des danseuses, c'est vrai, mais pas de chanteuses. J'aimerais bien qu'une jolie voix rafraîchît mon esprit de ses travaux.

—Mets un terme à tes exigences, s'écria le roi impatienté. Cette jeune princesse m'appartient. Je vois en elle beaucoup de charme et de réconfort; autant que David, le père de Salomon le Sage, en trouvait dans la compagnie d'Abisag la sulamite.

L'insistance de l'astrologue ne servit qu'à provoquer une réponse encore plus péremptoire de la part du roi et ils se quittèrent très fâchés. Le sage s'enferma dans son ermitage pour ruminer sa déception, mais non sans avoir adressé au roi un dernier avertissement à propos de sa dangereuse captive. Mais quand verra-t-on un vieillard amoureux écouter des conseils? Aben Habuz s'abandonna totalement à sa passion. Son seul souci était de se rendre aimable à la jeune captive. S'il n'avait plus la jeunesse, il possédait la richesse; et lorsqu'un amoureux est vieux, il a coutume d'être généreux. Le Zacatín de Grenade fut dépouillé pour elle de ses plus précieuses marchandises: les soies, les bijoux, les pierres précieuses, les parfums rares, tout ce que l'Asie et l'Afrique pouvaient recéler de somptueux et de raffiné fut prodigué à la princesse. On multiplia, pour lui plaire, toutes sortes de spectacles et de fêtes: concerts, danses, tournois, courses de taureaux. Pour un temps, Grenade ne fut plus qu'un théâtre. La princesse chrétienne regardait toute cette splendeur de l'air d'une personne habituée à la magnificence. Elle recevait toute chose comme un hommage dû à son rang ou plutôt à sa beauté, car la beauté est plus altière dans ses exigences que le rang. Elle paraissait même prendre un secret plaisir à pousser le monarque à des dépenses qui faisaient frémir son trésorier; ella acceptait toute cette prodigalité comme une chose toute normale. Mais, malgré toute son assiduité et sa munificence, son vénérable amoureux ne pouvait se flatter d'avoir fait sur elle la moindre impression. Sans lui faire grise mine, elle ne lui souriait jamais. Chaque fois qu'il se mettait à lui dire sa passion, elle touchait sa lyre d'argent. Un charme mystique s'en dégageait: aussitôt le monarque penchait la tête, l'assoupissement le gagnait, il tombait dans un sommeil dont il sortait merveilleusement dispos et calmé. Cela ne favorisait pas sa flamme, mais ses sommeils étaient accompagnés de rêves agréables qui l'envoûtaient complètement; il continuait donc à rêver, pendant que tout Grenade se gaussait de ses amours et murmurait de le voir jeter son argent par les fenêtres.

Finalement, il se vit exposé à un danger, contre lequel son talisman ne pouvait lui donner d'avertissement. Une insurrection se déclara dans sa propre capitale: son palais fut cerné par la populace qui menaçait sa vie et celle de la chrétienne. Une étincelle de son ancienne ardeur guerrière se réveilla dans la poitrine du monarque. A la tête d'une poignée d'hommes de sa garde, il fonça sur les rebelles qu'il mit en fuite et étouffa dans l'œuf l'insurrection.

Lorsque le calme fut rétabli, il alla voir l'astrologue qui, enfermé dans son ermitage, ressassait son amertume.

Aben Habuz l'aborda d'un ton très conciliant: «O sage fils d'Abu Ajub, dit-il, tu m'as fort bien dit les dangers que m'attirerait cette beauté captive: toi, qui es si clairvoyant, je te prie de me dire comment faire pour les éviter.»

—Ecarte de toi la mécréante qui en est la cause.

—Je me priverais plutôt de mon royaume, s'écria Aben Habuz.

—Tu es en danger de perdre l'un et l'autre, répliqua l'astrologue.

—Ne te fâche pas, ô le plus profond des philosophes; considère la double infortune du monarque et de l'amant et découvre le moyen de me protéger des maux dont je suis menacé. Je ne me soucie ni de la grandeur ni du pouvoir. Je n'aspire qu'au repos, à quelque calme retraite, où, loin du monde et de ses pompes, loin de ses soucis et de ses vicissitudes, je consacrerais le restant de mes jours à la tranquillité et à l'amour.

L'astrologue considéra le roi un moment, de sous ses sourcils broussailleux.

—Que me donnerais-tu, si je te procurais une telle retraite?

—Désigne toi-même la récompense: quelle qu'elle soit, s'il est en mon pouvoir de te l'accorder, tu l'auras, aussi vrai que je vis.

—As-tu entendu parler, ô roi, du jardin d'Iran, un des prodiges de l'Arabie heureuse?

—J'ai entendu parler de ce jardin; il est mentionné dans le Coran, au chapitre intitulé «l'aurore du jour». J'ai entendu à son sujet des récits merveilleux de la bouche des pélerins qui sont allés à la Mecque; mais j'ai cru que ce n'étaient que des fables, comme en racontent souvent les voyageurs qui viennent de loin.

—Ne discrédite pas, ô roi, les récits des voyageurs, répliqua l'astrologue d'un ton grave, car ils contiennent de précieuses connaissances, venues du bout du monde. En ce qui concerne le palais et le jardin d'Iran, ce que l'on en dit est vrai: je les ai vus de mes propres yeux. Ecoute donc mon aventure. Elle a quelque rapport avec l'objet de ta requête.

Du temps de ma jeunesse, lorsque je n'étais qu'un Arabe du désert, je soignais les chameaux de mon père. Comme je traversais le désert d'Aden l'un d'eux s'égara et se perdit. Je le cherchai pendant plusieurs jours, mais en vain, jusqu'au moment où exténué je m'étendis au pied d'un palmier, proche d'un maigre puits, et m'endormis. A mon réveil, je me trouvai à la porte d'une cité. J'y entrai. Il y avait des rues et des places splendides, des marchés magnifiques; mais personne dans ce grand silence. Continuant ma visite, j'arrivai à un somptueux palais dont le jardin était orné de fontaines, de bassins, de tonnelles, de fleurs et de fruits délicieux. Toujours personne. Effrayé par ma solitude, je m'enfuis en courant. Une fois sorti de la cité, comme je me retournai pour la voir: miracle, elle avait disparu; seul le désert silencieux s'étendait là où elle s'était élevée.

Dans ces parages je rencontrai un vieux derviche, instruit des traditions et des secrets du pays, qui m'expliqua ce qui m'était arrivé. Il s'agissait, me dit-il, du fameux jardin d'Iran, une des merveilles du désert. Il apparaît parfois au voyageur égaré, comme toi, qui se réjouit à la vue de ses tours, de ses palais, de ses clôtures débordant de fruits, puis s'évanouit dans le désert. Voici l'histoire de ce jardin: Autrefois, lorsque ce pays était habité par les Addites, le roi Sheddad, fils d'Ad, fonda ici une cité magnifique. Lorsqu'elle fut achevée et qu'il vit sa grandeur, l'orgueil et l'arrogance lui troublèrent la cervelle. Il décida d'y bâtir un palais avec des jardins qui rivaliseraient avec tout ce qui est rapporté dans le Coran du paradis céleste. Mais la malédiction d'Allah le punit de ses présomptions. Lui et ses sujets furent balayés de la surface de la terre et sa ville splendide, son palais et ses jardins, furent placés sous un charme perpétuel qui les dissimulent à la vue de l'homme, sauf par intervalles, afin de perpétuer le souvenir de son péché.

Cette histoire, ô roi, ainsi que les merveilles que j'avais vues, me restèrent longtemps à l'esprit; et, bien des années plus tard, lorsque j'eus séjourné en Egypte et pris possesion du livre du Roi Salomon le Sage, je décidai de retourner visiter le jardin d'Iran. C'est ce que je fis. Il se révéla à ma vue avertie. Je pris possession du palais de Sheddad et passai plusieurs jours dans ce paradis-imitation. Les génies qui gardaient ces lieux obéirent à mon pouvoir magique et me révélèrent les charmes qui faisaient apparaître et disparaître à volonté tout le jardin. Je peux te faire, ô roi, un palais et un jardin de ce genre, ici même, sur la colline qui domine ta ville. Ne suis-je pas versé dans tous les arts magiques? N'ai-je pas en ma possession le livre du savoir de Salomon le Sage?

—O sage fils d'Abu Ajub! s'exclama Aben Habuz, tremblant de convoitise, tu es vraiment un voyageur; tu as vu et appris des choses merveilleuses! Façonne-moi un paradis de ce genre et tu pourras me demander n'importe quelle récompense, fût-ce la moitié de mon royaume.

—Hélas, lui répondit l'autre, tu sais que je suis un vieillard, et un philosophe par-dessus le marché: un rien me contentera. Toute la récompense que je te demande, c'est la première bête de somme, avec sa charge, qui franchira la porte magique de ton palais.

Le monarque accepta volontiers une demande si modique et notre astrologue se mit à l'œuvre. Au sommet de la colline, exactement au-dessus de son ermitage souterrain, il fit élever une grande porte ou barbacane qui s'ouvrait au centre d'une tour fortifiée.

Elle avait un vestibule extérieur ou porche, à arc élevé, et, à l'intérieur de celui-ci, un portail aux battants massifs. Sur l'arc de ce portail l'astrologue façonna de ses propres mains une énorme clé, et, sur le porche extérieur du vestibule—plus élevé que le portail—il grava une main gigantesque. C'étaient de puissants talismans, devant lesquels il répéta maintes formules dans une langue inconnue.

Lorsque la porte d'entrée fut achevée, il s'enferma pendant deux jours dans son cabinet astrologique pour se livrer à des incantations secrètes; au troisième, il monta sur la colline et passa tout le jour sur son sommet. Tard dans la nuit, il descendit et se présenta devant Aben Habuz. «Voici enfin, ô roi, que mon travail est achevé. Au sommet de la colline se dresse un des palais les plus délectables que la tête de l'homme ait jamais pu concevoir ou son cœur désirer. Il contient des galeries et des salles somptueuses, des jardins délicieux, de fraîches fontaines et des bains parfumés: en un mot, toute la colline n'est plus qu'un paradis. Comme le jardin d'Iran, le tien est protégé par un charme puissant qui le cache à la vue curieuse des mortels, excepté à ceux qui possèdent le secret de ses talismans.»

—Ne m'en dis pas davantage, s'écria Aben Habuz, transporté, demain matin, dès l'aube, nous monterons en prendre possession. L'heureux monarque ne dormit guère cette nuit-là. A peine les rayons du soleil avaient-ils commencé d'effleurer le sommet neigeux de la Sierra Nevada, qu'il montait à cheval et, en compagnie de quelques hommes de confiance, gravissait l'étroit sentier qui grimpait à la colline. A ses côtés, sur un blanc palefroi, avançait la princesse chrétienne dans ses atours éblouissants et portant, accrochée au cou, sa lyre d'argent. Tout près du roi, mais à pied, car il ne voulait jamais monter à cheval, cheminait l'astrologue, aidé de son seul bâton hiéroglyphique.

Aben Habuz s'attendait à voir des tours briller au dessus de lui et des terrasses verdoyantes s'étendre sur les hauteurs; mais il n'apercevait rien. «C'est en cela que consistent le mystère et le salut de ces lieux, lui dit l'astrologue. Tu ne discerneras rien, tant que tu n'auras pas franchi le seuil enchanté et pris possession du palais.»

Comme ils approchaient de l'entrée, l'astrologue s'arrêta et, désignant au roi la main et la clé mystiques gravées sur le portail et sur l'arche, il lui dit: «Ce sont les talismans qui gardent l'entrée de ce paradis. Tant que cette main que tu vois là ne viendra pas saisir cette clé, aucun artifice mortel ni magique ne pourra rien contre le maître de cette colline.»

Tandis qu'Aben Habuz contemplait, bouche bée, les talismans mystiques, le palefroi de la princesse, continuant sa marche, amena celle-ci au portail et jusqu'au centre de la barbacane.

«Regarde, s'écria l'astrologue, voici la récompense promise: la première bête avec sa charge qui passe ce seuil magique.»

Aben Habuz sourit à ce qu'il croyait être une plaissanterie du vieil homme; mais lorsqu'il vit que celui-ci parlait sérieusement, sa barbe grise en trembla d'indignation.

«Fils d'Abu Ajub, lui dit-il d'un ton sévère, quelle est cette duperie? Tu connais le sens de ma promesse: la première bête de somme avec sa charge qui entrera par cette porte. Prends la plus belle mule de mes étables, charge-la de tout ce que j'ai de plus précieux dans mes trésors, et elle t'appartient; mais n'ose pas porter tes désirs sur celle qui est le délice de mon cœur.»

«Qu'ai-je besoin de richesses? s'écria l'astrologue, méprisant. N'ai-je pas le livre du savoir de Salomon le Sage, et, par lui, tous les trésors secrets de la terre? La princesse m'appartient de droit: tu as donné ta parole. Je réclame mon dû.»

La princesse du haut de son palefroi, regardait la scène et un faible sourire de dédain retroussait ses lèvres roses à la vue de ces deux barbons qui se disputaient sa jeunesse et sa beauté. Le courroux du monarque l'emporta sur sa prudence. «Vil fils du désert, cria-t-il, tu as beau connaître tous les secrets du monde, je demeure ton maître. N'aie pas l'audace de mystifier ton roi.»

«Mon maître! répéta l'astrologue, mon roi! Le monarque d'une taupinière prétendre dominer sur celui qui possède les talismans de Salomon! Adieu, Aben Habuz; règne donc sur ton royaume de deux sous et amuse toi dans ton paradis de fous; quant à moi, je ne ferai qu'en rire dans ma retraite philosophique.»

Sur ces mots, il saisit la bride du palefroi, frappa la terre de son bâton et s'enfonça avec la princesse par le centre de la barbacane. La terre se referma sur eux et toute trace du trou par lequel ils étaient descendus disparut.

On imagine la stupéfaction d'Aben Habuz. Au bout d'un moment, reprenant son sang-froid, il ordonna à mille travailleurs de creuser avec des pioches et des pelles à l'endroit où l'astrologue avait disparu. Ils creusèrent et creusèrent, mais en vain. Le roc de la colline résistait à leurs outils, ou bien, s'ils arrivaient à faire un trou, il se remplissait aussitôt. Aben Habuz chercha à attaquer la bouche de la caverne, qui s'ouvrait au pied de la colline; mais il fut impossible de la trouver. A l'endroit de l'entrée, on ne voyait plus qu'une surface de roc massif. Avec la disparation d'Ibrahim Ebn Abu Ajub cessa l'efficacité de son talisman. La cavalier de bronze demeura immobile, le visage tourné vers la colline, la lance pointée vers l'endroit où l'astrologue avait disparu, comme si l'ennemi mortel d'Aben Habuz s'y cachait toujours.

De temps en temps, le son d'une musique et les inflexions d'une voix de femme se percevaient faiblement depuis les entrailles de la colline; et un paysan vint un jour rapporter au roi que, la veille, il avait remarqué une fissure dans le roc; il s'y était glissé et avait discerné, tout en bas, dans une salle souterraine, l'astrologue assis sur un divan, assoupi, la tête penchée, aux sons de la lyre d'argent de la princesse qui semblait le tenir sous un charme.

Aben Habuz chercha ladite fissure, mais elle s'était de nouveau refermée. Il essaya encore de déterrer son rival, mais en vain. Le charme de la main et de la clé était trop puissant pour être affaibli par le pouvoir d'un homme. Quant au sommet de la montagne, qui devait être le site du palais et du jardin promis, il demeura comme auparavant, un lieu désolé. L'élysée de l'astrologue était-il dissimulé à la vue par un enchantement, était-il une fable? Les gens, charitablement, adoptèrent cette seconde supposition, et certains baptisèrent l'endroit «la folie du roi» ou encore «le paradis des fous».

Pour mettre le comble à l'amertume d'Aben Habuz, ses voisins, qu'il avait défiés, provoqués et décimés à plaisir, tant qu'il avait eu avec lui le pouvoir du cavalier, maintenant qu'ils le trouvaient sans défense surnaturelle, faisaient de tous côtés des incursions dans ses terres et les derniers jours du plus pacifique des monarques ne furent plus qu'un tissu de misères.

Finalement, Aben Habuz mourut et fut enterré. Des siècles se sont écoulés. L'Alhambra s'est édifiée sur cette fameuse colline, réalisant en partie les fabuleuses délices du jardin d'Iran. La porte enchantée existe, toujours intacte, protégée sans doute par la main et la clé mystiques: c'est la Porte de la Justice, la grande entrée de la forteresse. On dit que, sous cette porte, dans sa chambre souterraine, demeure le vieil

143

astrologue, assoupi et branlant le chef, bercé par la lyre d'argent de la princesse.

Les vieilles sentinelles invalides qui montent la garde à la porte entendent parfois des bribes de musique, par les nuits d'été; et, cédant, elles aussi à leur pouvoir soporifique, elles somnolent tranquillement à leur poste. Cette influence endormeuse est même si puissante qu'elle se fait sentir en plein jour sur les soldats en faction que l'on voit assoupis sur les bancs de pierre de la barbacane ou franchement endormis sous les arbres du voisinage. En fait, c'est le poste militaire de toute la chrétienté où l'on dort le plus. Et tout cela, ajoute la légende, durera siècle après siècle. La princesse restera captive de l'astrologue, et l'astrologue, endormi magiquement par la princesse jusqu'à la fin des temps... à moins qu'un jour la main mystique, en saisissant la clé, ne dissipe tout le charme de la montagne enchantée.

LA TOUR DES INFANTES

Un soir que je me promenais dans le vallon étroit, ombragé de figuiers, de grenadiers et de myrtes, qui sépare les terres de la forteresse de celles du Généralife, je fus surpris par la poétique apparition, sur la muraille extérieure de l'Alhambra, d'une tour mauresque, qui s'élevait bien au-dessus des arbres et recevait encore les rayons du soleil couchant. Une fenêtre solitaire, percée à une grande hauteur, donnait sur le vallon; et, comme je la regardais, une jeune femme s'y pencha, la tête ornée de fleurs. Elle était, sans aucun doute, d'une condition supérieure aux gens qui habitent les vieilles tours de la forteresse; et cette apparition, aussi inattendue que charmante, me rappela la description des belles captives des contes de fées. Cette capricieuse imagination se trouva renforcée lorsque mon serviteur Mateo m'eut appris que la tour en question était celle des Infantes *(La Torre de las Infantas)* ainsi nommée pour avoir été, selon la tradition, la résidence des filles des rois maures. Depuis j'ai visité la tour. On ne la montre pas, d'habitude, aux étrangers, mais elle est très digne d'attention, car son intérieur ne le cède, pour la beauté de l'architecture et la délicatesse des ornements, à aucune autre partie du palais. L'élégance de sa salle centrale, avec sa fontaine de marbre, ses arcs élevés et son dôme richement ouvragé, les arabesques et le revêtement de stuc de ses appartements, petits mais bien proportionnées, encore que maltraités par le temps et l'abandon, tout concorde avec la tradition qui en fait la résidence des jeunes beautés royales.

La vieille petite sorcière qui vit sous l'escalier de l'Alhambra et fréquente les *tertulias* nocturnes de Tía Antonia conte de merveilleuses histoires sur cette tour où trois infantes mauresques auraient été enfermées par leur père, un tyran de Grenade, avec la seule permission de chevaucher la nuit par les collines où nul ne. devait les croiser sous peine de mort. A l'en croire, par les nuits de pleine lune, on peut les voir sur les versants solitaires de la montagne, montées sur des palefrois richement caparaçonnés, tout étincelantes de bijoux, mais elles s'évanouissent dès qu'on leur adresse la parole.

Mais avant d'en dire davantage sur ce sujet, comme mon lecteur se demande sans doute qui était la jolie personne penchée à la fenêtre de la tour, avec des fleurs dans les cheveux, je lui apprendrai que c'est la nouvelle épouse d'un valeureux adjudant d'Invalides, lequel, malgré son âge, s'est épris d'une jeune et opulente Andalouse. Puisse le brave militaire avoir bien choisi et trouver dans la tour un abri plus sûr pour la beauté féminine qu'elle ne semble l'avoir été du temps des musulmans, si toutefois nous donnons crédit à la légende suivante.

LA LEGENDE DES TROIS BELLES
PRINCESSES

I L y avait une fois un roi maure qui régnait sur Grenade.
Il s'appelait Mohamed, et ses sujets l'avaient surnommé «El
Hayzari» ou «Le gaucher», parce qu'il était, disent les uns,
plus habile de sa main gauche que de sa droite, ou bien, disent
les autres, parce qu'il avait l'art de tout prendre de travers,
autrement dit, d'embrouiller tout ce qu'il touchait.

Ce qu'il y a de certain, c'est que, malchance ou maladresse,
il était toujours assailli d'ennuis: trois fois il s'était vu chassé
de son trône et, un jour, pour sauver sa vie, il avait dû s'enfuir
en Afrique, déguisé en pêcheur. Mais il était aussi brave qu'il
était balourd, et, bien que gaucher, vous jouait du cimeterre
avec tant d'agilité que chaque fois il avait reconquis son trône
à la pointe de son arme. Pourtant, au lieu de lui apprendre la
sagesse, l'adversité l'avait raidi et endurci dans sa gaucherie.
Pour peu qu'on fouille dans les annales arabes de Grenade,
on y verra les calamités publiques qu'il attira ainsi sur lui-
même et sur son royaume; la légende actuelle ne porte que sur
sa conduite privée.

Un jour que notre Mohamed faisait une promenade à
cheval avec une suite de courtisans, au pied de la montagne
d'Elvira, il rencontra une bande de cavaliers qui avaient fait

147

une razzia dans les terres des chrétiens. Ils conduisaient une longue file de mules chargées de butin, et beaucoup de captifs des deux sexes, parmi lesquels le monarque remarqua une belle jeune fille, aux riches atours, qui pleurait sur un petit palefroi, sans écouter les consolations d'une duègne qui allait à ses côtés.

Le monarque fut donc frappé par sa beauté. Il demanda au capitaine de la troupe qui elle était et apprit que c'était la fille de l'*alcaide* d'un fort de la frontière qu'ils avaient attaqué par surprise et pillé. Mohamed la réclama comme sa part de butin et la fit conduire dans son harem de l'Alhambra. Là on essaya par tous les moyens de dissiper sa mélancolie, et le monarque, de plus en plus amoureux, voulut en faire sa reine. La jeune Espagnole repoussa, au début, ses avances: c'était un infidèle... un ennemi de son pays... et, pis encore, un vieillard!

Le monarque, voyant que ses assiduités n'avaient aucun succès, décida de mettre de son côté la duègne qui avait été capturée avec la jeune personne. Elle était andalouse de naissance, mais on ne connaît pas son nom, les légendes mauresques ne la citant que sous l'appellation de Kadiga l'avisée. Avisée, elle l'était effectivement, comme notre histoire va le montrer. Le Maure n'avait pas plus tôt conféré avec cette dame que celle-ci s'était rendue à ses arguments. Elle décida de plaider sa cause auprès de sa jeune maîtresse.

—Voyons, lui dit-elle, que vous sert de pleurer et de gémir? Ne vaut-il pas mieux être la maîtresse d'un magnifique palais avec ses jardins et ses fontaines que de moisir dans la vieille tour de votre père? Ce Mohamed, dites-vous, est un infidèle. La belle affaire! C'est lui que vous épousez, non sa religion. Il se fait vieux? vous serez veuve plus tôt, et votre propre maîtresse. De toute façon, vous êtes en son pouvoir: que préférez-vous? être reine ou esclave? Quand on est entre les mains d'un voleur, mieux vaut vendre à bon prix sa marchandise que de la perdre complètement.

Les arguments de l'avisée Kadiga triomphèrent enfin. La jeune Espagnole sécha ses larmes et devint l'épouse de Mohamed le Gaucher. Elle se conformait même, en apparence, à la religion de son royal mari. Quant à sa duègne, elle devint une fervente sectatrice des doctrines musulmanes. C'est alors qu'elle reçut le nom arabe de Kadiga et la permission de continuer à servir sa maîtresse.

En temps voulu, le roi maure eut la joie et la fierté de se voir père de trois charmantes jumelles: il aurait bien voulu avoir des fils, mais il se consolait à l'idée que trois filles ce n'était pas si mal pour un homme âgé, et gaucher!

Selon la coutume des monarques musulmans, il convoqua les astrologues à l'occasion de cet heureux événement. Ils firent le thème astrologique des trois princesses et secouèrent la tête. «Les filles, ô roi, sont toujours une propriété précaire; mais les tiennes auront besoin de toute ta vigilance lorsqu'elles arriveront à l'âge de se marier. Il faudra alors les couver sous ton aile et ne les confier à personne d'autre.»

Mohamed le Gaucher avait dans sa cour une réputation de sagesse, dont il ne doutait pas. Les prédictions des astrologues ne l'inquiétèrent pas outre mesure. Il se fiait à sa malice naturelle pour surveiller ses filles et déjouer le destin.

Cette triple naissance devait être le dernier trophée conjugal du monarque; sa reine ne lui donna plus d'enfants et mourut, au bout de quelques années, en confiant les fillettes à son amour et à la fidélité de Kadiga l'avisée.

Plusieurs années devaient s'écouler avant qu'elles ne parvinssent à l'âge dangereux, celui du mariage. «Il n'est pas mauvais, tout de même, de prendre dès maintenant toutes ses précautions», se dit Mohamed, toujours astucieux. Il décida donc de faire élever ses filles au château royal de Salobreña. C'était un palais somptueux, incrusté, pour ainsi dire, dans une puissante forteresse mauresque, bâtie au sommet d'une colline d'où l'on domine la Méditerranée. C'était une retraite royale où les monarques musulmans enfermaient les parents qui risquaient de porter atteinte à leur sécurité et où, parmi les plaisirs et les divertissements de toute sorte, ceux-ci passaient leur vie dans l'indolence et la volupté.

C'est là que résidèrent les princesses, séparées du monde, mais entourées du plus grand luxe et servies par des esclaves de leur sexe qui avaient pour soin de prévenir leurs moindres désirs. Elles avaient pour se distraire de délicieux jardins où abondaient les fruits et les fleurs les plus rares, des bosquets embaumés et des bains parfumés. Sur trois faces, le château dominait une riche vallée émaillée de cultures de toute sorte et limitée par les hautes montagnes de l'Alpujarra; de l'autre côté, on pouvait voir la vaste mer ensoleillée.

Dans cette délicieuse retraite, sous le ciel sans nuage de ce climat propice, les trois princesses se développèrent merveilleusement; mais, bien qu'élevées de façon identique, elles donnèrent bientôt des signes de la diversité de leurs caractères. Elles s'appelaient, dans l'ordre de leur naissance, Zayda, Zorayda et Zorahayda, ayant entre elles trois minutes d'écart.

Zayda, l'aînée, était un esprit intrépide, qui devançait ses soeurs en toutes choses, ainsi qu'elle l'avait fait en venant au monde. Elle était questionneuse, curieuse et aimait à aller au fond des choses.

Zorayda était très sensible à la beauté, raison pour laquelle, sans doute, elle aimait tant à se mirer aux glaces et aux fontaines, et adorait les fleurs, les bijoux et les ornements délicats.

Quant à Zorahayda, la benjamine, elle était douce et timide, extrêmement sensible et d'une grande tendresse pour toutes choses, ainsi qu'en témoignait la quantité de fleurs, d'oiseaux et d'animaux favoris qu'elle chérissait de toute son affection. Ses divertissements étaient calmes, faits de flânerie et de rêverie. Elle restait des heures à son balcon, à regarder les brillantes étoiles des nuits d'été, ou la mer éclairée par la lune; à ces moments-là, le chant d'un pêcheur qui lui parvenait, affaibli, du rivage, ou l'appel d'une flûte mauresque que lançait une barque sur l'eau suffisaient à la transporter en extase. En revanche, la moindre agitation des éléments, le premier coup de tonnerre, la jetaient dans un émoi qui la faisait parfois défaillir.

Ainsi passaient les années, calmes et sereines; l'avisée Kadiga, à qui les princesses avaient été confiées, se montrait digne de sa tâche. Sa vigilance ne faiblissait jamais.

Le château de Salobreña, comme il a été dit, se dressait sur une colline du littoral. Une des ses murailles extérieures se dessinait sur le profil de cette colline. Elle se prolongeait jusqu'à un roc qui faisait saillie au-dessus de la mer, avec une petite plage de sable à ses pieds, que venaient lécher les vaguelettes. Une petite tour de guet, sur ce roc, avait été aménagée en pavillon, dont les fenêtres à jalousies recevaient la brise de la mer. C'est là que les princesses passaient d'habitude les heures les plus chaudes de l'après-midi.

Un jour que la curieuse Zayda était assise auprès d'une fenêtre de ce pavillon, tandis que ses sœurs, étendues sur des sofas, faisaient la sieste, son attention fut attirée par une galère qui longeait la côte, à la cadence égale de ses rames. Lorsque celle-ci eut approché, Zayda remarqua qu'elle était remplie d'hommes armés. La galère jeta l'ancre et un groupe de soldats maures débarquèrent sur la plage étroite, conduisant plusieurs prisonniers chrétiens. La curieuse éveilla ses sœurs; et elles se mirent toutes trois à regarder par les fentes de la jalousie qui les dissimulait. Parmi ces prisonniers, elles distinguèrent trois chevaliers espagnols, richement vêtus. Ils étaient de noble prestance et dans la fleur de l'âge; la manière hautaine avec laquelle ils avançaient, malgré leurs chaînes et la présence de leurs ennemis, révélait la grandeur de leur âme. Le souffle coupé, les princesses les regardaient de tous leurs yeux. Séquestrées comme elles l'avaient été dans ce château parmi des femmes, ne voyant du sexe mâle que les esclaves noirs et les rudes pêcheurs de la côte, il n'est pas étonnant que la vue de ces trois vaillants chevaliers dans la fierté de leur jeunesse et de leur beauté virile troublât à ce point leurs jeunes cœurs.

—A-t-on jamais vu marcher d'une allure aussi noble que le chevalier en grenat? s'écria Zayda, l'aînée des sœurs. Regardez comme il avance fièrement! On dirait qu'il n'a autour de lui que des esclaves!

—Mais remarquez donc celui en vert! s'exclama Zorayda. Quelle grâce! quelle élégance! quel caractère!

La douce Zorahayda ne dit rien, mais, à part soi, elle donnait la préférence au chevalier en bleu.

Les princesses les suivirent des yeux jusqu'au moment où ils disparurent. Puis elles se retournèrent en soupirant, se regardèrent un moment, et s'assirent, toutes pensives, sur leurs divans.

C'est dans cette attitude que les trouva l'avisée Kadiga; elles lui contèrent ce qu'elles avaient vu et le cœur de la duègne en fut attendri: «Pauvres jeunes gens! fit-elle. Je vous assure que leur captivité va navrer plus d'une noble et belle dame dans leur patrie! Ah, mes enfants, vous n'avez pas idée de la vie que mènent ces chevaliers chez eux... l'élégance de leurs tournois... leur dévotion aux dames! les sérénades, les galanteries...»

La curiosité de Zayda ne connut plus de bornes: elle était insatiable. La duègne dut lui faire les tableaux les plus animés de son pays natal. La coquette Zorayda releva la tête et se regarda furtivement au miroir, lorsque la conversation roula sur le charme des Espagnoles, et Zorahayda réprima un soupir à l'évocation des sérénades au clair de lune.

Tous les jours, la curieuse Zayda renouvelait ses histoires, que ses jolies auditrices écoutaient non sans soupirs. La vieille femme se rendit compte finalement du mal qu'elle était en train de faire. Elle avait pris coutume de considérer les princesses comme des enfants; mais elles s'étaient développées peu à peu sous ses yeux. C'étaient maintenant trois jeunes filles en fleur, à l'âge du mariage. «Il est temps, se dit la duègne, d'en faire part au roi.»

Mohamed le Gaucher était donc assis un matin sur son divan, dans l'une des salles les plus fraîches de l'Alhambra, lorsqu'un esclave arriva de la forteresse de Salobreña, avec un message de la prudente Kadiga, dans lequel elle le félicitait de l'anniversaire de ses filles. L'esclave lui remit en même temps un petit panier décoré de fleurs, dans lequel il trouva, posés sur une couche de feuilles de vigne et de figuier, une pêche, un abricot et un brugnon dont la fraîcheur, le duvet et toute la douceur pressentie disaient la jeune maturité. Le monarque était versé dans le langage des fruits et des fleurs. Il comprit bien vite la signification de ce cadeau symbolique.

«Ainsi donc, se dit-il, voici arrivée la période critique, signalée par les astrologues: mes filles sont en âge de se marier. Que dois-je faire? Elle ont été éloignées des yeux des hommes, surveillées par l'avisée Kadiga... tout cela est très bien... Mais elles ne sont pas sous mes propres yeux, ainsi que me l'ont prescrit les astrologues. Il faut donc que je les rassemble sous mon aile et que je ne me fie qu'à moi-même.»

Il fit donc préparer une tour de l'Alhambra pour les recevoir, et, à la tête de ses gardes, il se rendit à la forteresse de Salobreña pour les reconduire en personne.

Près de trois ans s'étaient écoulés depuis que Mohamed

n'avait pas revu ses filles. Devant le merveilleux changement qui s'était opéré chez elles en si peu de temps, il faillit rester incrédule. Durant cet intervalle, les trois princesses avaient passé la ligne qui sépare la fillette dégingandée, étourdie et sans grâce de la femme épanouie, rougissante et rêveuse. Comme lorsqu'on a traversé les plaines arides et monotones de La Manche pour atteindre les voluptueuses vallées et les rondes collines d'Andalousie.

Zayda était grande et bien faite, le port altier, le regard pénétrant. Entrant dans la salle d'un pas noble et décidé, elle fit une profonde révérence à Mohamed, le traitant comme un souverain plus que comme un père. Zorayda, de taille moyenne, avait un air séduisant, une démarche souple et une beauté étincelante que rehaussait le luxe de sa parure. Elle s'approcha de son père, lui baisa la main et le salua en lui récitant les strophes d'un poète arabe en vogue qui ravirent le monarque. Zorahayda, timide et réservée, plus petite que ses sœurs, avait cette beauté tendre et comme suppliante qui semble chercher la protection et l'affection. Elle n'était pas faite pour commander, comme sa sœur aînée, ou pour briller comme la seconde, mais plutôt pour trouver un nid de bonheur dans les bras d'un homme aimant. Elle s'avança vers son père d'un pas timide et presque défaillant; elle allait lui prendre la main pour la baiser, lorsque, levant les yeux sur le visage de son père et le voyant radieux de bonheur, elle céda à son besoin de tendresse et se jeta à son cou.

Mohamed le Gaucher contempla ses filles avec un mélange de fierté et d'inquiétude, car, tandis qu'il se réjouissait de les voir si belles, il se souvenait de la prédiction des astrologues. «Trois filles! trois filles! murmurait-il, et toutes à marier! Les fruits des Hespérides! Il faudrait un dragon pour les garder.»

Il prépara son retour à Grenade en envoyant des hérauts devant lui pour donner ordre aux gens de s'écarter de la route qu'il allait prendre et de fermer toutes les portes et les fenêtres sur le passage des princesses. Après quoi, il se mit en route, escorté par une troupe de nègres hideux, revêtus d'une armure éclatante.

Les princesses chevauchaient à côté du roi, soigneusement voilées, sur de blancs palefrois aux harnais de pourpre, brodés d'or, qui balayaient le sol; les mors et les éperons étaient d'or, les brides d'argent, ornées de perles et de pierres précieuses. Les palefrois étaient couverts de clochettes d'argent qui tintaient joliment à chacun de leur pas. Malheur à l'imprudent qui s'attardait sur la route, lorqu'il les entendait! Les gardes avaient ordre de l'égorger sans merci.

Le cortège se trouvait aux abords de Grenade lorsqu'il rencontra, sur les rives du Génil, un petit détachement de soldats qui convoyaient des prisonniers. Il était trop tard maintenant pour écarter les soldats; aussi, ceux-ci prirent-ils le parti de se jeter la face contre terre, ordonnant à leurs captifs de les imiter. Parmi les prisonniers se trouvaient justement les trois chevaliers que les princesses avaient remarqués du haut de leur pavillon. N'avaient-ils pas compris? Etaient-ils trop fiers pour obéir à cet ordre? Toujours est-il qu'ils restèrent debout et fixèrent le cortège qui approchait.

Le courroux du monarque s'enflamma de ce défi. Dégaînant son cimeterre et le poussant en avant, il allait porter, toujours de son bras gauche, un coup qui eût été fatal à un au moins des trois spectateurs, quand les princesses firent cercle autour de lui et lui demandèrent grâce pour les prisonniers. Même la douce Zorahayda, oubliant sa timidité naturelle, trouva de l'éloquence pour les défendre. Mohamed s'arrêta, le cimeterre brandi, lorsque le capitaine du détachement lui-même, se jeta à ses pieds. «Que votre Majesté, lui dit-il, évite un geste qui peut faire scandale dans tout votre royaume. Ce sont trois braves et nobles chevaliers, qui ont été pris dans une bataille où

155

ils luttaient comme des lions; ils sont de grande naissance et peuvent nous valoir de belles rançons...» «Suffit! dit le roi, j'épargnerai leur vie, mais je châtierai leur témérité... Qu'on les mette aux travaux forcés dans les Tours Vermeilles!»

Mohamed venait de commettre une des plus belles gaffes de sa carrière de gaucher. Dans le tumulte et l'agitation de cette scène émouvante, les voiles des trois princesses s'étaient écartés, révélant tout l'éclat qu'ils avaient caché; et, en prolongeant la discussion, le roi avait donné à la beauté de ses filles le temps de produire tout son effet. En ce temps-là, les gens tombaient amoureux d'une façon beaucoup plus rapide que de nos jours, ainsi qu'il appert des anciennes légendes. Il n'y a donc rien d'étonnant à ce que le cœur des trois chevaliers fût si complètement conquis; d'autant plus qu'à leur admiration s'ajoutait la gratitude; il est tout de même un peu singulier, mais également hors de doute, que chacun d'eux s'éprit d'un objet différent. Quant aux princesses, elles admirèrent plus que jamais la noble apparence de leurs captifs et elles se mirent à aimer secrètement tout ce qu'elles avaient appris de leur vaillance et de leur origine.

Le cortège se remit en marche; les trois princesses allaient pensives sur leurs palefrois tintinabulants, jetant de temps en temps un regard furtif dans la direction des captifs chrétiens qu'on amenait aux Tours Vermeilles.

La résidence affectée aux princesses était l'une des plus charmantes qui se pussent imaginer. C'était une tour assez retirée du palais de l'Alhambra, auquel elle était reliée par la muraille extérieure qui ceinturait tout le sommet de la colline. D'un côté, elle donnait sur l'intérieur de la forteresse et elle avait, à ses pieds, un petit jardin peuplé des fleurs les plus rares. De l'autre côté, elle dominait le profond ravin verdoyant qui séparait les terres de l'Alhambra de celles du Généralife. L'intérieur de la tour était divisé en petites pièces exquises, merveilleusement ornées dans le style arabe et groupées autour d'une haute salle, dont la voûte s'élevait presque au sommet de la tour. Les murs et le plafond de la salle étaient décorés d'arabesques et de motifs ajourés tout étincelants d'or et de couleurs. Au centre du pavement de marbre s'élevait une fontaine d'albâtre, entourée de fleurs et d'herbes aromatiques, dont le jet rafraîchissait tout l'édifice et produisait un murmure berceur. Autour de la salle étaient suspendues des cages d'or et d'argent, dans lesquelles chantaient des oiseaux du plus beau plumage.

On avait toujours vanté la gaîté des princesses lorsqu'elles étaient au château de Salobreña et le roi s'était attendu à les voir ravies de l'Alhambra. Quelle ne fut pas sa surprise lorsqu'il les vit languir mélancoliquement! Rien ne leur plaisait. Les fleurs, pour elles, n'avaient pas de parfum; le chant du rossignol troublait leur sommeil, et la fontaine les agaçait avec son sempiternel ruissellement qui s'égrenait matin et soir, soir et matin.

Le roi, qui était de caractère coléreux et tyranique, prit très mal la chose au début; puis, réflexion faite, il se dit que ses filles étaient arrivées à un âge où l'imagination augmente, où les désirs s'accroissent. «Ce ne sont plus des enfants, se disait-il, ce sont des femmes, il leur faut des choses de leur âge.» Il fit donc venir toutes les couturières, tous les bijoutiers et artisans du Zacatín de Grenade et les princesses furent submergées de robes de soie, de brocart, de châles de cachemire, de colliers de perles et de diamants, de bagues, de bracelets, d'anneaux pour chevilles et de toutes sortes d'objets précieux.

Ce fut peine perdue; les princesses continuèrent à languir au milieu de leur luxe comme trois boutons de rose saisis par le froid, qui penchent sur leur tige. Le roi ne savait plus qu'imaginer. Il avait, en général, assez d'estime pour son jugement et ne s'inquiétait pas de celui des autres. Mais les caprices de trois filles en âge d'être mariées... il y a là de quoi, se disait-il, déconcerter les plus subtils. Ainsi donc, pour la première fois de sa vie, il eut recours au conseil d'autrui.

La personne à laquelle il s'adressa fut la duègne expérimentée.

—Kadiga, lui dit le roi, je sais que tu es une des femmes les plus avisées du monde, ainsi que l'une des plus sûres; c'est pourquoi je t'ai toujours confié le soin de mes filles. On n'est jamais assez précautionneux dans ce choix. Je voudrais maintenant que tu découvres la maladie secrète qui ronge les princesses et que tu trouves le moyen de les rendre à la joie et à la santé.

Kadiga promit de le faire. En fait, elle en savait plus long que les jeunes princesses sur leur propre langueur. S'enfermant avec elles, Kadiga s'ingénia à provoquer leurs confidences.

—Mes chères petites, pourquoi êtes-vous si tristes, si abattues dans un lieu aussi merveilleux, où vous pouvez avoir tout ce que votre cœur désire?

Les princesses promenèrent un œil distrait sur leur appartement et soupirèrent.

—Que voulez-vous de plus? Désirez-vous que je vous apporte le perroquet extraordinaire qui parle toutes les langues et fait les délices de Grenade?

—Quelle horreur! s'exclama la princesse Zayda. Cette bestiole affreuse et criarde, qui baragouine des paroles incohérentes! Il faut être soi-même sans cervelle pour tolérer ce casse-tête.

—Voulez-vous alors que je vous fasse venir le singe du rocher de Gibraltar, dont les pitreries vous divertiront?

—Fi! Un singe! la détestable parodie de l'homme! Je hais cet ignoble animal.

—Que diriez-vous alors du fameaux chanteur noir Casem, qui charme le harem royal du Maroc et dont la voix, dit-on, est aussi délicate que celle d'une femme?

—Les esclaves noirs m'épouvantent, dit la sensible Zorahayda. Et d'ailleurs, j'ai perdu tout mon goût pour la musique.

—Ah, ma fille, répliqua la vieille femme, vous ne diriez pas cela si vous aviez entendu hier soir celle que faisaient les trois chevaliers que nous avons croisés en route... mais, bonté divine, qu'est-ce donc qui vous fait rougir et vous agite de la sorte?

—Rien, rien, bonne Kadiga... S'il vous plaît, contez nous la suite.

—Eh bien, je passais hier soir devant les Tours Vermeilles lorsque j'ai aperçu nos trois chevaliers qui se reposaient de leur journée de labeur. L'un d'eux jouait de la guitare, avec une grâce... et les autres chantaient à tour de rôle. C'était si beau que les sentinelles elles-mêmes restaient figées sur place, comme enchantées. Qu'Allah me pardonne! En écoutant ces chants de ma terre natale, je n'ai pu m'empêcher d'être émue... et aussi en voyant ces jeunes gens si nobles et si beaux dans les chaînes de la captivité.

Ici, la bonne vieille versa un pleur.

—Mère, vous pourriez, peut-être, nous donner l'occasion de jeter un coup d'œil sur ces chevaliers, dit Zayda.

—Je crois, ajouta Zorayda, qu'un peu de musique nous ranimerait.

La timide Zorahayda ne dit rien, mais lança ses bras au cou de Kadiga.

—Pauvre de moi! s'exclama la prudente vieille. Que dites-vous, mes enfants? Si votre père l'apprenait, il nous tuerait toutes. Evidemment, ces jeunes chevaliers sont nobles et bien élevés. Mais attention... ce sont des ennemis de notre foi et vous ne devez jamais y penser qu'avec répugnance.

Il y a chez les jeunes filles, surtout à l'âge du mariage, une admirable intrépidité qui ne recule devant aucun danger, devant aucune défense. Les trois princesses assiégèrent la vieille duègne de leurs cajôleries et de leurs prières. Elles lui déclarèrent enfin qu'un refus leur briserait le cœur.

Que pouvait faire la duègne? Elle était certainement la femme la plus avisée de la terre et l'une des plus fidèles servantes du roi; mais allait-elle briser le cœur de ses trois belles princesses pour quelques petites notes de guitare? D'autre part, bien qu'elle eût vécu si longtemps chez les Maures et changé de religion comme sa maîtresse, elle n'en était pas moins espagnole de naissance et son cœur conservait la nostalgie du christianisme. Elle se mit donc à imaginer le moyen d'exaucer le vœu des princesses.

Les captifs chrétiens, détenus dans les Tours Vermeilles, étaient sous l'autorité d'un renégat aux énormes favoris et aux larges épaules, surnommé Hussein Baba, et qui passait pour être sensible aux charmes de l'argent. Kadiga alla donc le trouver en privé, et, lui glissant en main une belle pièce, lui dit: «Hussein Baba, mes maîtresses, les trois princesses, qui sont enfermées dans leur tour et languissent faute de distraction, ont entendu parler du talent des trois chevaliers et désirent s'en rendre compte par elles-mêmes. Je suis sûre que tu es trop bon pour leur refuser ce plaisir innocent.»

—Comment! Pour qu'on accroche ma tête à la grille de ma propre tour! Car c'est la récompense qui m'attend, si le roi a vent de l'affaire.

—Aucun danger de ce côté-là. On peut arranger la chose de manière à satisfaire le caprice des princesses sans que leur père en soit averti. Tu connais le profond ravin qui se trouve

en dehors de la muraille, juste au-dessous de la tour. Places-y tes trois chrétiens et, pendant les pauses, permets-leur de jouer de la guitare et de chanter comme pour leur propre plaisir. De cette façon, les princesses pourront les entendre dès fenêtres de la tour, et tu peux être sûr que ton obligeance sera bien récompensée.

En terminant son discours, la bonne vieille pressa doucement la poigne du renégat, dans laquelle elle laissa une autre pièce d'or.

L'argument était irrésistible. Le lendemain même, les trois gentilshommes reçurent l'ordre de travailler dans le ravin. Durant les heures les plus chaudes, tandis que leurs compagnons de peine dormaient à l'ombre et que le gardien sommeillait à son poste, les trois jeunes gens s'assirent dans l'herbe, au pied de la tour et chantèrent leurs mélodies espagnoles, accompagnées de la guitare.

Profond était le ravin, et haute la tour. Mais leurs voix s'élevaient distinctes dans la paix de midi. Les princesses écoutaient à leur balcon; elles avaient appris l'espagnol de leur duègne et la tendresse du chant ne laissait pas de les émouvoir. La vieille Kadiga, tout au contraire, en était outrée. «Qu'Allah nous garde! s'écria-t-elle. Ne voilà-t-il pas qu'ils vous lancent des madrigaux! A-t-on jamais entendu parler d'une telle audace? Je m'en vais, de ce pas, trouver le chef des esclaves pour qu'il leur donne une bonne bastonnade!»

«Comment! une bastonnade à ces galants chevaliers, qui chantent si joliment!» Les trois belles princesses ne pouvaient admettre une image si affreuse et la bonne Kadiga, une fois de plus, se laissa fléchir. D'ailleurs, la musique semblait produire sur ses jeunes maîtresses un effet bienfaisant. Une rougeur de pétales de rose était revenue à leurs joues et leurs yeux se remettaient à briller. La duègne cessa de s'opposer aux chants amoureux des chevaliers.

161

Lorsque le concert fut terminé, les princesses demeurèrent un moment silencieuses. Puis Zorayda prit un luth et d'une voix douce, que l'émotion faisait trembler, elle se mit à chanter un air arabe dont le refrain était comme suit:

> *La rose qui se cache au milieu de ses feuilles*
> *S'émerveille et s'émeut au chant du rossignol.*

Dès lors, les trois chevaliers vinrent travailler presque tous les jours dans le ravin. L'astucieux Hussein Baba devenait de plus en plus indulgent et s'endormait chaque jour à son poste avec plus d'empressement. Une mystérieuse correspondance se tissa entre le bas et le haut de la tour, au moyen de chansons populaires qui révélaient d'une certaine façon les sentiments des jeunes gens. Peu à peu les princesses se montrèrent à leur balcon, lorsqu'elles ne risquaient pas d'être aperçues par les gardiens. Elles conversaient également avec leurs galants au moyen de fleurs dont le langage leur était connu: les difficultés ajoutaient au charme de leurs communications et allumaient leur passion qui était née de façon si bizarre; car l'amour aime la difficulté; il croît le mieux sur le sol le plus maigre.

Le changement qui s'était produit dans la mine, ainsi que dans le moral des princesses à la suite de cette idylle, surprit et ravit le roi gaucher; mais personne ne s'en réjouissait plus que la prudente Kadiga qui l'imputait à son heureuse intervention.

Bientôt, pourtant, leur correspondance télégraphique s'interrompit: pendant plusieurs jours les chevaliers cessèrent de se montrer dans le vallon. Les trois belles princesses les guettaient en vain, au haut de leur tour. C'est en vain qu'elles penchaient leur cou de cygne au balcon; c'est en vain qu'elles gazouillaient comme des rossignols dans leurs cages: leurs amoureux chrétiens avaient disparu et plus une note ne leur répondait dans l'allée... La prudente Kadiga s'en fut aux nouvelles et revint bientôt bouleversée. «Ah, mes enfants, s'écria-t-elle. Je prévoyais bien ce qui arriverait; mais vous n'en faisiez qu'à votre tête. Vous pouvez maintenant pendre vos luths aux saules pleureurs. Les chevaliers espagnols ont été rachetés par leurs familles. Ils sont en ce moment dans la ville de Grenade et se préparent à retourner chez eux.»

Les trois belles princesses étaient au désespoir. L'élégante Zayda s'indignait de l'affront qu'on leur faisait en les abandonnant sans un mot d'adieu. Zorayda se tordit les mains, pleura, se regarda au miroir et pleura de nouveau. La douce Zorahayda, penchée au balcon, pleurait en silence et ses larmes tombaient goutte à goutte sur les fleurs parmi lesquelles les ingrats étaient si souvent venus s'asseoir.

La prudente Kadiga fit tout ce qui était en son pouvoir pour adoucir leur peine. «Consolez-vous, mes enfants, leur disait-elle. Bientôt vous n'y penserez plus. La vie est ainsi faite. Ah, quand vous aurez mon âge, vous saurez ce que valent les hommes. Croyez-moi, ces chevaliers ont donné leur amour à de belles filles de Cordoue et de Séville. Bientôt, ils leur feront des sérénades sous leurs balcons et ils ne penseront plus aux beautés mauresques de l'Alhambra. Consolez-vous donc, mes enfants, et arrachez-les de votre cœur.»

Mais les bonnes paroles de la prudente Kadiga ne firent que redoubler le chagrin des trois princesses, et, pendant deux jours, elles restèrent inconsolables. Au matin du troisième, la vieille duègne entra dans leur appartement, toute secouée d'indignation.

—Qui aurait pu se douter d'une pareille insolence! explosa-t-elle, dès qu'elle put trouver des mots pour s'exprimer. Mais cela m'apprendra à vouloir tromper votre noble père. Ne me parlez plus de vos chevaliers espagnols.

—Pourquoi? Que s'est-il passé, bonne Kadiga? s'exclamèrent les princesses, pantelantes de curiosité.

—Ce qui s'est passé!... Une trahison, ou, ce qui est presque aussi grave, une offre de trahison... qu'on m'a faite, à moi la plus soumise des servantes du roi, la plus fidèle des duègnes! Oui, mes enfants, les chevaliers espagnols ont osé me proposer de l'argent pour que je vous persuade de fuir avec eux à Cordoue où vous deviendriez leurs femmes!

Là, l'excellente duègne se couvrit le visage de ses mains, trop indignée et peinée pour continuer. Les trois belles princesses pâlirent, rougirent, frissonnèrent, baissèrent les yeux, se regardèrent, sans prononcer un mot; tandis que la vieille Kadiga, toute à sa colère, s'exclamait: «Et dire qu'on a osé ainsi m'insulter!... moi, la plus fidèle des servantes!»

Finalement, l'aînée des princesses, celle qui avait l'esprit le plus vif et le plus décidé, s'approcha d'elle, lui posa la main sur l'épaule et lui dit: «Mais, bonne Kadiga, à supposer que nous consentions à fuir avec ces chevaliers chrétiens... serait-ce possible?»

La bonne vieille, s'arrêtant un moment de gémir, leva la tête: «Possible! dit-elle, bien sûr que c'est possible! Est-ce que vos chevaliers n'ont pas déjà acheté Hussein Baba, le renégat, et manigancé toute l'affaire? Mais... tromper votre père! Votre père, qui avait mis en moi toute sa confiance!» Et la fidèle duègne se remit à gémir, à se balancer d'avant en arrière et à se tordre les mains.

—Mais notre père n'a jamais mis en *nous* sa confiance, dit l'aînée des princesses. Il a préféré se fier aux verrous et aux barreaux et nous traiter comme des ennemies.

—Ma foi, cela est assez vrai, lui répondit la vieille femme. Il vous a traitées d'une façon bien déraisonnable en vous enfermant dans une vieille tour mélancolique, où vous perdez toute votre fraîcheur, comme des roses dans un vase. Mais, tout de même, vouloir fuir votre patrie!

—Oui, mais celle que nous gagnerions n'est-elle pas la patrie de notre mère, où nous pourrions vivre en liberté? Et n'aurons-nous pas chacune un jeune mari au lieu d'un vieux père tyrannique?

—Ma foi, cela aussi est assez vrai; et votre père, je dois l'avouer, mérite le nom que vous lui donnez; mais alors, fit-elle, en se lamentant de plus belle, vous me laisseriez ici pour supporter tout le poids de sa vengeance?

—Jamais de la vie! ma bonne Kadiga; ne peux-tu pas t'enfuir avec nous?

—C'est bien vrai; et, pour tout vous dire, lorsque j'en ai parlé avec Hussein Baba, il m'a promis de prendre soin de moi, si je voulais vous accompagner dans votre fuite. Mais alors, songez-y, mes enfants, accepteriez-vous de renoncer à la religion de votre père?

—La religion chrétienne a été d'abord celle de notre mère, et je suis prête à l'embrasser. Mes sœurs aussi, j'en suis sûre.

—Vous avez raison, s'exclama la vieille femme dont le visage s'éclairait. C'était la religion de votre mère, et elle s'est plainte, bien amèrement, sur son lit de mort, d'avoir dû y renoncer. Je lui promis de veiller sur vos âmes et je me réjouis de les voir maintenant sur le chemin du salut. Oui, mes enfants, moi aussi, je suis née chrétienne et je le suis restée au fond de mon cœur, et je suis désireuse de le redevenir. Je me suis entretenue de ce sujet avec Hussein Baba, qui est lui aussi espagnol de naissance, originaire d'un village de ma province. Il souhaite ardemment revoir sa patrie et se réconcilier avec l'Eglise. Les chevaliers nous ont promis, si nous étions disposés à nous marier, de nous aider généreusement.

En un mot, il se découvrit que la vieille duègne, plus avisée que jamais, après consultation des chevaliers et du renégat, avait mis sur pied tout le plan d'évasion. L'aînée des princesses y donna aussitôt son adhésion; et son exemple, comme d'habitude, détermina la conduite de ses sœurs. Il est vrai que la plus jeune hésita, car elle était douce et timide, et un conflit se livrait en son cœur entre ses sentiments filiaux et sa jeune passion; celle-ci l'emporta, comme il fallait s'y attendre, et c'est avec des larmes silencieuses et des soupirs étouffés qu'elle se prépara à s'enfuir.

La colline escarpée sur laquelle l'Alhambra est bâti était autrefois perforée de passages souterrains, creusés dans le roc et qui menaient de la forteresse aux diverses parties de la ville et à de lointaines portes de sortie qui s'ouvraient sur les rives du Darro et du Génil. Ils avaient été pratiqués à des époques différentes par les rois maures pour servir d'issues secrètes lors d'insurrections soudaines, ou pour des motifs privés. Beaucoup de ces passages sont complètement ignorés à l'heure actuelle; quant aux autres, bouchés par les pierres ou murés, ils rappellent les précautions jalouses et les stratagèmes guerriers de la domination maure. C'est par l'un de ces passages que Hussein Baba avait décidé de conduire les princesses à une porte de sortie qui s'ouvrait au-delà des murs de la ville; les chevaliers les y attendaient, avec de rapides coursiers qui devaient amener tout le groupe jusqu'à la frontière.

La fameuse nuit arriva: la tour des princesses avait été verrouillée comme d'habitude et l'Alhambra était plongé dans le sommeil le plus profond. Vers minuit, la prudente Kadiga, postée au balcon qui donnait sur le jardin, entendit Hussein Baba, le renégat, qui lui faisait le signal convenu. La duègne attacha l'extrémité d'une échelle de corde au balcon, la fit choir jusqu'au jardin et descendit la première par ce moyen. Les deux princesses aînées la suivirent, le cœur battant; mais lorsque vint le tour de Zorahayda, celle-ci se mit à hésiter et à trembler. Plus d'une fois elle hassarda son petit pied sur la corde, mais elle le retirait aussitôt, et plus elle hésitait, plus son cœur s'affolait. Elle jetait un regard éploré sur sa chambre tendue de soie. Bien sûr, elle y avait vécu comme un oiseau en cage; mais elle y était en sécurité. Qui pouvait lui dire les dangers qui la guetteraient lorsqu'elle se serait lancée dans le vaste monde! Puis elle songeait à son amoureux chrétien et reposait aussitôt son petit pied sur la corde; mais lorsqu'elle pensait à son père, elle reculait de nouveau. Il serait vain de vouloir peindre avec des mots le conflit qui se livrait dans un cœur si jeune, si tendre, si aimant, si timide et si ignorant du monde.

C'est en vain que ses sœurs l'imploraient, que la duègne la grondait, et que le renégat blasphémait sous son balcon; la douce princesse mauresque hésitait sans fin au bord de la décision, tentée par le plaisir, mais terrifiée par ses périls.

Chaque moment qui passait augmentait les risques. Un pas retentit dans le lointain. «Les patrouilles font la ronde, dit le renégat, si nous tardons encore, c'est notre mort. Princesse, descendez immédiatement; sinon, nous vous abandonnons.»

Zorahayda fut prise d'une émotion considérable; puis, détachant l'échelle et la lançant à terre, dans une résolution désespérée, elle s'écria:

—Voilà qui est décidé. La fuite m'est impossible désormais! Qu'Allah vous guide et vous bénisse, mes sœurs chéries!

Les deux princesses aînées ne pouvaient se résoudre à l'abandonner, et l'auraient encore attendue, mais la patrouille se rapprochait; le renégat était furieux et il les engouffra dans le passage souterrain. Ils tâtonnèrent dans un effrayant labyrinthe, taillé dans le cœur de la montagne, et arrivèrent enfin à une porte de fer qui s'ouvrait hors des murs. Les chevaliers espagnols les y attendaient, déguisés en soldats de la garde, comme ceux que commandait le renégat.

L'amoureux de Zorahayda se livra à un désespoir frénétique, lorsqu'il apprit que celle-ci avait refusé de quitter sa tour; mais ce n'était pas le moment de se lamenter. Les deux princesses furent placées derrière leurs amoureux et la prudente Kadiga derrière le renégat. La compagnie se dirigea à toute allure vers le col de Lope, qui conduit, par la montagne, à Cordoue.

Ils s'étaient à peine mis en route qu'ils entendirent le bruit des tambours et des trompettes qui retentissait des remparts de l'Alhambra.

—On a découvert notre fuite, dit le renégat.

—Nous avons de rapides coursiers, la nuit est noire et nous pouvons devancer toutes les poursuites, répondirent les chevaliers.

Piquant des deux, ils volèrent à travers la *vega*. Ils avaient atteint le pied de la montagne d'Elvira, qui s'avance comme un promontoire dans la plaine, lorsque le renégat s'arrêta pour écouter.

—Ils ne sont pas encore sur nos traces, déclara-t-il. Nous pouvons nous sauver par la montagne.

Tandis qu'il parlait, une flamme s'éleva sur la tour de guet de l'Alhambra.

—Malheur! s'écria le renégat. Ce feu va donner l'alerte à toutes les sentinelles des cols. Allons! Vite! Eperonnez de toutes vos forces... il n'y a pas une minute à perdre.

Ils repartirent, ventre à terre... le galop des chevaux se répercutait de rocher en rocher, tandis qu'ils dévoraient la route qui borde la montagne rocheuse d'Elvira. Tout en chevauchant, ils virent que le feu pâle de l'Alhambra s'était multiplié de toutes parts. Des lumières brillaient maintenant sur toutes les *atalayas* ou tours de guet des montagnes.

—En avant! En avant! criait le renégat, entre deux jurons... Au pont! Au pont, avant que l'alarme n'y soit donnée.

Doublant le promontoire rocheux, ils arrivèrent en vue du fameux *Puente de Pinos*—le Pont aux Pins—qui traverse un impétueux cours d'eau, souvent teint du sang des chrétiens et des musulmans. A leur grande consternation, ils virent que la tour du pont était illuminée et remplie d'hommes d'armes. Le renégat arrêta sa monture, s'éleva sur ses étriers et regarda tout autour de lui; puis faisant signe aux gentilshommes, il s'écarta de la route, longea un moment la rivière et entra dans ses flots. Les chevaliers recommandèrent aux princesses de les tenir bien fort; ce qu'elles firent. Ils furent entraînés assez loin par le courant, les flots mugissaient autour d'eux, mais les belles princesses, agrippées à leurs gentilshommes, ne proférèrent pas une plainte. Les chevaliers parvinrent sains et saufs à l'autre rive; puis le renégat les conduisit, par des sentiers presque impraticables et des *barrancos* sauvages, au cœur même de la montagne, de façon à éviter toutes les voies régulières. En bref, ils finirent par rejoindre l'ancienne ville de Cordoue, où le retour des chevaliers à leur patrie et à leurs amis donna lieu à de grandes réjouissances, car ils appartenaient aux plus nobles familles. Quant aux belles princesses, elles furent aussitôt reçues dans le sein de l'Eglise et après avoir été dûment baptisées devinrent les heureuses épouses de ceux qu'elles aimaient.

Dans notre hâte de tirer nos princesses de la rivière et de leur faire gravir les montagnes, nous avons omis de mentionner le sort de la prudente Kadiga. Elle s'était accrochée comme une chatte à Hussein Baba, tandis qu'ils parcouraient la *vega,* poussant à chaque saut des cris qui provoquaient les pires jurons du renégat; mais lorsqu'il amena son coursier dans la rivière, la terreur de la duègne ne connut pas de bornes. «Ne me serrez pas si fort! criait Hussein Baba; tenez-vous à ma ceinture et ne craignez rien.» Elle obéit au renégat, mais lorsque celui-ci s'arrêta un instant avec les chevaliers pour souffler sur le sommet de la montagne, il n'y avait plus de duègne.

—Qu'est-il arrivé à Kadiga? demandèrent les princesses alarmées.

—Allah seul le sait! répondit le renégat; ma ceinture s'est ouverte au milieu de la rivière et Kadiga a été entraînée dans les flots avec elle. La volonté d'Allah soit faite! Mais c'est dommage... une ceinture brodée de si grande valeur!

Ce n'était pas le moment de se livrer à de vains regrets; mais les princesses pleurèrent amèrement la perte de celle qui les avait toujours si bien conseillées. Cependant l'excellente Kadiga n'avait pas tout à fait terminé son rôle: un pêcheur qui retirait ses filets, un peu en aval, eut la surprise de la ramener à terre. Ce qu'il advint ensuite de la prudente Kadiga, la fable ne le dit pas. On imagine sans peine qu'elle continua à donner des preuves de sa prudence en s'abstenant de se placer sous la griffe de Mohamed le Gaucher.

On n'en sait pas davantage sur la conduite qu'adopta cet astucieux monarque lorsqu'il découvrit la fugue de ses filles et la trahison de la plus fidèle de ses servantes. C'était la seule fois qu'il avait eu recours aux conseils d'autrui. On pense qu'il évita désormais de se rendre coupable d'une telle faiblesse. Il entoura de la plus grande vigilance la seule fille qui lui restait, mais celle-ci n'avait pas de goût pour la fugue. On pense, toutefois, qu'elle se repentait de n'être pas partie avec ses sœurs; on la voyait souvent se pencher aux créneaux de la tour et fixer tristement les montagnes du côté de Cordoue, et parfois son luth accompagnait des complaintes dans lesquelles elle se lamentait de la perte de ses sœurs et de son amoureux ainsi que de sa vie solitaire. Elle mourut jeune, et, selon la rumeur populaire, elle fut enterrée dans une voûte au pied de la tour. Son infortuné destin a fait naître plus d'une fable.

VISITEURS DE L'ALHAMBRA

V OICI bientôt trois mois que je me suis installé à l'Alhambra. En une saison, tout a changé autour de moi. Lors de mon arrivée, c'était la fraîcheur de mai; le feuillage des arbres luisait, tendre et transparent; le grenadier n'avait pas fait éclater ses vives fleurs rouges; les vergers du Génil et du Darro étaient en plein épanouissement; les rochers se couvraient de fleurs sauvages et Grenade semblait baigner dans un océan de roses parmi lesquelles d'innombrables rossignols chantaient jour et nuit.

L'été, en avançant, a flétri la rose et fait taire le rossignol; la campagne alentour est brûlée de soleil... mais une éternelle verdure règne autour de la ville et dans les profondes vallées que dominent les sommets neigeux.

L'Alhambra possède des retraites à l'abri de la chaleur du jour. La plus particulière d'entre elles est l'appartement quasi-souterrain des bains. Bien qu'affecté par les signes touchants de la vétusté, celui-ci conserve toujours son ancien cachet oriental. A l'entrée, qui donne sur une petite cour, autrefois ornée de fleurs, se trouve une salle de dimensions moyennes, mais d'une architecture légère et gracieuse. Une petite galerie soutenue par des colonnes de marbre et des arcs arabes la domine. Une fontaine d'albâtre, au centre du pavement, lance toujours son jet qui rafraîchit ces lieux. De chaque côté se creusent de profondes alcôves, à plateformes élevées, où les musulmans, après leurs ablutions, venaient s'étendre sur des coussins et s'abandonnaient à un repos voluptueux que flattaient la douceur de l'air parfumé et les accents d'une douce musique qu'on jouait sur la galerie. Derrière cette salle, il y a des chambres intérieures, encore plus retirées, où la lumière ne pénètre que par les fines ouvertures des plafonds voûtés. C'était le *sanctum sanctorum* du gynécée, où les beautés du harem goûtaient les délices du bain. Une douce lumière mystérieuse y règne; les vestiges des bains s'y voient toujours dans leur ancienne élégance. L'obscurité et le silence de ces voûtes en font le lieu favori des chauves-souris, qui se nichent le jour dans les fentes et les recoins, et qui, lorsqu'on vient les troubler, volètent mystérieusement dans cet éternel crépuscule dont elles soulignent, de façon indescriptible, la ruine et la désolation.

C'est dans cette retraite, élégante et délabrée, qui a toute la fraîcheur secrète d'une grotte, que j'ai récemment passé les heures les plus suffocantes du jour. Je n'en sortais que le soir, et, la nuit, je me baignais dans le grand bassin du patio principal. C'est ainsi que j'ai pu, dans une certaine mesure, résister à l'influence énervante et amollissante du climat.

Pourtant, je dois dire adieu à mes rêves de domination absolue sur ces lieux. Un matin, j'ai été réveillé par des détonations qui se répercutaient parmi les tours du château, comme si celui-ci avait été attaqué par surprise. Sortant de ma chambre, je vis qu'un vieux noble, avec plusieurs domestiques, avait pris possession de la Salle des Ambassadeurs. C'était un comte, qui avait quitté son palais de Grenade pour respirer pendant quelques jours l'air pur de l'Alhambra et qui, chasseur incorrigible, tirait les hirondelles de son balcon, pour s'aiguiser l'appétit. Divertissement bien innocent, car malgré le feu nourri que l'agilité de ses serviteurs lui permettait de maintenir, je ne puis l'accuser d'avoir tué une seule hirondelle. Je dirais même que les oiseaux paraissaient prendre goût au jeu et narguer la maladresse du chasseur, car ils tournaient en cercles autour des balcons et venaient presque le frôler en gazouillant.

L'arrivée de ce vieux gentilhomme a tout changé, mais sans donner lieu à la moindre querelle. D'un accord tacite, nous nous sommes partagé l'empire de l'Alhambra, comme les derniers rois de Grenade, avec cette différence que notre alliance reste des plus amiables. Lui règne en maître absolu sur la Cour des Lions et les salles contigües, tandis que je conserve la possession pacifique de la région des bains et du petit jardin de Lindaraja. Nous prenons nos repas ensemble sous les arcades du patio dont les fontaines rafraîchissent l'air et où des ruisselets courent dans les canaux de marbre.

Le soir, un cercle familier se forme autour du valeureux gentilhomme. La comtesse arrive de la ville, avec sa fille préférée, qui a près de seize ans; puis vient le personnel officiel du comte, son aumônier, son avocat, son secrétaire, son régisseur, ainsi que les administrateurs de ses vastes biens. Il tient ainsi une sorte de cour domestique, où chacun semble désireux de le distraire sans sacrifier son propre plaisir ni sa dignité. On a beau parler de la fierté espagnole, elle ne se manifeste pas dans la vie sociale ou domestique. Nulle part ailleurs les relations entre parents sont plus cordiales, ou, entre supérieurs et subalternes, plus franches et plus naturelles; à cet égard, la province espagnole garde beaucoup de la simplicité tant vantée d'autrefois.

Je dois dire qu'à mes yeux, tout au moins, le membre le plus intéressant de cette famille était la fille du comte, la charmante petite Carmen. C'était presque encore une enfant. Ses formes n'avaient pas la plénitude de la maturité, mais déjà l'exquise harmonie et toute la grâce flexible qui sont caractéristiques de son pays. Ses yeux bleus, son teint de blonde, ses cheveux clairs, choses rares en Andalousie, donnaient à ses façons une douceur qui contrastait avec le feu des autres beautés espagnoles, mais qui s'accordait avec sa confiance candide. Elle possédait, par ailleurs, tout le talent inné des fascinantes filles de son pays et chantait, dansait, jouait de la guitare et d'autres instruments à ravir.

Quelques jours après s'être installé à l'Alhambra, le comte y célébra dignement sa fête, rassemblant autour de lui les membres de sa famille ainsi que sa domesticité, tandis que plusieurs serviteurs venaient de ses terres lointaines pour le féliciter et prendre part aux réjouissances. Cet esprit patriarcal qui caractérisait la noblesse espagnole, au temps de son opulence, a décliné avec la fortune; mais ceux qui, comme le comte, ont gardé leur vieux patrimoine, maintiennent un peu cet ancien système, et leurs terres sont envahies et presque accaparées par des générations de métayers oisifs. Selon ce vieux système espagnol, dans lequel la fierté nationale et la générosité ont un rôle égal, un vieux serviteur n'est jamais congédié; il reste à la charge du maître jusqu'à ses derniers jours. Plus encore, ses enfants et petits-enfants et jusqu'aux parents et alliés, parfois, s'y ajoutent peu à peu. Les énormes palais de la noblesse espagnole, qui semblent si vainement ostentatoires, lorsque l'on compare leurs dimensions à la médiocrité et à la pauvreté de leur ameublement, s'expliquent ainsi par les mœurs patriarcales de leurs possesseurs, lors de leur prospérité. Ce n'étaient guère que de vastes casernes pour les générations de parasites héréditaires qui s'engraissaient aux dépens du noble espagnol. Le vieux comte, qui a des biens en divers lieux du royaume, m'assure que certains d'entre eux suffisent à peine à nourrir les hordes de mendiants qui s'y sont installés et qui ne veulent pas payer de loyer, parce que leurs aïeux ne l'ont pas fait autrefois.

La fête du comte vint rompre le sommeil habituel de l'Al-

hambra; la musique et les rires résonnèrent dans ses salles hier encore silencieuses; des groupes d'invités s'ébattaient dans les galeries et dans les jardins; on voyait des serviteurs zélés traverser les cours et apporter des provisions à l'ancienne cuisine qui revivait maintenant, avec le va-et-vient des cuisiniers et des marmitons, rougeoyante de flammes dont elle avait perdu l'habitude.

Le festin, car un banquet en Espagne est littéralement un festin, fut disposé dans la belle salle mauresque qui s'appelle *La Sala de las dos Hermanas* —la Salle des deux Sœurs—. La table ployait sous l'abondance des mets et la plus joyeuse animation régnait parmi les convives. Bien que les Espagnols soient sobres, en général, ils savent faire fête aux bonnes choses. Pour ma part, je trouvai un intérêt supplémentaire au fait que ce banquet était donné, dans les salles royales de l'Alhambra, par le descendant d'un de ses plus fameux conquérants; car le vénérable comte, bien que de goûts pacifiques, est l'héritier du «Grand Capitaine», de l'illustre Gonzalve de Cordoue, dont il conserve l'épée dans les archives de son palais de Grenade.

Le banquet terminé, la compagnie passa dans la Salle des Ambassadeurs. Chacun participa à la gaîté générale en faisant valoir tel ou tel talent particulier: le chant, l'improvisation, le récit d'histoires merveilleuses, danses populaires accompagnées de cet indispensable talisman du plaisir qu'est la guitare en Espagne.

Mais la plus charmante figure de la soirée fut la petite Carmen. Elle joua avec des amies deux ou trois scènes tirées de comédies espagnoles, où elle fit preuve d'un charmant talent de comédienne; elle nous donna des imitations de chanteurs italiens avec un rare bonheur et une voix délicieuse; elle imita l'accent, les danses et les chansons des gitans et des paysans de la *vega*—et tout cela avec une aisance, une justesse, une grâce et beauté irrésistibles, absolument fascinantes.

L'agrément de tous ces petits «sketchs» venait aussi de ce qu'elle les faisait sans prétention, sans ambition ni pose. Elle ne semblait pas se rendre compte de l'étendue de ses dons, et d'ailleurs elle ne les exerçait qu'impromptu, comme une enfant, pour amuser la galerie. Il faut croire que son coup d'œil devait être rapide, car elle avait passé sa vie au sein de sa famille et n'avait pu avoir que des occasions rares et furtives d'observer les scènes et les caractères qu'elle nous imitait avec tant de vivacité. Il était agréable de voir l'affection et l'admiration avec lesquelles tout le monde la traitait: tous l'appelaient, même les domestiques, *la niña,* la petite, et ce terme, ainsi appliqué, a quelque chose d'aimant et de tendre dans la langue espagnole.

Je ne songerai jamais à l'Alhambra sans me souvenir de la ravissante Carmen folâtrant, jeune et innocente, dans les cours de marbre, dansant au rythme de castagnettes mauresques ou mêlant le gazouillis argentin de sa voix à la musique des fontaines.

A l'occasion de cette fête, plusieurs légendes, amusantes ou curieuses, furent contées, dont la plupart m'ont échappé; mais avec celles que ma mémoire a conservées je vais m'efforcer d'en composer une pour divertir mon lecteur.

LEGENDE DU PRINCE AHMED AL KAMEL

OU

LE PELERIN D'AMOUR

I L régnait autrefois à Grenade un roi maure, qui n'avait qu'un fils, Ahmed, surnommé par ses courtisans *al Kamel,* ou le Parfait, d'après les signes indubitables d'excellence qu'ils perçurent en lui dès sa plus tendre enfance. Les astrologues confirmèrent leur pronostic, en lui prédisant toutes les qualités nécessaires pour faire un prince parfait et un souverain prospère. Il n'y avait qu'un nuage au tableau, et encore n'était-ce qu'un nuage rose: le jeune homme serait d'un tempérament amoureux et risquerait de grands dangers pour sa tendre passion. Toutefois, si l'on pouvait le tenir à l'écart des séductions de l'amour jusqu'à l'âge mûr, ces dangers seraient conjurés et sa vie ne consisterait qu'en une suite ininterrompue de bonheurs.

Pour prévenir tout danger de ce genre, le roi décida sagement d'élever le prince dans un lieu solitaire où il ne verrait jamais de visage de femme et n'entendrait même jamais le nom d'amour. A cette fin, il bâtit un magnifique palais au sommet de la colline qui domine l'Alhambra, au milieu de jardins délicieux, mais entouré de hautes murailles—celui-là même qu'on connaît, de nos jours, sous le nom de Généralife. Enfermé dans ce palais, le jeune prince fut confié à la garde d'un maître,

Eben Bonabben, un des sages arabes les plus sévères, qui avait passé la plus grande partie de sa vie en Egypte à étudier les hiéroglyphes et à faire des recherches parmi les tombes et les pyramides et qui trouvait plus de charme à une momie égyptienne qu'à la plus tentatrice des beautés vivantes. Le sage avait pour mission d'instruire le prince en toutes sortes de connaissances, sauf une—il fallait que celui-ci restât totalement ignorant des choses de l'amour. «Use pour cela de toutes les précautions qui te paraîtront nécessaires, lui dit le roi, mais souviens-t'en, ô Eben Bonabben, si mon fils apprend quoi que ce soit de ce savoir défendu, tant qu'il est sous ton autorité, ta tête m'en répondra.» Un sourire débile se dessina sur la face parcheminée du sage Bonabben à cette menace. «Que le cœur de votre Majesté, lui dit-il, soit aussi rassuré à propos de votre fils que je le suis moi-même à propos de ma tête. Y a-t-il quelque vraisemblance que je lui donne des leçons sur cette vaine passion?»

Le prince grandit donc sous la vigilance attentive du philosophe, dans la retraite du palais et de ses jardins. Il avait, pour le servir, des esclaves noirs, affreux et muets pas dessus le marché, qui n'avaient aucune connaissance de l'amour ou tout au moins qui étaient incapables de la communiquer avec des mots. Eben Bonabben était particulièrement chargé de son instruction. Il avait cherché à l'initier au savoir mystérieux de l'Egypte; mais, dans ce domaine, le prince ne fit que peu de progrès, et il fut bientôt évident qu'il n'avait pas la tête philosophique.

Il était cependant merveilleusement docile pour un jeune prince, toujours prêt à suivre tous les conseils qu'on lui donnait et toujours déterminé par le dernier reçu. Il réprima de son mieux ses baillements et écouta avec patience les longs et doctes discours d'Eben Bonabben qui lui donnèrent un vernis de la plupart des connaissances. C'est ainsi qu'il atteignit sa vingtième année, étonnamment sage et totalement ignorant en amour.

A cette époque, un changement s'opéra dans la conduite du prince. Il abandonna complètement ses études, se mit à errer dans les jardins et à rêver auprès des fontaines. Il avait appris, entre autres choses, un peu de musique; il y consacrait maintenant le plus clair de ses jours en même temps qu'il se mettait à montrer du goût pour la poésie. Le sage Eben Bonabben en fut alarmé; il essaya d'enrayer ce danger par de sévères leçons d'algèbre, mais le prince s'en détourna avec dégoût.

—Je ne peux pas souffrir l'algèbre, dit-il. J'en ai horreur. Il me faut quelque chose qui parle davantage au cœur.

A ces mots, le sage Eben Bonabben secoua sa tête chenue.

—Voici la fin de la philosophie, se dit-il. Le prince a découvert qu'il a un cœur!

Il redoubla d'attention et vit que la tendresse latente chez son élève s'éveillait et ne cherchait qu'un objet à quoi s'attacher. Le jeune homme s'attardait dans les jardins du Généralife, dans une étrange exaltation dont il ne savait pas la cause. Parfois il restait plongé dans une délicieuse rêverie; alors il saississait son luth et en tirait les accents les plus touchants; puis, l'écartant de lui, il éclatait en plaintes et en soupirs.

Peu à peu cette prédisposition amoureuse s'étendit aux objets inanimés; le prince avait ses fleurs préférées qu'il surveillait avec la plus tendre assiduité; puis il s'attacha à divers arbres; il y en avait un, en particulier, dont la forme gracieuse et le feuillage tombant avaient accaparé toute sa tendresse: il avait gravé son nom sur son écorce, il accrochait des guirlandes à ses branches et lui chantait des éloges qu'il accompagnait de son luth.

Le sage Eben Bonabben s'inquiéta de cette exaltation. Il voyait son élève au bord du savoir défendu—le moindre indice pouvait lui révéler le secret fatal. Tremblant pour la sécurité du prince et pour sa tête, il se hâta d'arracher le jeune homme aux séductions du jardin et de l'enfermer à la plus haute tour du Généralife. L'appartement était splendide et dominait un panorama infini; on y était bien au-dessus de l'atmosphère amollissante des bosquets, si dangereuse pour le jeune Ahmed trop inflammable.

Mais que fallait-il faire pour le réconcilier avec une telle contrainte et tromper les interminables heures de solitude? Le sage avait déjà épuisé les ressources les plus agréables de ses connaissances; et il n'était plus question d'algèbre. Heureusement, Eben Bonabben, lorqu'il était en Egypte, avait appris le langage des oiseaux d'un rabbin qui le tenait directement de Salomon le Sage, lequel à son tour en avait été instruit par la Reine de Saba. A la seule mention de cette étude, les yeux du prince étincelèrent d'animation; il s'y appliqua avec tant d'ardeur que bientôt il fut, sur ce point, aussi fort que son maître.

La tour du Généralife n'était plus pour lui un lieu solitaire, car il avait, à portée de la main, des compagnons avec lesquels il pouvait s'entretenir. La première connaissance qu'il fit fut celle d'un faucon qui avait bâti son nid dans une crevasse de la haute muraille, d'où il s'élançait en quête d'une proie. Mais le prince n'eut guère d'estime pour lui. Ce n'était qu'un pirate de l'air, fanfaron et vantard, qui ne parlait que de rapines, de carnages et d'exploits sanglants.

Après quoi, il connut un hibou aux airs de philosophe avec sa tête énorme et ses yeux ronds, qui restait tout le jour à clignoter dans son trou, et n'en sortait que la nuit. Il avait de grandes prétentions de savoir, évoquait à tout propos l'astrologie et la lune et se piquait d'occultisme; mais c'est la métaphysique qui l'occupait surtout et le prince finit par trouver ses dissertations encore plus ennuyeuses que celles du sage Eben Bonabben.

Puis il y eut une chauve-souris qui restait tout le jour pendue par les pattes dans un recoin de la voûte et s'esquivait furtivement à la tombée de la nuit. Elle n'avait, pour sa part, que des idées crépusculaires sur toutes choses, se moquait de ce qu'elle ne connaissait qu'imparfaitement et semblait ne se plaire à rien.

Vint ensuite une hirondelle, pour qui le prince se prit d'abord d'amitié. Langue agile, mais vive, remuante, toujours prête à s'envoler; restant rarement sur place assez longtemps pour permettre une conversation suivie. Le prince s'aperçut bientôt qu'elle ne faisait qu'effleurer la surface des choses, et qu'elle ne savait rien à fond, quoiqu'elle prétendît tout connaître.

Ce furent les seuls compagnons ailés avec lesquels le prince eut l'occasion d'exercer son savoir fraîchement acquis; la tour était trop haute pour que d'autres oiseaux pussent la fréquenter. Il se lassa bientôt de ses nouvelles connaissances dont la conversation intéressait si peu l'esprit et pas du tout le cœur; et peu à peu il se renferma dans sa solitude. L'hiver passa... le printemps déploya ses fleurs, sa verdure, sa vivante beauté et l'heureux temps vint pour les oiseaux de s'apparier et de bâtir leurs nids. Brusquement, des bosquets et des jardins du Généralife une explosion universelle de chants et de mélodies éclata et parvint au prince dans la solitude de sa tour. Partout il entendait le même thème universel: «Amour... amour... amour», clamé et renvoyé sur tous les tons. Le prince écoutait silencieux et perplexe: «Que peut bien être cet amour, se disait-il, dont le monde semble tout plein et dont je ne sais rien?» Il s'en enquit auprès de son ami le faucon. Le forban lui répondit d'un ton méprisant: «Adresse-toi plutôt aux paisibles oiseaux d'en bas, qui sont faits pour servir de proie aux princes des airs. La guerre est ma besogne; la bataille, mes délices. En un mot, je suis un guerrier et ne sais rien de cette chose qu'on appelle l'amour.»

Le prince se détourna de lui avec dégoût et alla consulter le hibou dans sa retraite. «Voilà, se disait-il, un oiseau de goûts pacifiques; il saura me répondre.» Il demanda donc au hibou de lui dire ce qu'était cet amour dont tous les oiseaux des bosquets chantaient la louange.

Le hibou prit un air de dignité offensée: «Je consacre mes nuits, lui répondit-il, à l'étude et à la recherche. Quant à mes jours, je les passe à ruminer dans ma cellule tout ce que je sais déjà. Les oiseaux chanteurs dont tu me parles, je ne les écoute jamais... je les méprise, eux et leurs chansons frivoles. Allah soit loué! Je ne sais pas chanter; je suis un philosophe et ne sais rien de cette chose qu'on appelle l'amour.»

Le prince se dirigea vers la voûte où son amie la chauve-souris était pendue par les pattes et il lui posa la même question. La chauve-souris fronça le nez, fort contrariée: «Pourquoi viens-tu troubler mon repos du matin avec d'aussi vaines paroles? fit-elle, de mauvaise humeur. Moi, je ne vole qu'au crépuscule, lorsque tous les oiseaux dorment, et je ne me soucie guère de leurs affaires. Je ne suis ni oiseau ni bête, grâce au ciel. J'ai découvert le peu qu'ils valent, les uns et les autres, et je les déteste tous tant qu'ils sont. En un mot, je suis un misanthrope—et je ne sais rien de cette chose qu'on appelle l'amour.»

En dernière ressource, le prince s'adressa à l'hirondelle. Il l'arrêta tandis qu'elle tournoyait au-dessus de la tour. L'hirondelle, comme à l'accoutumée, était si pressée qu'elle eut à peine le temps de lui répondre. «Crois-moi, lui dit-elle, j'ai tant de charges publiques et tant d'occupations personnelles que je n'ai pas une minute à consacrer à cette question. Tous les jours j'ai mille visites à rendre, mille affaires importantes à examiner qui ne me laissent pas un seul moment de loisir pour ces bagatelles. Pour tout dire, je suis citoyenne du monde—et je ne sais rien de cette chose qui s'appelle l'amour.»

La curiosité déçue du prince ne fit que redoubler. Il était dans cet état d'esprit lorsque son vieux précepteur entra dans la tour. Le prince s'avança vivement vers lui.

—O sage Eben Bonabben, s'écria-t-il, tu m'as révélé beaucoup de sciences; mais il y a une chose dont je demeure parfaitement ignorant et que j'aimerais bien connaître.

—Mon prince n'a qu'à ouvrir la bouche et toutes les faibles connaissances que possède son serviteur seront mises à sa disposition.

—Dis-moi alors, ô le plus profond des sages, quelle est la nature de cette chose qu'on appelle l'amour.

A ces mots, le sage Eben Bonabben parut frappé de la foudre. Il trembla, pâlit et sentit que sa tête ne tenait plus très fort sur ses épaules.

—Qui a donc pu suggérer à mon prince une telle question? Où donc a-t-il appris un mot aussi vain?

Le prince le mena à la fenêtre de la tour.

—Ecoute, ô Eben Bonabben, dit-il.

Et le sage écouta. Dans un buisson au pied de la tour, le rossignol chantait à la rose qu'il aimait; de tous les ramages en fleur des bosquets s'élevait un hymne mélodieux qui répétait invariablement les louanges de l'amour.

—*Allah Akbar!* Dieu est grand! s'exclama le sage Bonabben. Qui prétendra cacher ce secret au cœur de l'homme, quand les oiseaux même conspirent à le trahir?

Puis, se tournant vers Ahmed, il lui tint ce discours:

—O mon prince, ferme les oreilles à ces chants séducteurs. Ferme ton esprit à cette dangereuse science. Sache que cet amour cause la moitié des maux qui affligent la pauvre humanité. C'est lui qui engendre l'amertume et l'hostilité entre frères et amis; c'est lui qui fomente les trahisons, les crimes et les guerres. Les soucis et les peines, les jours d'angoisse et les nuits blanches forment son cortège. C'est lui qui flétrit et assombrit la joie de la jeunesse; c'est lui qui attire les maux et les douleurs de la vieillesse prématurée. Qu'Allah te conserve, mon prince, dans l'ignorance complète de cette chose qu'on appelle l'amour!

Le sage Eben Bonabben se retira en hâte, laissant le prince plus perplexe que jamais. C'est en vain qu'il essaya de chasser cette pensée de son esprit; elle dominait en lui toutes les autres... Il s'épuisait en vaines conjectures. «Sûrement, se disait-il, en écoutant les mélodieux refrains des oiseaux, il n'y a pas de chagrin dans ces notes; elles ne sont que joie et tendresse! Si l'amour est vraiment la cause de tant de misères et de querelles, pourquoi ces oiselets ne dépérissent-ils pas dans la solitude ou ne se déchirent-ils pas les uns les autres au lieu de voltiger joyeusement parmi les branches et de se poursuivre amoureusement au milieu des fleurs?»

Un matin, il était étendu sur sa couche, à méditer sur cette inexplicable énigme. La fenêtre de sa chambre, ouverte, laissait entrer la douce brise du matin qui lui parvenait, chargée du parfum des orangers de la vallée. La voix d'un rossignol lointain chantait le thème éternel. Comme le prince l'écoutait en soupirant, un violent bruit d'ailes se fit brusquement dans les airs et une jolie colombe, poursuivie par un faucon, se précipita dans la chambre et s'abattit haletante sur le sol, tandis que le chasseur déçu s'enfuyait vers les montagnes.

Le prince recueillit le pauvre oiseau essoufflé, lui lissa les plumes et le serra sur son cœur. Lorsqu'il l'eut tranquillisé à force de caresses, il le mit dans une cage d'or et lui offrit, de ses mains, le froment le plus blanc et l'eau la plus pure. Mais l'oiseau, refusant toute nourriture, languissait et gémissait.

—Qu'as-tu, lui demanda Ahmed. N'as-tu pas tout ce que ton cœur désire?

—Hélas, non! lui répondit la colombe. Ne suis-je pas séparée de l'ami de mon cœur... au plus beau moment de l'année... à la saison des amours?

—Encore l'amour, dit Ahmed. Je t'en prie, ma jolie colombe, peux-tu me dire ce que c'est que l'amour?

—Trop bien, hélas, mon prince. Pour un, c'est le tourment; pour deux, le bonheur; pour trois, la discorde. C'est un charme qui attire deux êtres l'un vers l'autre et les unit par les plus délicieuses correspondances, heureux tant qu'ils sont ensemble; misérables, lorsqu'ils ne le sont plus. N'y a-t-il personne à qui tu ne sois uni par ces tendres liens?

—J'aime bien mon vieux maître Eben Bonabben plus qu'un autre; mais souvent il m'ennuie et il m'arrive d'être plus heureux lorsqu'il n'est pas là.

—Ce n'est point la sympathie dont je parle. Je parle de l'amour, du grand mystère et principe de vie; la griserie capiteuse de la jeunesse, les sereines délices de l'âge mûr. Regarde, ô prince, et admire comme, en cette saison bénie, toute la nature est pleine de joie. Toute créature a sa compagne; le moindre oiseau a son oiselle; le scarabée dans la poussière courtise sa dame et ces papillons que tu vois voleter au-dessus de la tour et jouer dans la lumière sont heureux d'être aimés. Hélas, mon prince, tu as donc perdu tant de jours précieux —les plus beaux de la vie—sans rien savoir de l'amour? N'y a-t-il vraiment aucune personne—belle princesse, jolie demoiselle—qui n'ait captivé ton cœur et empli ta poitrine d'un délicieux tumulte, fait de douces peines et de tendres désirs?

—Je commence à comprendre, dit le prince en soupirant. Le tumulte dont tu parles, je l'ai éprouvé plus d'une fois, mais sans en connaître la cause... comment trouverais-je, d'ailleurs,

187

un objet, tel que tu me le décris, dans cette effroyable solitude?

La conversation se prolongeant, le prince fut complètement éclairé sur la question.

—Hélas, dit-il, si l'amour est un tel délice et l'absence une telle misère, Allah me garde de détruire le bonheur de ceux qui s'aiment!

Il ouvrit la cage, en tira la colombe, et l'ayant couverte de baisers, il l'amena à la fenêtre.

—Envole-toi donc, heureux oiseau, et réjouis-toi, avec le compagnon de ton cœur, de ce printemps et des jours de ta jeunesse. Pourquoi t'enfermerais-je avec moi dans cette affreuse tour, où l'amour ne peut jamais entrer?

La colombe ravie battit des ailes, et s'élança comme une flèche vers les vergers en fleurs du Darro.

Le prince la suivit longtemps des yeux, puis s'abandonna à d'amères réflexions. Le chant des oiseaux qui jusqu'ici l'avaient charmé ajoutait maintenant à sa tristesse. L'amour, l'amour, l'amour... Hélas, le pauvre jeune homme comprenait maintenant ce mot.

Ses yeux étincelèrent lorsque le sage Bonabben se représenta à sa vue. «Pourquoi m'as-tu maintenu dans cette sordide ignorance? explosa-t-il. Pourquoi m'a-t-on caché jusqu'à ce jour ce grand mystère et principe de vie où je vois la moindre bestiole si instruite? Vois, toute la nature éclate de joie. Toute créature se réjouit d'avoir sa compagne. C'est cela, l'amour sur quoi je voulais être éclairé. Pourquoi moi seul serais-je privé de ces délices? Pourquoi ai-je perdu tant de jours de ma jeunesse sans rien connaître de ses plaisirs?»

Le sage Bonabben vit alors qu'il était inutile d'observer la même réserve, car le prince avait acquis le dangereux savoir défendu. Il lui révéla donc les prédictions des astrologues et les précautions qui avaient été prises dans son éducation pour lui éviter les maux qui le menaçaient. «Et maintenant, mon prince, conclut-il, ma vie est entre vos mains. Que le roi sache seulement que vous avez appris ce que c'est que l'amour, tandis que je vous gardais, et ma tête en répondra.»

Le jeune prince était aussi raisonnable qu'on peut l'être à son âge et il écouta docilement les remontrances de son précepteur, puisque rien ne plaidait contre elles. D'autre part, il était sincèrement attaché au sage Bonabben et, comme il n'avait jusqu'à présent qu'une connaissance théorique de l'amour, il consentit à la garder dans son cœur plutôt que d'exposer la tête du philosophe au péril qui la menaçait.

Mais il était dit que sa discrétion serait soumise à rude épreuve. Quelques jours plus tard, comme il méditait tristement sur la terrasse de sa tour, la colombe qu'il avait délivrée vint se poser sans crainte sur son épaule.

Le prince la pressa contre son cœur et lui dit:

—Heureux oiseau! tu peux voler avec les ailes du matin jusqu'au bout du monde. Où as-tu été, depuis que tu m'as quitté?

—Dans un pays lointain, mon prince, d'où je te rapporte des nouvelles, en récompense de la liberté que tu m'as donnée. Dans le vaste circuit de mon vol, qui embrasse plaines et montagnes, un jour que je prenais mon essor dans les airs, j'aperçus au-dessous de moi un jardin délicieux plein de fruits et de fleurs de toutes sortes. Il se trouvait au bord d'un cours d'eau sinueux, près d'une verte prairie. Au centre du jardin, se dessinait un palais impossant. Lasse de voler, je descendis me poser sur l'une de ses tonnelles. Sur la berge de la rivière, au-dessous de moi, je vis une jeune princesse dans tout l'éclat de son âge. Elle était entourée de servantes, jeunes comme elle, et qui la paraient de guirlandes et de couronnes de fleurs; mais nulle fleur des champs ou des jardins ne se pouvait comparer à sa beauté. C'est là qu'elle fleurissait en secret, car le jardin était entouré de hautes murailles et nul mortel ne pouvait y pénétrer. Lorsque je vis cette belle enfant, si jeune, si innocente, si préservée du contact du monde, je me dis: voilà l'être que le Ciel a formé pour inspirer l'amour à mon prince.

Ce portrait fit l'effet d'une étincelle sur le cœur inflammable d'Ahmed; toute la réserve d'amour qu'il contenait en lui venait, à l'instant, de se cristalliser sur un objet. Il conçut une passion sans bornes pour la princesse. Il lui écrivit une lettre, dans le style le plus passionné, où il lui avouait sa ferveur, mais il s'y plaignait de sa triste captivité qui l'empêchait d'aller se jeter à ses pieds. Il y ajouta des poèmes de l'éloquence la plus tendre et la plus émouvante; car il était naturellement poète et inspiré par l'amour. Il adressa sa lettre «à la beauté inconnue, de la part du prince captif, Ahmed»; puis après l'avoir parfumée de musc et de roses, il la remit à la colombe.

—Envole-toi, dit-il, ô la plus fidèle des messagères. Elance-toi par dessus les plaines et les montagnes, les vallées et les rivières; ne te repose ni sur l'herbe ni sur la branche tant que tu n'auras pas donné cette lettre à la maîtresse de mon cœur.

La colombe s'eleva très haut dans les airs, s'orienta, puis fila comme une flèche. Le prince la suivit des yeux jusqu'à ce qu'elle ne fût plus qu'un point contre un nuage et qu'elle eût disparu derrière la montagne.

Jour après jour, il attendit le retour de la messagère d'amour, mais en vain. Un soir, vers le coucher du soleil, il allait presque l'accuser d'ingratitude, lorsqu'elle pénétra dans sa chambre et s'abattit, morte, à ses pieds. La flèche d'un cruel archer lui avait percé la poitrine, mais elle avait lutté, avec le peu de vie qui lui restait, pour accomplir sa mission. Comme le prince désolé se penchait sur la douce martyre de la fidélité, il aperçut à son cou un collier de perles auquel était attaché un médaillon d'émail qu'il aperçut sous son aile. Le médaillon représentait une délicieuse princesse dans la fleur de l'âge. C'était sans doute la beauté inconnue du jardin; mais qui—et où—était-elle? Comment avait-elle accueilli sa lettre? Et l'image signifiait-elle qu'elle approuvait sa passion? Hélas, la mort de la fidèle colombe laissait tout dans le mystère.

Le prince fixa l'image... ses yeux se mouillèrent de larmes... Il la pressa contre ses lèvres et contre son cœur: il resta des heures entières à la contempler, chaviré de tendresse. «O belle image, disait-il, hélas, tu n'es qu'une image! Pourtant tes yeux brillants se posent tendrement sur moi; tes lèvres roses semblent m'encourager; vaines imaginations! N'as-tu pas regardé de la même façon un rival plus heureux, peut-être? Qui sait quelles montagnes, quels royaumes nous séparent... quelles volontés contraires... En ce moment, peut-être, une foule d'amoureux l'entoure, tandis que moi je suis là, dans cette tour, à perdre mon temps dans l'adoration d'une simple image!»

Et aussitôt une résolution se forma en lui: «Je m'enfuirai de ce palais, qui n'est plus pour moi qu'une odieuse prison, dit-il. Pélerin d'amour, je m'en irai par le monde en quête de ma princesse.» S'évader de jour, alors que tout le monde était éveillé, pourrait se révéler difficile; mais, la nuit, le palais n'était que très peu gardé, car personne ne soupçonnait pareille tentative de la part d'un prince qui avait supporté aussi passivement sa captivité. Mais comment se guiderait-il, ensuite, dans sa fuite nocturne, alors qu'il ne connaissait pas le pays? Il se souvint alors du hibou qui avait l'habitude d'errer la nuit et devait connaître les sentiers et les cols les plus secrets. Il alla donc le trouver dans son ermitage et le questionna. Le hibou prit l'air important.

—Tu dois savoir, ô Prince, que nous autres hiboux nous appartenons à une famille très ancienne et très vaste, un peu ruinée, il est vrai, qui possède des châteaux et des palais délabrés dans toute l'Espagne. Il y a à peine une tour dans les montagnes, une forteresse dans les plaines ou encore une vieille citadelle qui n'abritent quelque frère, oncle ou cousin-hibou; et au cours de mes visites à ma nombreuse parenté, j'ai eu l'occasion de me familiariser avec les moindres coins et recoins, avec tous les secrets du pays.

Le prince fut transporté de voir le hibou si profondément versé en topographie et lui fit confidence de sa tendre passion. Il projetait, lui dit-il, de s'évader et le priait instamment d'être son compagnon et son conseiller.

—Allons, allons, dit le hibou, fâché. Suis-je oiseau à m'engager dans une aventure galante? Moi, qui consacre tout mon temps à la méditation et au culte de la lune?

—Ne sois pas offensé, ô le plus solennel des hiboux, lui répondit le prince. Cesse donc un instant de méditer sur la lune, aide-moi dans ma fuite et tu auras ce que ton cœur peut désirer.

—Je l'ai déjà, dit le hibou. Quelques souris suffisent à ma table frugale et ce trou dans le mur est assez spacieux pour mes études; que peut désirer de plus un philosophe comme moi?

—Songes-y: à moisir dans ta cellule et à méditer sur la lune, tu prives le monde de tes talents. Un jour, je serai roi et je pourrai te nommer à une haute dignité.

Le hibou, bien que philosophe et au-dessus des vulgaires besoins de la vie, n'en était pas pour autant insensible à l'ambition. Il finit donc par accepter de s'enfuir avec le prince et à lui servir de guide et de mentor dans son pélerinage.

Les plans des amoureux s'exécutent promptement. Le prince rassembla ses bijoux, qu'il cacha sous ses habits (ils serviraient à couvrir les dépenses du voyage) et cette nuit même, il descendit de sa tour au moyen d'une écharpe, escalada le mur

192

extérieur du Généralife, et guidé par le hibou, parvint à gagner les montagnes avant le jour.

Il consulta alors son mentor sur le chemin à prendre.

—Si je puis me permettre de te conseiller, lui dit le hibou, je te recommanderai de joindre Séville. Comme tu dois le savoir, j'ai rendu visite, il y a quelques années, à un de mes oncles, hibou de grande dignité, qui vivait dans une aile en ruines de l'Alcazar de cette ville. Durant mes courses de nuit au-dessus de Séville, je remarquai à plusieurs reprises une lumière qui brillait dans une tour solitaire. Finalement, je me posai sus ses créneaux et je constatai que c'était la lampe d'un magicien arabe: il était entouré de livres magiques et, sur son épaule, était perché un corbeau qui était venu avec lui d'Egypte. Je me familiarisai avec ce corbeau et je lui dois une grande part du savoir que je possède. Le magicien est mort, à l'heure actuelle, mais le corbeau hante toujours la tour, car ces oiseaux ont une vie d'une longueur étonnante. Je voudrais te recommander d'aller voir le corbeau, car il est devin et magicien, et pratique l'occultisme pour lequel les corbeaux, et surtout ceux d'Egypte, sont célèbres.

Le prince, frappé par la pertinence de cet avis, dirigea sa course vers Séville. Il ne voyageait que de nuit pour obliger son compagnon, et se reposait le jour dans quelque grotte sombre ou quelque tour de guet croulante, car le hibou connaissait toutes les cachettes et avait pour les ruines un goût d'archéologue.

Finalement, un matin à l'aube, ils parvinrent à Séville; mais le hibou, qui avait en horreur l'éclat du jour et la cohue des rues, s'arrêta à la porte de la ville et se logea dans le creux d'un arbre.

Le prince franchit la porte et trouva rapidement la tour magique qui s'élevait au-dessus des maisons de la ville comme un palmier au-dessus des buissons du désert: c'était la tour qui se dresse encore à ce jour et que l'on appelle la Giralda... la merveille de Séville.

Le prince monta par un escalier en colimaçon jusqu'au sommet de la tour, où il trouva le corbeau cabalistique; c'était un très vieil oiseau, mystérieux avec sa tête grise, son plumage déchiqueté et une taie sur un œil qui lui donnait une fixité spectrale. Il était perché sur une patte, la tête tournée de côté, tout occupé à examiner de son œil sain un diagramme inscrit sur les dalles.

Le prince s'approcha de lui avec tout le respect qu'inspiraient son apparence vénérable et son savoir surnaturel.

—Pardonne-moi, ô le plus ancien et le plus sage des corbeaux, fit-il, si j'interromps un instant tes études qui font l'admiration du monde. Tu as devant toi un dévot de l'amour, qui brûle d'avoir ton conseil afin de posséder l'objet de sa passion.

—Autrement dit, répondit l'autre, avec un regard significatif, tu viens ici consulter mon art de chiromancien. Viens donc, montre-moi ta main et je déchiffrerai les mystérieuses lignes de ton destin.

—Pardonne-moi, lui dit le prince. Je ne viens pas ici pour découvrir les décrets du destin, qui sont cachés par Allah aux yeux des mortels; je suis un pélerin d'amour et je voudrais seulement qu'on me mette sur la piste de l'objet de mon pélerinage.

—Et tu es embarrassé pour trouver un objet dans l'amoureuse Andalousie? demanda le corbeau, en décochant au prince une œillade moqueuse, alors que tu es dans la folle Séville où des filles brunes dansent la *zambra* sous les orangers?

Le prince rougit. Il était quelque peu choqué d'entendre tenir des propos aussi osés à un vieil oiseau qui avait déjà une patte dans la tombe.

194

—Crois-moi, lui dit-il gravement. Ma quête n'est pas aussi frivole que tu l'insinues. Les filles brunes d'Andalousie qui dansent sous les orangers ne comptent pas pour moi. Je cherche la beauté inconnue et sans pareille qui est l'original de cette image; et je te supplie, ô le plus savant des corbeaux, s'il est en ton pouvoir de me l'apprendre, de m'indiquer où elle se trouve.

Le corbeau à tête grise fut vexé par cette réponse.

—Que sais-je, dit-il au prince, de la jeunesse et de la beauté? Ce que je fréquente, c'est la vieillesse ridée et non la fraîche jeunesse. Je suis le messager du destin qui croasse des nouvelles de mort du haut des cheminées et tape de l'aile à la vitre du malade. Cherche ailleurs des nouvelles de ta beauté inconnue.

—Et où la chercherais-je si ce n'est parmi les fils du savoir, qui lisent le livre de la destinée? Je suis un prince de sang royal, lancé dans une mystérieuse entreprise et de qui dépendent peut-être des empires.

Quand le corbeau eut compris qu'il s'agissait d'une affaire importante, à quoi s'intéressaient les étoiles, il changea de ton et de façons et se mit à écouter l'histoire du prince avec la plus grande attention. Après quoi, il lui répondit:

—En ce qui concerne la princesse, je ne suis pas à même de te donner des renseignements, car je ne dirige jamais ma course vers les jardins et les dames; mais hâte-toi de gagner Cordoue, cherches-y le palmier du grand Abderahman, qui s'élève dans la cour de la fameuse mosquée. Au pied de cet arbre, tu trouveras un grand voyageur qui a visité tous les pays, toutes les cours et qui a été le favori de reines et de princesses. Il te donnera des nouvelles de l'objet de ta recherche.

—Grand merci pour ce précieux renseignement, lui répondit le prince. Adieu donc, vénérable magicien.

—Adieu, pélerin d'amour, lui répliqua sèchement le corbeau qui se replongea dans son diagramme.

Le prince sortit de Séville, trouva son compagnon le hibou sommeillant au creux d'un arbre et se mit en route avec lui vers Cordoue.

Aux abords de la ville, ils longèrent des jardins, des plantations d'orangers et de citronniers qui dominaient la belle vallée du Guadalquivir. Lorsqu'ils arrivèrent aux portes de la ville, le hibou s'envola vers une profonde cavité creusée dans un mur et le prince s'en fut chercher le palmier qu'avait planté autrefois Abderahman le Grand. Il se dressait au milieu de la grande cour de la mosquée, dominant de très haut les orangers et les cyprès. Des derviches et des faquirs étaient assis en groupe autour du cloître et beaucoup de fidèles faisaient leurs ablutions rituelles avant d'entrer dans la mosquée.

Au pied du palmier, une foule s'était rassemblée pour écouter quelqu'un qui devait être d'une faconde peu commune. «Ce doit être, se dit le prince, ce doit être le grand voyageur qui me donnera des nouvelles de ma princesse.» Il se mêla aux badauds, mais quelle ne fut pas sa stupéfaction lorsqu'il s'aperçut qu'ils écoutaient un perroquet dont le brillant costume vert, l'œil pragmatique et le toupet hautain annonçaient qu'il était fort satisfait de lui-même.

—Comment est-ce possible, dit le prince à l'un de ses voisins, que l'on prenne plaisir au bavardage d'un perroquet?

—Vous ne savez pas de quoi vous parlez, lui répondit l'autre. Ce perroquet est le descendant du fameux perroquet de Perse, célèbre pour son talent de conteur. Il a sur le bout de la langue tout le savoir de l'orient et peut vous citer de la poésie aussi vite qu'il parle. Il a visité diverses cours étrangères où il a été considéré comme un oracle d'érudition. Partout, il a été le favori du beau sexe qui admire particulièrement les perroquets érudits qui savent citer de la poésie.

—Merci, lui répondit le prince. Je vais demander un entretien privé à ce distingué voyageur.

L'ayant obtenu, il expliqua la nature de sa quête. A peine l'avait-il formulée que l'oiseau éclata d'un tel rire qu'il en eut les larmes aux yeux.

—Excuse mon hilarité, fit-il, mais le seul mot d'amour me fait perdre mon sérieux.

Le prince stupéfait ne put que balbutier:

—Mais... l'amour n'est-il pas le grand mystère de la nature, le principe secret de la vie, le lien de sympathie universel?

—Sornettes que tout cela, s'écria le perroquet, l'interrompant. Où donc as-tu appris de pareilles niaiseries? Crois-moi, l'amour est démodé; les beaux esprits et les gens raffinés n'en parlent plus.

Le prince soupira, tandis qu'il se souvenait du langage si différent de la colombe. «Mais, se dit-il, ce perroquet a connu la cour; il veut faire étalage de belles manières et ne sait rien de cette chose qu'on appelle l'amour.» Et, comme il ne voulait plus entendre ridiculiser le sentiment qui emplissait tout son cœur, il dirigea ses questions sur l'objet immédiat de sa visite.

—Dis-moi, fit-il, ô le plus accompli des perroquets, toi qui as été admis dans la compagnie de la beauté, as-tu jamais, au cours de tes voyages, rencontré l'original de ce portrait?

Le perroquet saisit l'image dans ses griffes et l'examina avec la plus grande attention.

—Ma foi, dit-il, quel joli visage! ravissant! Mais, sais-tu, on voit tant de femmes au cours de ses voyages qu'il est difficile... mais, ma parole, maintenant que je la regarde de plus près... sans aucun doute, c'est la princesse Aldegonde. Comment ai-je pu faire pour oublier une telle amie?

—La princesse Aldegonde! répéta le prince. Mais où peut-on la découvrir?

—Tout doux, tout doux, dit le perroquet. La découvrir n'est pas la conquérir. C'est la fille unique du roi chrétien qui règne à Tolède et elle est condamnée à rester enfermée jusqu'à sa dix-septième année, pour faire plaisir à ces intrigants d'astrologues. Tu ne pourras jamais la voir... pas plus qu'un autre mortel. J'ai été admis en sa présence pour la divertir, et, tu peux en croire un perroquet qui connaît le monde, j'ai conversé avec des princesses moins intelligentes qu'elle.

—Une confidence qui doit rester entre nous, mon cher perroquet, dit le prince. Je suis héritier d'un royaume et un jour je siègerai sur un trône. Je vois que tu es un oiseau de grand talent qui connaît le monde. Aide-moi à conquérir la princesse et je te promets pour plus tard une place des plus distinguées à ma cour.

—De tout cœur, fit le perroquet, mais que ce soit, de préférence, une sinécure, car nous autres intellectuels nous répugnons passablement au travail.

L'accord fut vite conclu; le prince sortit de Cordoue par la porte qu'il avait franchie pour y entrer, rappela le hibou de son trou, le présenta à leur nouveau compagnon de voyage, et nos trois héros se mirent en route.

Ils voyagèrent beaucoup plus lentement que ne le désirait l'impatience du prince: le perroquet, accoutumé à la vie des grands, n'aimait pas qu'on le dérangeât le matin; le hibou, d'autre part, tenait à dormir à midi et perdait beaucoup de temps à ses longues siestes. Ses goûts d'archéologue n'étaient pas faits pour activer le voyage, car il tenait à explorer toutes les ruines qu'il rencontrait et il avait des quantités de légendes à conter à propos de chaque vieille tour, de chaque vieux château. Le prince avait pu espérer que, cultivés tous deux, ses deux compagnons ailés s'accorderaient à merveille. Quelle erreur! Ils ne cessaient de se chamailler. Le perroquet était un bel esprit, le hibou un philosophe. Le premier citait de la poésie, parlait des œuvres nouvelles et faisait parade de son érudition; le second, traitant tous ces sujets de frivolités, ne s'intéressait qu'à la métaphysique... Sur quoi, le perroquet se mettait à fredonner des refrains et à accabler de *bons mots*[1] son solennel compagnon, en éclatant de rire le premier à ses propres plaisanteries. L'autre, outragé dans sa dignité, se renfrognait, boudait et restait silencieux des jours entiers.

Mais ces disputes n'affectaient pas le prince, qui était tout absorbé dans ses rêves et la contemplation du merveilleux portrait. Ils traversèrent donc ainsi les cols sévères de la Sierra Morena, les plaines brûlées de La Manche et de la Castille. Ils longèrent les rives du «Tage doré» qui étire ses méandres à travers la moitié de l'Espagne et le Portugal. Finalement, ils arrivèrent en vue d'une ville fortifiée de remparts et de tours, bâtie sur un promontoire rocheux, que baignait le Tage impétueux.

—Regarde, s'écria le hibou, c'est la célèbre ville de Tolède, fameuse pour ses antiquités. Contemple ces tours et ces dômes vénérables, patinés par le temps et revêtus d'une grandeur légendaire, parmi lesquels mes ancêtres ont si longtemps médité...

—Bah, s'écria le perroquet, au milieu de cette tirade, que nous importent tes antiquités, tes légendes et tes ancêtres? Regarde donc ce qui nous intéresse, ce pour quoi nous sommes venus: le séjour de la jeunesse et de la beauté. Contemple enfin, ô prince, les lieux qui gardent ta princesse si longtemps attendue!

Le prince regarda dans la direction que lui indiquait le

[1] En français dans le texte.

perroquet et vit, au milieu d'une délicieuse pelouse, au bord du Tage, un imposant palais qui s'élevait au milieu des tonnelles d'un jardin. C'était bien l'endroit que lui avait décrit la colombe. Il le regardait, le cœur battant: «Peut-être, se disait-il, peut-être, à cet instant même, la belle princesse est-elle en train de jouer à l'ombre de ces tonnelles... ou bien parcourt-elle d'un pas léger ces superbes terrasses... ou encore se repose-t-elle sous de nobles lambris.» En approchant, il vit que les murs du jardin étaient très hauts, inaccessibles et gardés par de nombreuses patrouilles.

Le prince se tourna vers le perroquet et lui dit:

—O le plus accompli des oiseaux, toi qui as le don des langues humaines, je t'en prie, vole vers ce jardin, cherches-y l'idole de mon cœur et dis-lui que le Prince Ahmed, pélerin d'amour, guidé par les étoiles, est arrivé pour elle sur les bords fleuris du Tage.

Le perroquet, fier de sa mission, s'envola vers le jardin, franchit ses hauts murs et, après avoir survolé les bois et les pelouses, se posa sur le balcon d'un pavillon qui dominait la rivière. A travers la vitre, il vit la princesse étendue sur sa couche, les yeux fixés sur une feuille de papier, tandis que des larmes coulaient le long de ses joues pâles.

Après avoir lissé ses ailes, ajusté son brillant habit vert, et relevé son toupet, le perroquet s'en alla se percher près de la belle, d'un air galant:

—Sèche tes larmes, lui dit-il avec une douceur quelque peu affectée, sèche-les, ô la plus belle des princesses. Je viens ici pour consoler ton cœur.

La princesse, au son de cette voix, sursauta. Elle se retourna et ne voyant qu'un oiseau au plumage vert qui se multipliait en révérences:

—Hélas, dit-elle. Quelle consolation peux-tu m'apporter, alors que tu n'es qu'un perroquet?

Piqué par cette réponse, ce dernier répliqua:

—J'ai consolé bien des beautés, en mon temps; mais passons... Sache seulement que je me présente à toi en ambassadeur d'un prince royal. Ahmed, le prince de Grenade, est venu ici pour toi et il a planté sa tente sur les bords fleuris du Tage.

A ces mots, les yeux de la belle princesse étincelèrent encore plus fort que les diamants de sa couronne.

—O le plus aimable des perroquets, s'écria-t-elle; joyeuses sont en effet les nouvelles que tu m'annonces, car je languissais et je dépérissais, à douter de la constance d'Ahmed. Vole vers lui pour lui dire que les mots de sa lettre sont gravés dans mon cœur et que sa poésie a été la nourriture de mon âme. Dis-lui aussi qu'il doit se préparer à montrer son amour par la force de ses armes. Demain, en l'honneur de ma dix-septième année, le roi mon père tient un grand tournoi. Plusieurs princes entreront en lice et ma main sera au vainqueur.

Le perroquet s'en fut de nouveau, par dessus bosquets et pelouses à l'endroit où on l'attendait. L'extase du prince Ahmed lorsqu'il apprit que son messager avait découvert l'original du portrait et sa constance ne se peut concevoir que de ceux qui ont eu le bonheur de réaliser un de leurs rêves. Il y avait pourtant quelque chose qui assombrissait sa joie: le tournoi imminent.

Déjà les rives du Tage étincelaient d'armes et résonnaient du cri des trompettes des chevaliers qui, en superbe équipage, se rendaient à Tolède, pour assister à la cérémonie. La même étoile avait dirigé la destinée du prince et celle de la princesse: celle-ci avait été enfermée loin du monde jusqu'à sa dix-septième année pour n'être pas exposée à la tendre passion de l'amour. Mais la renommée de ses charmes s'était trouvée fortifiée plus qu'amoindrie par sa réclusion. Divers princes avaient lutté pour obtenir son alliance, et son père, qui était un homme d'une intelligence remarquable, pour éviter de se faire accuser de partialité, les avait renvoyés à l'arbitrage du tournoi. Parmi les concurrents, plusieurs étaient célèbres par leur force et leurs prouesses. Quelle situation pour l'infortuné Ahmed, qui ne possédait pas d'armes et ne savait rien des exercices de la chevalerie! «Malheureux que je suis, se dit-il, d'avoir été élevé dans la solitude sous les yeux d'un philosophe! A quoi me servira l'algèbre, ou la philosophie en amour? Hélas, Eben Bonabben! Pourquoi as-tu négligé de m'instruire dans le maniement des armes?»

Comme il disait ces mots, le hibou prit la parole, en commençant sa harangue par une pieuse exclamation, car il était un dévot musulman.

—*Allah Akbar!* Dieu est grand! fit-il. En ses mains sont tous les secrets... Lui seul gouverne la destinée des princes! Sache donc, ô prince, que cette terre est pleine de mystères qui échappent à ceux qui ne savent pas, comme moi, percer leurs ténèbres: Sache que dans les montagnes environnantes se trouve une caverne, que dans cette caverne il y a une table de fer, que sur cette table de fer est posée une armure magique, et que près de cette table se tient un coursier, qu'un charme immobilise depuis des générations et des générations.

Le prince d'étonnement ouvrit de grands yeux, tandis que le hibou clignant les siens et ébouriffant ses plumes continuait:

—Il y a plusieurs années, comme j'accompagnais mon père qui faisait le tour de ses domaines, j'ai passé quelque temps dans cette caverne, et c'est ainsi que je me suis familiarisé avec son mystère. C'est une tradition familiale, que je tiens du bec de mon grand-père, quand je n'étais qu'un petit hibou, pas plus haut que ça; on dit que cette armure appartenait à un magicien maure qui se réfugia dans cette caverne, lorsque les chrétiens prirent Tolède, et qui y mourut en laissant sous un charme son armure et son coursier. Nul autre qu'un musulman ne peut les utiliser, et cela seulement entre le lever du soleil et midi. Mais alors personne ne peut lui résister.

—N'en dis pas plus, allons à cette caverne, s'exclama Ahmed.

Guidé par son mentor légendaire, le prince trouva la caverne, qui se creusait au fond des montagnes qui entourent Tolède. Nul autre qu'un hibou, une souris ou un archéologue n'en aurait pu découvrir l'entrée. Une lampe éternelle éclairait ces lieux d'une lueur sépulcrale et solennelle. Sur une table de fer, placée au centre de la caverne, gisait l'armure magique, contre laquelle s'appuyait la lance, et tout près, se tenait un coursier arabe, superbement caparaçonné mais immobile comme une statue. L'armure était claire et sans tache comme autrefois; le coursier aussi sain que s'il revenait du pâturage, et lorsque Ahmed lui posa la main sur l'encolure, il se mit à piaffer et poussa un hennissement de joie qui ébranla les parois de la caverne. Ainsi, muni de cheval et d'armes, notre prince se prépara à prendre part au tournoi.

Le fameux matin arriva. La lice avait été préparée dans la *vega,* juste au-dessous des murs abrupts de Tolède. Pour les spectateurs on avait édifié des gradins et des tribunes recouverts de riches tapisseries et protégés du soleil par des tissus de soie. Dans ces tribunes s'étaient rassemblées toutes les beautés du pays; en bas, caracolaient les chevaliers empanachés, parmi leurs pages et leurs écuyers. On remarquait tout particulièrement ceux qui allaient lutter pour obtenir la main de la belle princesse. Lorsque celle-ci apparut dans la loge royale et s'offrit pour la première fois aux regards, toutes les beautés du pays furent éclipsées instantanément et de la foule monta un murmure d'admiration. On n'avait jamais vu telle beauté et les princes qui s'étaient inscrits au tournoi, sur la foi du récit de ses charmes, sentirent leur ardeur redoubler.

Pourtant, la princesse avait l'air troublé. Elle rougissait, pâlissait, et son œil parcourait avec une sorte d'inquiétude la foule empanachée des chevaliers. Les trompettes allaient donner le signal de la rencontre lorsque le héraut annonça l'arrivée d'un chevalier étranger, et Ahmed entra dans le champ clos. Un heaume d'acier orné de pierres précieuses brillait au-dessus de son turban; sa cuirasse était revêtue d'or; son cimeterre et sa dague, œuvres d'un artisan de Fez, flamboyaient de pierreries. Il serrait contre son épaule un bouclier rond et tenait en main la lance enchantée. Le caparaçon de son cheval, richement brodé, balayait le sol, et de revoir l'éclat des armes, le superbe animal dansait, reniflait et hennissait de joie. L'aspect à la fois hautain et gracieux du prince frappa tout le monde et lorsque fut annoncé son titre «Le pèlerin d'amour», un frémissement parcourut la rangée des belles dames.

Quand Ahmed voulut s'inscrire sur la liste, on la lui déclara close; seuls les princes, lui dit-on, étaient admis au combat. Il dit son nom et son rang. Pis encore! il était musulman et ne pouvait entrer dans un tournoi dont la main d'une princesse chrétienne était l'enjeu.

Ses rivaux l'entourèrent d'un air hautain et menaçant. L'un d'eux, taillé en Hercule, se mit à faire des plaisanteries sur sa gracieuse légèreté et sur son titre amoureux. Le prince en fut courroucé. Il lança un défi à son rival. Ils s'éloignèrent l'un de l'autre et, faisant volte-face, se chargèrent; à peine la lance magique l'avait-elle effleuré que notre Hercule était soulevé de sa selle comme une plume. Le prince eût bien voulu en rester là, mais hélas, la lance et le cheval étaient démoniaques: une fois en action, rien ne pouvait les retenir. Le coursier arabe fonça au plus épais de la foule; la lance renversait tout ce qui s'offrait à elle; le gentil prince se voyait entraîné çà et là dans le champ qu'il jonchait de grands et de petits, de nobles et de roturiers, fort marri de tous ses exploits involontaires. Le roi était fou de rage de voir ainsi maltraiter ses sujets et ses invités. Il appela tous ses gardes. Tous furent désarmées, à peine descendus. Le roi lui même, se dépouillant de ses habits, saisit lance et bouclier et tenta d'intimider l'étranger par la présence de la majesté. Hélas! la royauté ne fut pas mieux traitée que la noblesse. La lance et le coursier ne s'arrêtaient pas à de pareilles distinctions. A la consternation d'Ahmed, sa monture le lança en plein contre le roi, et l'instant d'après, la couronne roulait dans la poussière et les talons royaux culbutaient en l'air.

C'est alors que le soleil atteignit le méridien; le charme magique cessa de s'exercer. Le pur-sang arabe se précipita dans la plaine, sauta la palissade, plongea dans le Tage, franchit ses flots impétueux, déposa le prince pantelant et stupéfait dans la caverne et reprit, près de la table de fer, son immobilité de statue. Le prince, non mécontent de remettre pied à terre, replaça l'armure où il l'avait trouvée pour affronter les nouveaux décrets du destin. La tête dans les mains, il songeait à la situation désespérée où l'avaient réduit la monture et la lance démoniaques. Il n'oserait jamais plus se montrer à Tolède après avoir infligé une telle disgrâce à sa chevalerie et un tel affront à son roi. Et que devait penser la princesse d'exploits si barbares? Plein d'anxiété, il envoya aux nouvelles ses messagers ailés. Le perroquet se rendit sur tous les lieux publics de la ville et revint bientôt avec une foule d'échos. Tout Tolède était dans la consternation. La princesse avait été ramenée inanimée au palais; le tournoi s'était achevé dans la confusion; tout le monde ne parlait que de l'apparition soudaine, des prodigieux exploits et de l'étrange disparition du chevalier musulman. Les uns prétendaient que c'était un magicien maure; les autres, que c'était un démon qui avait pris forme humaine, ou bien ils rapportaient des légendes de chevaliers enchantés, cachés dans les cavernes des montagnes, et pensaient que ce pouvait être l'un d'eux qui avait fait une soudaine apparition hors de son repaire. Tous s'accordaient à déclarer qu'un mortel ordinaire n'aurait jamais accompli tant d'exploits et désarçonné tant de brillants et vigoureux guerriers chrétiens.

Le hibou attendit le soir pour sortir et voleter au-dessus de la ville couverte d'ombre. Il se percha sur les toits et les cheminées. Il se dirigea ensuite vers le palais royal qui se dressait sur le sommet rocheux de Tolède et s'en alla rôder parmi ses terrasses et ses créneaux, appliquant l'oreille à chaque fente, écarquillant ses yeux ronds à chaque fenêtre illuminée—ce qui eut pour résultat de faire pousser des cris perçants à une ou deux demoiselles d'honneur. C'est seulement lorsque l'aube grise se pencha sur les montagnes qu'il revint de sa furtive expédition et relata au prince ce qu'il avait vu.

—Comme j'examinais une des plus hautes tours du château, dit-il, j'aperçus, à travers une vitre, une belle princesse. Elle était étendue sur sa couche, entourée de suivantes et de médecins dont elle ne voulait pas accepter les offices. Lorsque tout le monde se fut retiré, je la vis tirer une lettre de son sein, la lire, la baiser et se lamenter... Tout philosophe que je suis, j'avoue que cette scène n'a pas laissé de m'émouvoir.

Ces nouvelles consternèrent le tendre Ahmed.

—Tes paroles ne sont que trop vraies, ô sage Eben Bonabben, les peines, les soucis, les nuits blanches sont le lot des amoureux. Allah préserve la princesse de la funeste influence de cette chose qu'on nomme l'amour!

D'autres nouvelles, reçues de Tolède, vinrent confirmer le rapport du hibou. Un malaise régnait sur la ville inquiète. On avait installé la princesse dans la plus haute tour du palais, dont tous les abords étaient puissamment gardés. Mais elle était en proie à une mélancolie dévorante dont nul ne devinait la cause. Les praticiens les plus habiles avaient essayé vainement leur art. On pensait qu'un charme magique s'exerçait sur elle. Le roi fit une proclamation déclarant que celui qui la guérirait recevrait le joyau le plus riche du trésor royal.

Quand le hibou, qui sommeillait dans un coin, entendit parler de cette proclamation, il ouvrit des yeux plus ronds que jamais et eut l'air encore plus mystérieux.

—*Allah Akbar!* s'exclama-t-il. Heureux celui qui saura la guérir, mais saura-t-il que choisir dans le trésor royal?

—Que veux-tu dire, très révérend hibou? dit Ahmed.

—Prête l'oreille, ô prince, à mon récit. Tu sais que nous autres, les hiboux, formons une corporation qui se spécialise dans l'occultisme. Durant mes courses de nuit autour des dômes et des tours de Tolède, j'ai découvert un collège de hiboux archéologues, qui tenait sa séance dans une grande tour voûtée où le trésor royal est déposé. Ils discutaient des formes, des inscriptions et des dessins des pierres et joyaux antiques; ils évoquaient les vaisseaux d'argent et d'or amoncelés dans le trésor... le style des divers pays et époques. Mais ce qui les intéressait le plus, c'étaient certaines reliques, certains talismans qui étaient restés dans le trésor depuis le temps de Roderick le Goth, et, en particulier, un coffre de bois de santal, entouré de bandes d'acier, à la manière orientale, et qui portait de mystérieuses inscriptions, connues d'un nombre infime de personnes. Ce coffre et ses inscriptions avaient fait l'objet de maintes doctes discussions. Le soir où je fis ma visite aux confrères, un très vieil hibou, qui venait d'arriver d'Egypte, était assis sur le rebord du coffre et faisait une conférence sur ses inscriptions. Il nous prouva—d'après elles—que le coffre contenait le tapis de soie de Salomon le Sage, qu'avaient dû apporter à Tolède les Juifs qui s'y réfugièrent après la chute de Jérusalem.

Quand le hibou eut achevé son docte exposé, le prince resta songeur.

—J'ai appris du sage Eben Bonabben, dit-il, les étonnantes propriétés de ce talisman qui disparut à la chute de Jérusalem et que l'on croyait perdu à tout jamais. Il est certain que les chrétiens de Tolède ne se doutent pas de sa valeur. Si jamais je l'ai en ma possession, mon bonheur est assuré.

Le lendemain, dépouillant ses riches vêtements, le prince mit l'humble burnous d'un Arabe du désert; il se brunit le visage et nul n'aurait reconnu en lui le splendide guerrier qui avait causé tant d'admiration et de ravages lors du tournoi. Son bâton en main, sa besace en bandoulière, accompagné d'une petite flûte de pâtre, il se rendit à Tolède et, se présentant à la porte du palais royal, se déclara candidat à la récompense promise pour la guérison de la princesse. Les gardes allaient le chasser à coups de gourdin. «Que prétend faire un nomade comme toi dans un cas où les plus savants ont échoué?» lui dirent-il. Mais le roi entendit le bruit et donna ordre qu'on amenât l'Arabe en sa présence.

—Très puissant roi, lui dit Ahmed, tu as devant toi un Bédouin qui a passé presque toute sa vie dans les solitudes du désert. Ces solitudes, on le sait, sont le domaine des démons et des mauvais esprits qui assaillent les pauvres bergers pendant leur garde, possèdent nos troupeaux et parfois rendent furieux le patient chameau. Notre meilleur antidote est la musique: nous avons des airs traditionnels, que nous nous transmettons de génération en génération, et que nous chantons ou jouons sur nos flûtes pour chasser ces mauvais esprits. J'appartiens à une famille de musiciens et je possède ce pouvoir au plus haut point. Si une mauvaise influence de cette sorte tient ta fille sous son charme, je te promets, sur ma tête, de l'en délivrer.

Le roi, qui était au courant des merveilleux secrets des Arabes, reprit courage en entendant ces paroles. Il conduisit

aussitôt le prince à la haute tour, que protégeaient plusieurs portes, et au sommet de laquelle se trouvait la chambre de la princesse. Les fenêtres donnaient sur une terrasse à balustrade qui dominait Tolède et tous les environs. Mais elles étaient tendues de rideaux sombres, car la princesse, toute à son chagrin dévorant, refusait jusqu'à la consolation de la lumière.

Le prince s'assit sur la terrasse et joua sur sa flûte pastorale plusieurs airs arabes qu'il avait appris de ses gens au Généralife de Grenade. La princesse restait insensible et les docteurs, qui étaient présents, secouaient la tête d'un air incrédule et méprisant. Finalement, le prince, laissant de côté son roseau, se mit à chanter, sur une mélodie toute simple, les vers amoureux de la lettre où il avait déclaré sa passion.

La princesse reconnut les paroles... une joie légère fit frémir son cœur; elle leva la tête et écouta; des larmes ruisselèrent le long de ses joues; son sein palpita au tumulte de ses émotions. Elle eût volontiers demandé qu'on amenât le troubadour en sa présence, mais sa timidité virginale l'empêchait de parler. Le roi comprit son désir et fit venir Ahmed dans la chambre. Les amoureux furent très discrets: ils se contentèrent d'échanger des regards... mais c'étaient des regards qui en disaient long. Jamais triomphe de la musique ne fut plus complet. La rougeur était revenue aux joues lisses de la princesse et le brillant de la rosée à ses yeux languissants.

Tous les médecins se regardaient l'un l'autre bouche bée. Le roi fixait l'Arabe avec des yeux où la stupeur se mêlait à l'admiration.

—O merveilleux jeune homme, s'exclama-t-il, tu seras désormais le premier médecin de ma cour et je ne veux être traité qu'avec tes mélodies. Pour le moment, tu vas recevoir en récompense le joyau le plus précieux de mon trésor.

—O roi, répliqua Ahmed, ni l'or, ni l'argent, ni les pierres précieuses ne comptent pour moi. Tu as dans ton trésor, une relique qui te vient des Musulmans qui possédaient autrefois Tolède, un coffre de bois de santal contenant un tapis de soie: donne-moi ce coffre et je serai content.

Toute l'assistance fut surprise de la modération de l'Arabe, et encore plus lorsque l'on apporta le coffre d'où l'on tira le tapis. Celui-ci était de fine soie verte, couverte de caractères hébreux et chaldéens. Les médecins de la cour se regardèrent l'un l'autre et haussèrent les épaules; il se moquaient de la simplicité de leur nouveau confrère, qui se contentait d'honoraires si misérables.

—Ce tapis, dit le prince, couvrit autrefois le trône de Salomon le Sage; il est digne d'être placé sous les pieds de la beauté.

Ce disant, il l'étendit sur la terrasse, sous un divan qu'on y avait apporté pour la princesse, puis il s'assit à ses pieds.

—Qui pourra oser s'opposer à ce qui est écrit dans le livre du destin? s'exclama-t-il. Voici que s'accomplit la prédiction des astrologues. Sache, ô roi, que ta fille et moi nous nous aimons depuis longtemps en secret. Vois en moi le Pélerin d'Amour.

A peine ces paroles avaient-elles été prononcées que le tapis s'envola, emportant avec lui le prince et la princesse. Le roi et les médecins le contemplèrent, bouche bée, jusqu'à ce qu'il ne fût plus qu'une petite tache sur un nuage blanc et qu'il eût disparu dans la voûte céleste.

Le roi, dans tous ses états, convoqua son trésorier.

—Comment se fait-il que tu aies laissé un infidèle s'emparer d'un tel talisman? lui demanda-t-il.

—Hélas, Sire, nous n'en connaissions pas la nature et nous ne savions pas déchiffrer ses inscriptions. S'il fut vraiment le tapis du sage Salomon, il n'est pas étonnant qu'il soit doué d'un pouvoir magique et qu'il puisse transporter dans les airs celui qui le possède.

Le roi rassembla une puissante armée et se mit en marche vers Grenade, à la poursuite des fugitifs. La marche fut longue et pénible. Il campa dans la *vega* et envoya un héraut réclamer sa fille au roi. Celui-ci, avec toute sa cour, vint à ses devants. C'était le troubadour de Tolède: Ahmed avait accédé au trône, à la mort de son père, et la belle Aldegonde était sa sultane.

Le roi se calma lorsqu'il apprit qu'on permettait à sa fille de rester chrétienne; non qu'il fût particulièrement pieux, mais la religion, chez les princes, fait partie de l'étiquette. Au lieu de sanglantes batailles, il n'y eut que festins et réjouissances. Puis le roi rentra ravi à Tolède et le jeune couple continua à régner, heureux et sage, dans l'Alhambra.

Il convient d'ajouter que le hibou et le perroquet avaient rejoint séparément—et par petites étapes—le prince à Grenade: l'un voyageant de nuit et s'arrêtant aux diverses propriétés familiales qu'il trouvait sur son chemin, l'autre, volant gaiement de réunion en réunion...

Ahmed, reconnaissant, les récompensa pour les services qu'ils lui avaient rendus durant son pèlerinage. Il nomma le hibou son premier ministre, et le perroquet son maître de cérémonies. Inutile de dire que jamais royaume ne fut plus sagement administré, ni cour soumise à un protocole plus strict.

LA LEGENDE DE L'HERITAGE DU MAURE

DANS l'enceinte même de l'Alhambra, en face du palais royal, il y a une vaste esplanade qui s'appelle la Place des
Citernes (*la plaza de los Aljibes*) à cause de ses réservoirs
d'eau souterrains, qui datent du temps des Maures. A un angle
de cette place, on peut voir encore un puits arabe, taillé très
profondément dans le roc vif, et dont l'eau est froide comme
la glace et pure comme le cristal. Les puits creusés par les Maures sont toujours renommés, car on sait tout le mal que se
donnaient ceux-ci pour atteindre aux sources et aux fontaines
les plus pures. Celui dont nous parlons est fameux dans Grenade, à tel point que les porteurs d'eau—les uns portant de
grandes bonbonnes d'eau sur les épaules, les autres poussant
devant eux des ânes chargées de jarres—ne cessent de monter
et de descendre le long des allées abruptes et peuplées d'arbres
de l'Alhambra, du petit matin jusqu'à la nuit avancée.

Depuis les temps bibliques, on sait que les puits et les fontaines sont des lieux près desquels les gens aiment bavarder
dans les climats chauds; près du puits en question se tient tout
le jour une sorte de conférence perpétuelle à quoi participent
des invalides, des vieilles femmes et divers fainéants de la forteresse. Tout le monde s'assoit sur les bancs de pierre, sous un
velum étendu au-dessus du puits, pour protéger du soleil le
chargé de péage, et l'on musarde, on interroge tous les por-

teurs d'eau qui arrivent sur ce qui se passe en ville et l'on commente longuement tout ce que l'on entend ou que l'on voit. Il n'est pas un moment du jour où l'on ne puisse voir des ménagères et des servantes s'y attarder, gargoulette en main ou sur la tête, pour entendre le dernier commérage de ces aimables caqueteurs.

Or, parmi les porteurs d'eau qui fréquentaient autrefois ce puits, se trouvait un petit homme solide, large d'épaules et arqué de jambes, du nom de Pedro Gil, abrégé en Perejil. Porteur d'eau, il était automatiquement *Gallego,* natif de Galice. Il semble que la nature ait formé des races d'hommes, comme elle a fait des races d'animaux, pour certaines besognes. En France, tous les cireurs sont savoyards; tous les portiers d'hôtel, suisses... et à l'époque des cerceaux et des perruques, en Angleterre, nul autre qu'un fils de la marécageuse Irlande ne pouvait donner le bon rythme à une chaise à porteurs. En Espagne, on ne dit pas «Faites venir un porteur d'eau», mais «Faites venir un *Gallego»*.

Mais revenons à nos moutons. Perejil le *Gallego* avait commencé son commerce avec une simple jarre de terre qu'il portait sur l'épaule; peu à peu, sa situation sociale s'élevant, il se trouva à même d'acquérir l'assistant qui lui convenait le mieux: un solide baudet. De chaque côté de son *aide-de-camp* [1] aux longues oreilles, pendaient dans une sorte de panier, deux jarres recouvertes de feuilles de figuier pour les protéger du soleil. Dans tout Grenade, il n'y avait pas de porteur d'eau plus diligent ni plus joyeux. Les rues résonnaient de son appel plein d'entrain, tandis qu'il marchait sur les pas de son âne—cet appel qu'on entend l'été dans toutes les villes d'Espagne: «¿*Quién quiere agua? ¡Agua más fría que la nieve!*» Qui veut de l'eau, de l'eau plus froide que la neige? Qui veut de l'eau du puits de l'Alhambra, froide comme la glace, claire comme

---

[1] En français dans le texte.

le cristal? Lorsqu'il tendait son verre étincelant à un client, c'était toujours avec un mot aimable qui faisait sourire; ou bien si c'était à une jolie dame ou à une gracieuse demoiselle, c'était toujours avec un sourire plein de malice et des compliments sur leur beauté qui étaient irrésistibles. Perejil le *Gallego* était donc connu dans tout Grenade comme l'un de ses citoyens les plus polis, les plus agréables et les plus heureux. Pourtant, ce n'est pas celui qui rit ou qui plaisante le plus fort qui a le cœur le plus gai. Sous ces apparences réjouies, le brave Perejil cachait ses soucis et ses ennuis. Il avait à sa charge une ribambelle d'enfants à nourrir, qui étaient aussi affamés et bruyants qu'une nichée d'hirondelles et lui réclamaient à grands cris du pain le soir, quand il rentrait chez lui. Il avait une épouse qui était loin de l'aider dans sa tâche. Elle avait été, avant de se marier, une des beautés de son village, remarquée pour l'art avec lequel elle dansait le boléro et faisait claquer les casta-gnettes; et elle en avait conservé le goût, gaspillant en colifichets les maigres économies du bon Perejil et n'hésitant pas à réquisitionner l'âne de la maison pour se rendre à des parties de campagne les Dimanches, les fêtes de saints et les innombrables jours fériés, qui sont presque plus nombreux en Espagne que les jours ouvrables. Avec cela, souillon, paresseuse, ba-varde comme pas une, négligeant sa maison, son ménage et tout le reste pour tailler une bavette avec ses voisines.

Mais Celui qui tempère la force du vent pour épargner l'a-gneau nouvellement tondu accommode le joug du mariage au cou qui le supporte. Perejil soutenait toute la lourde charge de sa femme et de ses enfants avec autant de douceur que son âne transportait son eau. Et si, en son privé, il agitait ses oreil-les, il n'osait jamais mettre en doute les qualités ménagères de sa femme.

Il aimait ses enfants, comme le hibou peut aimer les siens: il voyait en eux sa propre image multipliée et perpétuée, car ils étaient tous solides, trapus et arqués de jambes. Le plus grand plaisir du bon Perejil—chaque fois qu'il disposait de maigres loisirs et d'une poignée de *maravedíes*—était d'emmener promener toute sa nichée—les uns au bras, les autres accrochés à ses basques, les derniers gambadant sur ses talons—et de les faire cabrioler dans les vergers de la *vega,* tandis que sa femme dansait avec ses amies dans les *angosturas* du Darro.

Ce soir-là, il était assez tard: la plupart des porteurs d'eau avaient abandonné leur travail. Le jour d'été avait été étouffant; mas il faisait maintenant un de ces délicieux clairs de lune qui incitent les habitants de ces contrées méridionales à se dédommager de la chaleur et de l'inaction forcée du jour en s'attardant dehors pour jouir de la douceur de l'air jusqu'à minuit passé. Il y avait encore dans les rues des amateurs d'eau. Perejil, en bon père prévoyant qu'il était, songeait à ses enfants affamées: «Encore une course au puits, se disait-il, et je pourrai offrir un *puchero*[1], ce Dimanche, à mes petits.» Sur quoi, il se remit vaillamment à remonter l'allée de l'Alhambra, tout en chantant et en assénant de temps en temps un vigoureux coup de gourdin sur les flancs de son animal, tant pour rythmer son chant que pour sustenter sa bête; car, en Espagne, les coups servent de fourrage aux bêtes de somme.

Lorsqu'il arriva au puits, il n'y trouva personne, à l'exception d'un étranger, habillé à la manière arabe, assis sur un banc de pierre, au clair de lune. Perejil s'arrêta, et le regarda avec une surprise où entrait quelque effroi, car le Maure lui faisait faiblement signe d'approcher.

—Je suis malade et fatigué, lui dit-il. Aide-moi à rentrer en ville et je te paierai le double de ce que tu pourras gagner avec ton eau.

[1] Pot-au-feu. *(N. d. T.)*

216

La prière de l'étranger émut le brave cœur du petit porteur d'eau.

—Dieu me garde, fit-il, de demander de l'argent ou une récompense pour un geste de pure humanité.

Il plaça donc le Maure sur son âne et descendit lentement vers Grenade; le pauvre musulman était si faible qu'il devait le tenir en chemin pour l'empêcher de tomber de l'âne.

Lorsqu'ils entrèrent dans la ville, le porteur d'eau demanda au Maure où il devait le conduire.

—Hélas! répondit l'autre d'une voix faible, je n'ai ni foyer ni maison. Je suis un étranger dans ce pays. Permets-moi de reposer ma tête sous ton toit, et tu en seras largement ré-compensé.

Voilà donc notre brave Perejil encombré d'un mécréant. Mais il était trop humain pour refuser l'hospitalité d'une nuit à un pauvre étranger qui se trouvait dans une situation aussi désespérée; il conduisit donc le Maure à sa demeure. Les enfants, qui étaient sortis comme d'habitude, le bec ouvert, en entendant le trottinement de l'âne, battirent en retraite, effrayés à la vue de l'inconnu enturbanné et se réfugièrent derrière leur mère. Celle-ci se porta vaillamment en avant, telle une mère-poule qui se met entre sa couvée et un chien errant.

—Quel est ce mécréant, s'écria-t-elle, que tu nous amènes si tard? Veux-tu donc attirer sur nous l'attention de l'Inquisition?

—La paix! répondit le *Gallego,* c'est un pauvre étranger, malade, sans foyer ni amis. Allons-nous le jeter dans la rue pour qu'il meure?

La femme aurait bien continué à se disputer, car elle tenait à la réputation de sa masure; mais pour une fois le petit porteur d'eau se raidit et refusa de ployer sous le joug. Il aida le pauvre Maure à mettre pied à terre et étendit pour lui, dans le coin le plus frais de sa baraque, une natte et une peau de mouton: le seul genre de couche que sa pauvreté lui permettait d'offrir.

Au bout d'un instant, le Maure fut saisi de violentes convulsions contre lesquelles toute l'assistance du brave porteur d'eau ne put rien. Les yeux du pauvre patient lui disaient toute sa gratitude. Entre deux crises, il l'appela près de lui et murmura:

—Ma fin est proche. Si je meurs, je te lègue cette boîte en récompense de ta charité.

Ouvrant son burnous, il lui montra une petite boîte, en bois de santal, qu'il portait en bandoulière.

—Dieu veuille, mon ami, lui répondit le bon *Gallego,* que tu vives longtemps pour jouir de ton trésor, quel qu'il soit.

Le Maure secoua la tête; il posa la main sur la boîte et aurait ajouté quelques détails, si les convulsions ne l'avaient repris avec une plus grande violence. Peu après, il expirait.

La femme du porteur d'eau était folle de peur.

—Tout cela, disait-elle, à cause de ta stupide bonté. Tu te mets toujours en quatre pour obliger les autres... Et, maintenant, que va-t-il advenir de nous lorsque l'on découvrira le cadavre chez nous? On nous arrêtera comme des assassins, et, si nous avons la vie sauve, nous serons la proie des notaires et des *alguaciles.*

Le pauvre Perejil n'en menait pas large, non plus, et il se repentait presque d'avoir accompli cette bonne action. Une idée lui vint, finalement.

—Il ne fait pas encore jour, dit-il. Je peux le transporter hors de la ville et l'ensevelir dans les sables du Génil. Personne n'a vu le Maure entrer chez nous et personne ne saura rien de sa fin.

Aussitôt dit, aussitôt fait. Sa femme l'aide. Ils enroulent le corps du pauvre musulman dans la natte sur laquelle il a expiré, le placent en travers de l'âne et Perejil se met en route vers le bord de la rivière.

Malheureusement, il y avait, juste en face de sa maison, un voisin du nom de Pedrillo Pedrugo, barbier de son état et plus indiscret, plus cancanier, plus médisant que quiconque. Tête de fouine, pattes d'araignée, astucieux, insinuant, il laissait loin derrière lui le fameux barbier de Séville dans sa connaissance universelle des histoires d'autrui, qu'il n'avait pas plus le pouvoir de garder pour lui qu'une passoire. On disait qu'il ne dormait que d'un œil, toujours à l'écoute, en sorte que, même dans son sommeil, il continuait à voir et à entendre ce qui se passait autour de lui. Il était une espèce de chronique scandaleuse pour les badauds de Grenade et attirait à lui plus de clients que tous ses collègues.

L'indiscret barbier avait entendu Perejil arriver à une heure insolite, puis les exclamations de la femme et des enfants. Il passa instantanément la tête à sa petite fenêtre qui lui servait d'observatoire et vit son voisin qui aidait à entrer chez lui un homme vêtu à la manière arabe. La chose était si bizarre que Pedrillo Pedrugo se garda de fermer l'œil de toute la nuit. Toutes les cinq minutes, il retournait à son poste d'où il apercevait de la lumière sous la porte de son voisin, et, avant l'aube, il put voir Perejil qui sortait de chez lui avec son âne étrangement chargé.

Le fouinard n'y tint plus: il s'habilla en hâte et, sortant silencieusement de chez lui, il suivit à distance le petit porteur d'eau jusqu'au moment où il le vit creuser un trou dans le sable du Génil et y enterrer quelque chose qui avait une forme humaine.

Le barbier se précipita chez lui, tourna en rond dans sa boutique, mettant tout sens dessus-dessous; puis, l'aube venue, il prit une cuvette sous son bras et se dirigea vers la maison de son client quotidien, l'*alcalde*.

Celui-ci venait de se lever. Pedrillo Pedrugo l'installa sur une chaise, lui lança une serviette autour du cou, et, après lui avoir placé la cuvette d'eau chaude sous le menton, se mit à lui ramollir la barbe avec les doigts.

—Il s'en passe de belles! fit Pedrugo, qui faisait office à la fois de barbier et de gazette, oui, de belles! Un vol, un meurtre et un enterrement, tout cela dans la même nuit!

—Comment?... Que dis-tu? s'écria l'*alcalde*.

—Je dis, répliqua le barbier, tout en frottant un bout de savon entre le nez et la bouche de l'édile—car les coiffeurs espagnols dédaignent l'emploi du blaireau—, je dis que Perejil le *Gallego* a volé, tué et enterré un musulman cette même nuit. *¡Maldita sea la noche!* maudite nuit!

—Mais comment sais-tu tout cela? demanda l'*alcalde*.

—Un peu de patience, *señor*, et vous saurez tout, répondit Pedrillo, en le saisissant par le nez et en faisant glisser son rasoir sur ses joues. Il lui conta alors tout ce qu'il avait vu, menant de front les deux opérations qui consistaient, l'une à raser, laver et essuyer son client, l'autre, à le faire assister au vol, au meurtre, puis à l'inhumation du musulman.

Or, il se trouvait que l'*alcalde* était un des magistrats les plus despotiques, les plus cupides et les plus corrompus de Grenade.. On ne pouvait l'accuser de n'estimer pas assez la justice, vu qu'il la vendait son pesant d'or. Il lut dans l'affaire en question l'assassinat et le vol... sûrement, une grosse somme. Mais comment la faire parvenir dans les mains légitimes de la justice? Saisir simplement le délinquant, cela ne servirait qu'à engraisser la potence; mais saisir le butin, ce serait enrichir le juge, ce qui était, selon lui, le but ultime de la justice. Perplexe il convoqua son plus fidèle *alguacil;* c'était un individu famélique et dégingandé, vêtu selon sa charge, à l'ancienne manière espagnole: large chapeau noir, à bords relevés; fraise traditionnelle; vêtements noirs qui soulignaient sa maigreur. Il tenait en main une mince baguette blanche, l'insigne redouté de son emploi. Tel était le limier que l'*alcalde* lança sur les traces du malheureux porteur d'eau, et il alla si vite et si directement au but qu'il avait mis la main sur le pauvre Perejil, avant que celui-ci n'eût eu le temps de rentrer chez lui, et qu'il le conduisit, lui et son âne, devant le maître de la justice.

L'*alcalde* l'accueillit avec un formidable froncement de sourcils.

—Ecoute bien, accusé, rugit-il d'une voix qui fit s'entrechoquer les genoux du petit *Gallego;* écoute bien. Inutile de nier ton crime: je sais tout. La potence est tout ce que tu mérites; mais je suis clément et j'écoute la voix de la raison. L'homme que tu as tué chez toi était un Maure, un infidèle, l'ennemi de notre foi. Je ne doute pas que tu ne l'aies frappé dans une crise de zèle religieux. Je serai donc indulgent. Rends-moi les richesses que tu lui as volées et j'étouffe l'affaire.

Le pauvre porteur invoqua tous les saints pour témoigner de son innocence; mais, hélas, aucun d'eux n'apparut. Même s'ils l'avaient fait, d'ailleurs, l'*alcalde* eût refusé sa foi au calendrier tout entier. Le porteur d'eau relata toute l'histoire du musulman mourant avec l'accent irrésistible de la vérité; mais ce fut en vain.

—Persisteras-tu à déclarer, lui dit le juge, que ce musulman n'avait ni or, ni bijoux que tu convoitais?

—Aussi vrai que j'espère être sauvé, Excellence, répondit le porteur d'eau, il n'avait avec lui qu'un petit coffret de bois de santal, qu'il m'a légué pour me récompenser de mes services.

—Un coffret de bois de santal! s'exclama l'*alcalde,* les yeux brillants de convoitise. Et où est-il, ce coffret? Où l'as-tu caché?

—Pardonnez-moi, répondit le porteur d'eau, mais il se trouve dans un des paniers de mon âne et il est tout à la disposition de votre Excellence.

A peine avait-il dit ces mots que l'astucieux *alguacil,* filant comme une flèche, revenait aussitôt avec le mystérieux coffret de santal. L'*alcalde,* d'une main avide et tremblante, l'ouvrit; les deux autres se penchèrent pour admirer les trésors qu'il devait contenir. Déception: on n'y trouva qu'un rouleau de parchemin et un bout de bougie.

Lorsqu'il n'y a aucun profit à tirer de la punition d'un homme, la justice, même en Espagne, tend à être impartiale. L'*alcalde,* revenu de sa déception et voyant qu'il n'y avait pas eu vol, écouta sans passion les justifications du porteur d'eau, que vint corroborer le témoignage de sa femme. Convaincu de son innocence, il le relâcha. Plus encore, il lui permit de conserver le don du Maure, le coffret avec son contenu, en récompense de sa bonté; il se contenta de lui confisquer son âne pour couvrir les frais de justice.

Voilà donc notre infortuné *Gallego* réduit, une fois de plus, à la nécessité de porter lui même son eau et de faire l'escalade de l'Alhambra avec sa grande jarre de terre sur les épaules.

Un jour, vers midi, comme il gravissait péniblement la colline, dans la chaleur, sa bonne humeur coutumière l'abandonna.

—Chien d'*alcalde!* s'écria-t-il. Arracher à un pauvre homme son unique moyen de subsistance et le meilleur ami qu'il avait au monde!

Et, au souvenir de son cher compagnon de travail, toute son affection éclata.

—Ane, mon cher âne! s'exclama-t-il, en posant son fardeau sur une pierre et en s'épongeant le front, mon cher Aliboron! Je suis bien sûr que tu penses à ton ancien maître! Je suis bien sûr que tu regrettes nos jarres d'eau... pauvre animal!

Pour ajouter à sa peine, sa femme, à son retour, l'accablait de plaintes acariâtres. Elle avait sur lui l'avantage d'avoir prévu les conséquences de son bel acte d'humanité. Elle ne perdait aucune occasion de faire valoir sa magnifique prévoyance. Lorsqu'un de ses enfants lui réclamait du pain ou avait besoin d'habits, elle lui répondait d'un air sarcastique:

—Demande-le donc à ton père—c'est l'héritier du roi Chico de l'Alhambra; dis-lui qu'il te donne de l'argent avec le trésor du Maure!

Vit-on jamais mortel plus durement puni de sa bonté? Le malheureux Perejil souffrait dans son corps et dans son âme, mais il supportait patiemment les brocards de son épouse. Pourtant, un soir qu'il était rentré épuisé de son travail, les injures de sa femme lui firent perdre patience. Il n'osa pas lui répondre, mais comme ses yeux s'étaient posés sur le coffret de santal qui, entr'ouvert sur une étagère, avait l'air de narguer sa misère, il le saisit et le lança violemment par terre.

—Maudit soit le jour où je t'ai vu, s'écria-t-il, et où j'ai hébergé ton maître!

En touchant le sol, le couvercle s'ouvrit et laissa échapper le rouleau de parchemin. Perejil le considéra un instant, dans un silence boudeur. Puis, se ressaisissant: «Qui sait, dit-il, si cet écrit n'a pas de valeur, étant donné que le Maure le conservait avec tant de soin?» Il le ramassa et le mit dans son sein. Le lendemain, comme il vendait son eau dans les rues, il s'arrêta devant le magasin d'un Maure, natif de Tanger, qui vendait des bibelots et des parfums dans le Zacatín et il le pria de lui expliquer ce que disait le texte mystérieux.

Le Maure l'examina attentivement, puis, passant la main dans sa barbe, lui dit en souriant:

—Ce manuscrit est une incantation pour recouvrer un trésor caché, qui est placé sous un charme. Il est dit qu'elle a un tel pouvoir que les plus gros verrous, les barreaux les plus massifs et jusqu'aux rocs doivent lui céder.

—Bah! s'écria le petit *Gallego*, à quoi cela m'avance? Je ne suis pas un enchanteur et je n'ai aucune idée des trésors cachés. Et, laissant le parchemin entre les mains du Maure, il reprit sa jarre et continua sa tournée.

Or, ce soir-là, tandis qu'il se reposait un instant près du puits de l'Alhambra, il se trouva au milieu d'un certain nombre de flâneurs qui s'entretenaient, comme souvent à cette heure crépusculaire, d'histoires surnaturelles. Etant très pauvres, ils s'étendaient volontiers sur le sujet si populaire des richesses enchantées, laissées par les Maures en divers endroits de l'Alhambra. Tout le monde s'accordait à penser qu'il y avait d'énormes trésors enterrés sous la Tour à Sept Etages.

Ces histoires impressionnèrent particulièrement le bon Perejil et elles s'ancrèrent en son esprit, tandis qu'il descendait tout seul les allées assombries de l'Alhambra. «Après tout, si ce trésor était enseveli sous cette tour… et si le rouleau laissé par le Maure me permettait de m'en emparer!» Ravi par cette pensée, il faillit laisser tomber sa jarre.

Cette nuit-là, il se tourna et se retourna dans son lit sans pouvoir fermer l'œil, tant son esprit travaillait. Le lendemain, à la première heure du jour, il alla frapper chez le Maure et lui dit l'idée qui lui était venue à l'esprit.

—Vous savez lire l'arabe, lui dit-il. Si nous allions à cette tour pour essayer la vertu de ce charme. Si nous échouons, aucun mal. Sinon, nous partageons à nous deux tous les trésors que nous découvrons.

—Attention, répliqua le Maure. Cet écrit ne suffit pas par lui-même. Il doit être lu à minuit, à la lumière d'une bougie composée et préparée d'une manière toute spéciale, avec des produits que je n'ai pas en ma possession. Sans la bougie, le parchemin ne vaut rien.

—N'en dites pas plus, s'écria le petit *Gallego,* cette bougie je l'ai chez moi. Je vous l'apporte dans une minute.

Il courut chez lui et revint bientôt avec le bout de bougie qu'il avait trouvée dans le coffret de santal.

Le Maure la prit en main et la sentit.

—Dans cette cire jaune, fit-il, sont enfermés des parfums rares. C'est bien le genre de bougie spécifié dans le texte. Tant qu'elle brûle, les murs les plus puissants, les cavernes les plus secrètes restent ouvertes. Mais malheur à celui qui s'y attarde lorsqu'elle s'éteint. Il y demeure, enchanté, avec ses trésors.

Les deux hommes convinrent d'en éprouver le charme cette nuit même. A une heure très avancée, tandis que rien ne bougeait, à l'exception des chauves-souris et des chouettes, ils se mirent à gravir la colline touffue de l'Alhambra et s'approchèrent de la redoutable tour que rendaient encore plus inquiétante son revêtement de feuillage nocturne et toutes les histoires qui l'entouraient. A la lueur d'une lanterne, ils tâtonnèrent à travers des buissons, par dessus des pierres écroulées, jusqu'à la porte d'une voûte qui s'ouvrait sous la tour. Tremblant d'émotion, ils descendirent une première série de marches taillées dans le roc. Elles menaient à une pièce humide et sombre, d'où d'autres escaliers conduisaient à une voûte plus profonde. Ils descendirent ainsi quatre autres escaliers qui correspondaient chacun à une voûte; mais le sol de la quatrième était massif. Selon la tradition, il y avait encore trois voûtes au-dessous, mais il était impossible de les atteindre, vu qu'elles étaient défendues par un charme. L'air de cette voûte était humide et glacial, on y sentait une odeur de terre et la lanterne l'éclairait à peine. Les deux hommes s'arrêtèrent un instant, le cœur battant, jusqu'au moment où ils entendirent faiblement l'horloge de la tour de guet égrener ses douze coups. Ils allumèrent alors la bougie, qui répandit un parfum de myrrhe, d'encens et de storax.

Le Maure se mit à lire, d'une voix saccadée. A peine avait-il fini l'incantation, qu'il se produisit un bruit pareil à un coup de tonnerre souterrain. La terre trembla et le sol s'entr'ouvrit, découvrant une volée d'escaliers. Tremblant de peur, ils descendirent et, à la lumière de leur lanterne, se virent dans une autre voûte, couverte d'inscriptions en arabe. Au centre se dressait un grand coffre fortifié de sept cercles d'acier, et à chaque bout du coffre était assis un Maure en armure, enchanté, immobile comme une statue... Devant le coffre, plusieurs jarres regorgeaient d'or, d'argent et de pierres précieuses. Ils plongèrent leurs bras jusqu'aux coudes dans la plus grande d'entre elles et en retiraient chaque fois des poignées de pièces d'or mauresques, des bracelets ou d'autres ornements, avec, de temps en temps, un collier de perles orientales qui s'enroulait à leurs doigts. Mais, tout en bourrant leurs poches de butin, ils tremblaient, haletants, sans oser quitter des yeux les deux Maures enchantés qui, impassibles et redoutables, les fixaient sans ciller. Finalement, un bruit imaginaire les mit dans une telle panique qu'ils se précipitèrent tous les deux dans l'escalier; en se heurtant, ils se culbutèrent, la bougie s'éteignit et le sol se referma avec un grondement de tonnerre. Heureusement, ils étaient à l'étage supérieur.

Pleins de terreur, ils ne s'arrêtèrent que lorsqu'ils furent sortis tant bien que mal de la tour et qu'ils revirent entre les arbres briller les étoiles. Alors, ils s'assirent sur l'herbe, partagèrent leur prise, satisfaits pour le présent de ce léger acompte, mais bien décidés à retourner à leurs jarres une de ces nuits pour les vider jusqu'au fond. Pour s'assurer de leur bonne foi mutuelle, ils se partagèrent les talismans, l'un conservant le parchemin, l'autre la bougie. Ceci fait, ils se dirigèrent, les poches lourdes, mais le cœur léger, vers Grenade.

Comme ils descendaient la colline, le Maure astucieux souffla quelques conseils à l'oreille du brave petit porteur d'eau.

—Ami Perejil, fit-il, toute cette affaire doit rester dans le plus grand secret, tant que nous n'aurons pas mis en sécurité tout le trésor. Si l'*alcalde* en a vent, nous sommes perdus.

—Certainement, répondit le *Gallego,* rien n'est plus vrai.

—Ami Perejil, continua le Maure, vous êtes un homme discret qui sait se taire; mais vous avez une femme.

—Elle n'en saura rien, affirma avec fermeté le petit porteur d'eau.

—Bien, dit le Maure. Je compte sur votre discrétion et sur votre promesse.

Jamais promesse ne fut faite avec autant d'assurance et de sincérité; mais, hélas, quel homme peut cacher un secret à sa femme? Sûrement pas Perejil, le porteur d'eau, qui était le plus aimant et le plus docile des maris. A son retour, il trouva sa femme qui se désolait dans un coin.

—Enfin te voilà! s'écria-t-elle. Tu as roulé toute la nuit! Tu ne m'amènes pas un autre Maure, j'espère?

Puis, fondant en larmes, elle se tordit les bras et se frappa la poitrine.

—Malheureuse que je suis! s'exclama-t-elle. Que vais-je devenir? Ma maison pillée par les notaires et les *alguaciles*... mon mari, un bon-à-rien, qui, au lieu d'apporter du pain à sa famille, s'en va courir nuit et jour avec des musulmans, des infidèles! O mes enfants! mes enfants! qu'allons-nous devenir? On nous verra mendier dans les rues!

Le bon Perejil fut tellement attendri par la désolation de son épouse que les larmes lui vinrent aux yeux. Impossible pour lui de se contenir, son cœur étant aussi plein que sa poche. Mettant la main dans cette dernière, il en tira trois ou quatre grosses pièces d'or qu'il fit glisser dans le sein de sa moitié. La pauvre femme, éberluée, se demandait ce que cette pluie d'or voulait dire. Elle n'était pas revenue de sa surprise que le petit *Gallego* faisait danser devant ses yeux une chaîne d'or, fou de joie, la bouche fendue d'une oreille à l'autre.

—Que la Sainte Vierge nous protège! s'exclama sa femme. Qu'as-tu fait, Perejil? Tu n'as pas commis de vol... de meurtre?

A peine cette idée eut-elle effleuré l'esprit de la pauvre femme qu'elle se transformait chez elle en certitude. Elle voyait déjà la prison, la potence au loin et, pendu à cette potence, son petit *Gallego* de mari, avec ses jambes arquées... Epouvantée par les horreurs que dressait devant elle son imagination, elle eut une crise de nerfs.

Que pouvait faire le pauvre homme? Il n'avait d'autre moyen de calmer sa femme et de chasser les fantômes de son imagination, que de lui raconter toute l'histoire de son aubaine. Mais il ne le fit qu'après avoir obtenu d'elle la promesse la plus solennelle de la garder, vis-à-vis de tout être vivant, dans le plus grand secret.

Décrire sa joie est au-dessus de nos forces. Elle se jeta au cou de son mari et faillit l'étrangler sous ses caresses.

—Et maintenant, ma femme, s'exclama le petit homme dans une légitime exaltation, que dis-tu du legs du Maure? Désormais, ne me reproche plus d'avoir aidé un pauvre homme dans la misère.

Le brave *Gallego* s'étendit alors sur sa peau de mouton et dormit aussi profondément que sur un lit de plume. Mais pas sa femme. Elle vida tout le contenu de ses poches sur la natte et passa toute la nuit à compter et recompter les pièces d'or, à essayer les colliers et les boucles d'oreille et à imaginer l'air qu'elle aurait en plein jour lorsqu'elle pourrait jouir pleinement de ses richesses.

Le lendemain matin, le brave *Gallego* apporta une des ses grosses pièces d'or à un bijoutier du Zacatín. Il voulait la vendre, lui dit-il, ajoutant qu'il l'avait trouvée parmi les ruines de l'Alhambra. Le bijoutier vit qu'elle portait une inscription en arabe et qu'elle était d'or pur. Il ne lui proposa toutefois que le tiers de sa valeur, que le porteur d'eau accepta volontiers. Perejil acheta alors pour sa petite famille des vêtements neufs, des jouets, toutes sortes de provisions pour faire un excellent repas et, de retour chez lui, se mit à danser avec eux, car il était le plus heureux des pères.

La femme du porteur d'eau tint sa promesse avec une rigueur surprenante. Pendant tout un jour et demi, elle vaqua à ses ocupations avec un air plein de mystère, le cœur gonflé à éclater; mais sans rien dire, bien qu'entourée de ses voisines les commères. De vrai, elle ne pouvait s'empêcher de faire un peu l'importante; elle s'excusait de sa toilette fripée, parlait de se commander une *basquiña* toute brodée d'or et ornée de perles de verre, ainsi qu'une mantille de dentelle. Elle laissa entendre que son mari avait l'intention de se retirer de son métier qui ne convenait pas tout à fait à sa santé. Peut-être même passeraient-ils l'été à la montagne: les enfants avaient besoin d'air pur et la ville était invivable, en cette saison.

Ses voisines ouvrirent des yeux ronds et crurent que la pauvre femme avait perdu l'esprit; à peine avait-elle tourné le dos, que ses mines, ses manières et ses prétentions nouvelles faisaient les frais des moqueries et des plaisanteries de ses amies.

Si elle se contenait en public, elle prenait chez elle sa

revanche en passant autour de son cou un collier de perles d'orient, en parant ses bras de gourmettes mauresques et sa tête de diadèmes de diamants; dans ses haillons, elle se pavanait, entre ses quatre murs, en se contemplant de temps en temps sur un bout de miroir. Un jour même, incapable de résister à sa vanité, elle se montra à sa fenêtre pour jouir de l'effet que produiraient ses atours sur les passants.

Le sort voulut qu'à cet instant précis le remuant barbier Pedrillo Pedrugo prît l'air, devant sa boutique, en face. Son œil toujours en alerte saisit aussitôt l'éclat d'un diamant. Une minute plus tard, il était à son observatoire, en train d'épier la femme du misérable porteur d'eau dans la somptueuse parure d'une nouvelle mariée orientale. Le temps de faire un inventaire précis de ses ornements et il s'élance à toutes jambes chez l'*alcalde,* qui lâche son *alguacil* famélique sur la piste du malheureux Perejil, lequel se voit, avant la fin du jour, traîné de nouveau devant le juge.

—Qu'as-tu fait, faquin! cria l'*alcalde* d'une voix furieuse. Tu m'as dit que l'infidèle qui est mort chez toi ne t'a laissé qu'un coffret vide, et j'apprends à l'instant que ta femme se pavane, dans ses haillons, couverte de perles et de diamants. Misérable! Apprête-toi à nous restituer le butin extorqué à ta pauvre victime et à te balancer à la potence qui est déjà lasse de t'attendre.

Le porteur d'eau terrifié tomba à genoux et conta en détail la façon merveilleuse dont il avait acquis la fortune. L'*alcalde,* l'*alguacil* et le barbier écoutaient d'une oreille avide cette histoire de trésor enchanté. On dépêcha l'*alguacil* chez le Maure qui avait lu l'incantation. Le musulman entra, passablement effrayé de se voir dans les griffes de la justice. Lorsqu'il eut aperçu le porteur d'eau, tête basse et intimidé, il comprit aussitôt de quoi il retournait.

—Chien, fit-il, en passant près de lui. Ne t'avais-je pas mis en garde contre les cancans de ta femme?

La version du Maure coïncidait parfaitement avec celle de son associé, mais l'*alcalde,* feignant de comprendre difficilement, le menaçait de perquisition et même de prison.

—Doucement, *señor alcalde,* dit le musulman, qui retrouvait avec son sang-froid son astuce habituelle. Ne gâchons pas les faveurs de la fortune en nous les disputant follement. Personne n'est au courant de l'affaire, à part nous: tenons-la secrète. Il y a, dans la caverne, de quoi nous enrichir tous. Promettez-nous un partage équitable, et tout sera à votre disposition; refusez, et la caverne restera fermée à tout jamais.

L'*alcalde* consulta à voix basse l'*alguacil,* qui était un vieux renard.

—Promettez-leur tout ce qu'ils voudront, lui répondit celui-ci, jusqu'au moment où ils extrairont le trésor. Mais, à ce moment-là, vous mettez la main dessus, et, si le Maure et son complice osent murmurer, vous les menacez du fagot et du bûcher comme hérétiques et sorciers.

Ce conseil ravit l'*alcalde.* Se radoucissant, il se tourna vers le Maure et lui dit:

—Voilà, en vérité, une histoire bien étrange, qui est peut-être vraie; mais je veux en avoir une preuve oculaire. Cette nuit même, vous répéterez l'incantation en ma présence. Si ce trésor existe effectivement, nous le partagerons à l'amiable et nous n'en reparlerons plus. Mais si vous m'avez trompé, n'espérez aucune pitié de ma part. En attendant, vous restez à ma disposition.

Le Maure et le porteur d'eau, convaincus que l'événement prouverait leur bonne foi, acceptèrent volontiers ces conditions.

Vers minuit, l'*alcalde* sortit secrètement, en compagnie de *l'alguacil* et de l'intrigant barbier, armé comme eux jusqu'aux dents. Ils menaient devant eux le Maure et le porteur d'eau, ainsi que le baudet de celui-ci, en prévision du trésor à emporter. Ils arrivèrent à la tour, sans avoir été vus par personne, et après avoir attaché l'âne à un figuier, ils descendirent à la quatrième voûte de la tour.

On produisit le rouleau, on alluma la bougie de cire jaune et le Maure se mit à lire l'incantation. La terre trembla, comme la première fois, le sol s'ouvrit dans un fracas de tonnerre et une nouvelle volée d'escaliers se découvrit. L'*alcalde,* l'*alguacil* et le barbier, frappés de stupeur, ne purent se résoudre à descendre. Le Maure et le porteur d'eau entrèrent dans la voûte inférieure où ils retrouvèrent les deux Maures, silencieux et immobiles. Ils emportèrent deux des grandes jarres qui étaient emplies jusqu'au bord de pièces de monnaie et de pierres précieuses. Le porteur d'eau les monta, l'une après l'autre, sur ses épaules, et bien que vigoureux et accoutumé à porter des fardeaux, il titubait sous leur poids. Quand il les pendit aux flancs de son âne, il se rendit compte que c'était le maximum que pouvait supporter l'animal.

—Cela suffit pour le moment, dit le Maure. Il y a là autant de fortune que nous pouvons emporter sans nous faire remarquer, et largement de quoi nous rendre tous riches.

—Mais reste-t-il des trésors, en bas? demanda l'*alcalde.*

—Le plus précieux, dit le Maure: un énorme coffre, bardé d'acier et tout plein de perles et de pierres précieuses.

—Il nous faut absolument ce coffre, s'écria l'*alcalde* insatiable.

—Moi, je ne descendrai plus, dit le Maure, obstiné. Un homme raisonnable doit savoir se modérer.

—Moi non plus, dit le porteur d'eau. Je ne veux plus ramener de trésors pour briser le dos de ma pauvre bête.

Ordres, menaces, prières n'y faisant rien, l'*alcalde* se tourna vers ses deux acolytes.

—Aidez-moi, leur dit-il, à remonter ce coffre et nous partagerons à nous trois tout ce qu'il contient.

Disant ces mots, il descendit les marches, suivi de l'*alguacil* et du barbier tremblants.

Ils n'avaient pas plus tôt pénétré sous la voûte que le Maure souffla sa bougie de cire jaune. Le sol se referma en grondant et les trois compères restèrent enfermés dans ses entrailles.

Il se hâta ensuite de remonter tous les étages et ne s'arrêta qu'à l'air libre. Le petit porteur d'eau le suivit aussi vite que ses courtes jambes pouvaient le porter.

—Qu'avez-vous fait? demanda Perejil, dès qu'il put reprendre son souffle. L'*alcalde* et les deux autres sont enfermés sous la voûte.

—C'est la volonté d'Allah, répondit d'un ton dévot le Maure.

—Et vous n'allez pas les libérer? demanda le *Gallego*.

—Allah m'en garde! repliqua l'autre en se passant la main sur la barbe. Il est écrit dans le livre du destin qu'ils sont condammés à rester enfermés jusqu'à ce qu'un nouvel événement rompe le charme. Que la volonté de Dieu soit faite!

Et il lança d'un grand geste le bout de bougie au loin dans les buissons noirs.

Il n'y avait plus rien à faire. Le Maure et le porteur d'eau redescendirent vers la ville. En chemin, Perejil ne pouvait s'empêcher de serrer contre lui et d'embrasser son humble compagnon ainsi délivré des griffes de la justice et l'on n'aurait pu dire ce qui réjouissait le plus le brave homme: si c'était d'avoir conquis un trésor ou de retrouver son âne.

Les heureux associés partagèrent leur butin à l'amiable et fort équitablement. Le Maure, qui avait du goût pour les colifichets, obtint de mettre dans son tas le plus possible de perles, de pierres précieuses et de bijoux; mais, en échange, il offrait au porteur d'eau de magnifiques joyaux d'or massif, cinq fois plus grands que les siens, et qui contentaient largement ce dernier. Ils prirent bien soin de se mettre à l'abri de tout incident fâcheux et décidèrent de jouir en paix de leur fortune dans un autre pays. Le Maure retourna à sa ville natale, en Afrique, tandis que le *Gallego,* avec sa femme, ses enfants et son âne, se dirigeait vers le Portugal. Là, grâce aux conseils avisés de sa femme, il devint une espèce de personnage que l'on voyait en pourpoint et chausses, plume au chapeau, épée au côté. Rejetant l'appellation familière de Perejil, il avait adopté le nom plus ronflant de Don Pedro Gil. Sa progéniture croissait heureusement sur ses jambes courtes et arquées, tandis que *Señora* Gil, couverte des pieds à la tête de franges, de pompons et de dentelles, pour ne rien dire de ses mains qu'elle avait baguées de diamants, devenait un modèle d'élégance criarde.

Quant à l'*alcalde* et à ses tristes acolytes, ils restèrent enfermés sous la grande Tour à Sept Etages et ils le sont encore. Lorsque manqueront en Espagne les barbiers intrigants, les *alguaciles* rapaces et les *alcaldes* corrompus, on ira peut-être les chercher; mais s'ils doivent attendre ce jour pour être délivrés, il y a grand danger que leur enchantement se prolonge jusqu'au jour de Jugement Dernier.

LEGENDE DE LA ROSE DE L'ALHAMBRA

ou

LE PAGE ET LE FAUCON

Après la reddition de Grenade aux chrétiens, cette ville charmante fut, pendant un certain temps, le séjour favori des souverains espagnols, jusqu'au moment où ils se virent contraints de la quitter à la suite de tremblements de terre répétés, qui renversèrent des maisons et firent trembler sur leurs bases les vieilles tours mauresques.

Bien des années s'écoulèrent, durant lesquelles Grenade fut rarement honorée d'une visite royale. Les palais de la noblesse se fermèrent et se turent; et l'Alhambra, comme une beauté qu'on méprise, resta triste et solitaire parmi ses jardins abandonnés. La désolation générale avait gagné la Tour des Infantes, qui avait été autrefois la résidence des trois belles princesses mauresques. Sous ses voûtes dorées, l'araignée tissait sa toile, et les chauves-souris se partageaient avec les chouettes les chambres où avaient rayonné Zayda, Zorayda et Zorahayda. L'état de négligence où se trouvait la tour s'explique en partie par les superstitions dont le voisinage l'entourait. On murmurait que le soir, au clair de lune, on pouvait apercevoir le fantôme de Zorahayda—qui était morte dans cette tour—assis près de la vasque de la salle; ou bien qu'elle gémissait près des créneaux et les promeneurs attardés dans le vallon pouvaient entendre à minuit le son de son luth d'argent.

Mais Grenade devait connaître une fois de plus la faveur d'une visite royale. On sait que Philippe V fut le premier Bourbon qui tint le sceptre de l'Espagne. On sait qu'il épousa, en secondes noces, Elisabeth ou Isabelle, la belle princesse de Parme; et que, par une série de contingences, un prince français et une princesse italienne se trouvèrent réunis sur le trône d'Espagne. Pour la réception de ce couple illustre, l'Alhambra fut restauré et aménagé en toute diligence. L'arrivée de la cour transforma totalement l'aspect du palais, hier encore désert. Le fracas des tambours et des trompettes, le galop des coursiers dans les allées et sur l'esplanade, l'éclat des armes et le déploiement des oriflammes autour des barbacanes et des créneaux, tout rappelait les temps héroïques et glorieux de la forteresse. Mais une ambiance plus pacifique caractérisait l'intérieur du palais royal. On n'entendait que froufrou de robes et murmures de courtisans respectueux dans les antichambres, va et vient de pages et de filles d'honneur dans les jardins et musiques exhalées des fenêtres ouvertes.

Or, parmi les gens qui composaient le cortège des monarques se trouvait un page favori de la reine, qui se nommait Ruiz de Alarcón. Dire que c'était un page favori de la reine équivaut à faire son éloge, car celle-ci n'admettait dans sa suite que la grâce, la beauté et le talent. Ruiz venait d'accomplir sa dix-huitième année; il était souple et gracieux comme un jeune Antinoüs. A la reine, il ne montrait que respect et déférence, mais, choyé et gâté par les dames de la cour, et plus expérimenté en amour qu'on ne l'est d'ordinaire à son âge, il était passablement effronté, en réalité.

Notre page se promenait, un matin, dans les bois du Généralife, qui dominent les terres de l'Alhambra. Il avait pris avec lui, pour s'amuser, le faucon favori de la reine. Au cours de sa promenade, voyant un oiseau s'élever d'un buisson, il déchaperonna le faucon et le lâcha. Celui-ci s'élança dans les airs, fondit sur sa proie, mais, la manquant, se remit à voler, sans faire cas des appels du page, qui suivit des yeux le fugitif dans sa course capricieuse jusqu'à ce qu'il l'eût vu se poser sur le créneau d'une tour lointaine et isolée de l'Alhambra. Cette tour se dressait au-dessus de la muraille extérieure qui séparait la forteresse royale du territoire du Généralife: c'était «La Tour des princesses».

Le page descendit dans le ravin et s'approcha de la tour, mais on ne pouvait y avoir accès depuis le vallon et ses hautes parois abruptes décourageaient toute tentative d'escalade. Il chercha donc à gagner une des portes de la forteresse et fit un vaste circuit qui l'amena devant la tour, face au côté qui donnait sur l'intérieur des murailles.

Un jardinet, enclos par un treillis de roseaux recouverts de myrte, le séparait de la tour. Ouvrant une barrière, le page passa entre des parterres de fleurs et des buissons de roses. Il atteignit la porte. Elle était fermée et verrouillée. Par une fente dans le bois, il jeta un coup d'œil sur le dedans. Il vit une petite salle mauresque aux murs ornés de stuc, avec de sveltes colonnes de marbre et une fontaine d'albâtre, entourée de fleurs. Au centre était suspendue une cage dorée, contenant un oiseau chanteur; juste au-dessous, un chat tigré reposait entre des écheveaux de soie et d'autres articles de couture; une guitare décorée de rubans était appuyée contre la fontaine.

Ruiz de Alarcón fut frappé de trouver ces indices de goût et d'élégance féminine dans une tour solitaire qu'il avait crue déserte. Cela lui remit en mémoire les légendes de salles enchantées et il se dit que le chat tigré pourrait bien être quelque princesse captive d'un charme.

Il frappa doucement à la porte. Un délicieux visage apparut à la fenêtre au-dessus, mais s'en retira aussitôt. Le page attendit, dans l'espoir qu'on allait lui ouvrir la porte, mais ce fut en vain. Aucun bruit de pas... silence complet. Ses sens l'avaient-ils trompé, ou bien cette charmante apparition était-elle la fée de la tour? Il frappa de nouveau, plus fort. Peu après, le radieux visage se montra à la fenêtre; c'était celui d'une fillette de quinze ans dans toute sa fraîcheur.

Le page ôta aussitôt son bonnet à plume et la supplia, du ton le plus courtois, de lui permettre de monter sur la tour à la poursuite de son faucon.

—Je n'ose pas ouvrir la porte, *señor,* lui répondit la petite demoiselle rougissante. Ma tante me l'a défendu.

—Je vous en conjure, belle demoiselle... c'est le faucon favori de la reine: je n'ose pas rentrer au palais sans le rapporter.

—Vous êtes donc un des gentilshommes de la cour?

—Oui, belle demoiselle; mais je perdrai la faveur de la reine et ma place, si je perds mon faucon.

—¡Santa María! C'est justement contre vous autres, gentilshommes de la cour, que ma tante m'a chargée de verrouiller la porte.

—Bien sûr, contre les méchants gentilshommes; mais moi, je ne suis qu'un simple page inoffensif qui sera ruiné et perdu si vous rejetez sa pauvre requête.

Le cœur de la petite demoiselle fut touché par la désolation du page. C'eût été vraiment bien dommage qu'il fût perdu pour une bagatelle. Sûrement, il n'était pas de ces dangereux bipèdes que sa tante lui avait décrits comme des espèces de cannibales, toujours prêts à saisir dans leurs griffes les jeunes filles étourdies. Il était doux et modeste et avait l'air si charmant dans son attitude de suppliant, coiffure à la main!

Le malin, voyant la garnison balancer, redoubla ses prières

d'une façon si émouvante qu'il était impossible qu'une jeune fille y fût insensible. La petite gardienne de la tour descendit donc et ouvrit la porte d'une main tremblante; et, si le page avait été charmé par le peu qu'il en avait aperçu de la fenêtre, il fut absolument ravi du portrait en pied qui se révélait maintenant à ses yeux.

Le corsage andalou et la *basquiña* soulignaient la ronde et délicate symétrie de ses formes, à peine développées. Ses cheveux lustrés, séparés sur le front par une raie d'une scrupuleuse exactitude, étaient ornés, selon la coutume générale du pays, d'une rose fraîchement cueillie. Il est vrai que son teint était doré par le soleil méridional, mais cela ne faisait que rehausser l'éclat de ses joues et le lustre de ses yeux caressants.

Ruiz de Alarcón vit tout cela d'un seul coup d'œil (il n'eût pas été convenable de fixer plus longtemps la jeune fille). Se bornant à lui murmurer des remerciements, il bondit dans l'escalier, à la recherche de son faucon.

Il revint bientôt, avec le fugitif au poing. La demoiselle s'était installée près de la fontaine et enroulait de la soie; mais, dans son agitation, elle laissa tomber la bobine sur la dalle. Le page, d'un bond, la ramassa; se laissant gracieusement tomber sur un genou, il la lui présenta, et sur la main qui se tendait pour la prendre, posa un baiser plus fervent et plus dévot que ceux qu'il imprimait sur celle de sa souveraine.

—*¡Ave María, señor!* s'exclama la demoiselle, rougissant de plus belle sous l'effet de la confusion et de la surprise, car elle n'avait jamais reçu pareille salutation.

Le page, d'un air modeste, se confondit en excuses et lui assura que c'était la manière, à la cour, d'exprimer le respect et l'hommage les plus profonds.

La colère de la jeune fille—à supposer qu'elle en eût éprouvé—se calma bientôt, mais son agitation et sa gêne redoublèrent: elle rougissait toujours, les yeux baissés, et embrouillait le fil qu'elle voulait enrouler.

Le rusé, voyant la confusion dans le camp adverse, en eût bien profité; mais les beaux discours qu'il voulait prononcer mouraient sur ses lèvres. Ses galanteries étaient maladroites, inefficaces, et, à sa propre surprise, le page, qui paraissait avec tant de grâce et d'effronterie parmi les dames les plus habiles de la cour, se vit intimidé et confondu en présence d'une simple fillette de quinze ans.

C'est que la jeune personne avait en sa modestie et son innocence des gardiens bien plus forts que les portes et les verrous de sa tante. Pourtant, quel cœur de femme peut rester insensible au premier aveu d'amour? La petite demoiselle, malgré toute son ingénuité, comprit instinctivement tout ce que la langue balbutiante du page était incapable d'exprimer et elle sentait son cœur battre en voyant, pour la première fois un amoureux à ses pieds. Et quel amoureux!

La gêne du page, bien que sincère, ne dura pas; il retrouvait son aisance et son assurance coutumières lorsqu'une voix perçante retentit au loin.

—Ma tante, qui revient de la messe! s'écria la demoiselle, tout effrayée. Je vous en prie, *señor,* partez.

—Mais pas avant que ne vous m'ayez accordé, comme souvenir, la rose qui est piquée dans vos cheveux.

La jeune fille dégagea la rose de ses cheveux de jais.

—Prenez-la, s'écria-t-elle, agitée et rougissante; mais, de grâce, partez.

Le page prit la rose tout en couvrant de baisers la petite main qui la lui donnait. Puis, plaçant la fleur sur son bonnet, il s'élança, le faucon au poing, à travers le jardin, emportant avec lui le cœur de Jacinta.

Quand la tante arriva à la tour, elle remarqua l'agitation de sa nièce et le désordre de la salle: mais un mot lui expliqua tout.

—Un faucon a poursuivi sa proie dans la salle.

—Juste ciel! un faucon a pénétré dans cette tour! A-t-on jamais vu oiseau plus insolent? Même dans sa cage, l'oiseau n'est plus en sécurité!

La vigilante Frédégonde était une des vieilles filles les plus méfiantes du monde. Elle avait pour ce qu'elle appelait «le sexe opposé» une terreur qui n'avait fait que s'accroître avec son célibat. Non qu'elle eût eu l'occasion de pâtir de ses ruses, la Nature l'en ayant garantie par un visage qui interdisait d'empiéter ses terres; mais les femmes qui ont le moins de motifs de craindre pour elles-mêmes montrent souvent un soin extraordinaire à surveiller leurs voisines plus exposées par leurs charmes.

Sa nièce était orpheline d'un officier qui était tombé à la guerre. Elle avait été élevée dans un couvent et venait de quitter cet asile sacré pour être confiée à la tutelle inmédiate de sa tante, sous la jalouse surveillance de qui elle végétait, telle une rose en bouton à l'ombre d'une ronce. La comparaison n'est pas fortuite, car, pour tout dire, sa jeune beauté, même recluse, avait retenu les regards du voisinage et les paysans des alentours, avec cette tournure poétique qui caractérise l'Andalousie, l'avaient surnommée «La Rose de l'Alhambra»

La vieille fille redoubla de vigilance, tant que la cour demeura à Grenade, et se flattait déjà du succès de ses soins. Certes, elle avait été passablement troublée par les sérénades qu'on donnait parfois, au clair de lune, sous la tour; mais elle exhortait sa nièce à fermer ses oreilles à ces vaines chansons d'amour, en l'assurant que c'était encore une ruse du sexe opposé, destinée à perdre les filles qui s'y laissaient prendre.

Mais que peut sur le cœur d'une enfant une sèche admonition contre une sérénade au clair de lune?

Finalement, le roi Philippe décida d'abréger son séjour à Grenade et s'en alla brusquement avec toute sa suite. La vigilante Frédégonde vit le cortège royal sortir par la Porte de la Justice et descendre la grande allée qui menait à la ville. Lorsque la dernière oriflamme eut disparu, elle revint tout exultante à sa tour, car tous ses soucis étaient finis. Mais imaginez sa surprise lorsqu'elle aperçut un pur-sang arabe devant la barrière du jardin—et son horreur lorsqu'elle distingua entre les massifs de roses, un jeune homme en costume brillamment brodé aux pieds de sa nièce. Au bruit de ses pas, celui-ci fit un tendre adieu à la jeune fille, sauta légèrement par-dessus la barrière de roseaux et de myrtes, bondit sur son cheval et disparut presque aussitôt avec lui.

La tendre Jacinta, dans sa douleur, oublia les sentiments de sa tante. Se jetant dans ses bras, elle éclata en sanglots.

—¡Ay de mí! s'écria-t-elle. Il est parti... il est parti!... Il est parti et je ne le reverrai plus!

—Parti! qui donc?... quel est ce jeune homme que j'ai vu à tes pieds?

—Un page de la reine, ma tante, qui est venu me dire adieu.

—Un page de la reine, mon enfant! répéta faiblement la vigilante Frédégonde. Et quand as-tu connu ce page de la reine?

—Le matin où le faucon est venu dans la tour. C'était le faucon de la reine... et il était venu le reprendre.

—Ah, que tu es sotte! Sache bien qu'il n'y a pas de faucon aussi dangereux que ces jeunes pages espiègles et que c'est sur des oiseaux aussi inoffensifs que toi qu'ils fondent!

La tante, au début, fut outrée d'apprendre qu'en dépit de la vigilance dont elle était si fière, les deux jeunes amoureux avaient entretenu un tendre commerce presque sous ses yeux. Mais quand elle découvrit que sa naïve nièce, bien qu'exposée, sans portes ni verrous, à toutes les machinations du sexe opposé, était sortie intacte de cette terrible épreuve, elle se consola en se disant que c'était grâce aux maximes chastes et avisées qu'elle lui avait inculquées.

Tandis que la tante répandait ce baume sur son amour-propre blessé, la nièce se répétait avec délices les serments de fidélité du page. Mais qu'est-ce que l'amour d'un homme toujours en mouvement? Une onde capricieuse qui s'attarde un instant auprès de chaque fleur de la rive et passe, les laissant toutes en larmes.

Les jours, les semaines, les mois passèrent... Aucune nouvelle du page. Les grenades mûrirent, les vignes donnèrent leurs grappes, les pluies d'automne grossirent les torrents des montagnes; la Sierra Nevada se couvrit de son manteau de neige et les rafales de l'hiver mugirent dans les salles de l'Alhambra... mais il n'était toujours pas là. L'hiver passa. L'heureux printemps éclata de nouveau avec ses chants, ses fleurs et ses zéphyrs embaumés! les neiges fondirent sur les montagnes, sauf sur les plus hautes cimes de la Sierra qui continuèrent à briller dans la touffeur de l'été. Toujours pas de nouvelles du page oublieux.

Pendant ce temps, la pauvre petite Jacinta pâlissait, mélancolique. Elle avait oublié ses anciennes occupations, la soie restait enchevêtrée, la guitare muette, les fleurs négligées; elle n'écoutait plus le chant de son oiseau et ses yeux brillants étaient maintenant ternis par les larmes qu'elle versait en secret. Pour entretenir la passion d'une demoiselle délaissée, on ne saurait imaginer d'endroit plus propice que l'Alhambra, où tout semble avoir été combiné pour faire naître des rêveries tendres et romanesques. C'est un paradis pour les amoureux: mais quelle souffrance d'être seule en ce paradis... plus que seule: abandonnée!

—Hélas, ma pauvre enfant, lui disait l'immaculée Frédégonde, lorsqu'elle la trouvait dans cet état d'abattement. Ne t'avais-je pas mise en garde contre les ruses et les tromperies de ces hommes? Et, d'autre part, que pouvais-tu attendre d'un fils de famille noble et ambitieux, toi qui n'es qu'une orpheline, et qui descends d'une lignée déchue et appauvrie? Sois bien certaine que, même si ce jeune homme t'était fidèle, son père, qui est un des grands les plus orgueilleux de la cour, s'opposerait à son union avec une fille sans dot comme toi. Sois donc énergique et ôte-toi ces idées de l'esprit.

Les paroles de l'immaculée Frédégonde ne servirent qu'à accroître la mélancolie de sa nièce, mais elle la dissimulait de son mieux. Une nuit d'été, après que sa tante se fut retirée, elle était restée seule dans la salle de la tour, près de la fontaine d'albâtre. C'est à cet endroit que l'infidèle s'était agenouillé et lui avait baisé la main pour la première fois; c'est là qu'il lui avait juré fidélité éternelle. Le cœur de la petite demoiselle était accablé de ces tristes et charmantes souvenances; elle se mit à pleurer et ses larmes tombèrent goutte à goutte dans la fontaine. Peu à peu le cristal de l'eau s'agita, se troubla, se mit à bouillir et à danser jusqu'au moment où une apparence de femme, richement vêtue à la mauresque, en sortit lentement.

Jacinta en fut si effrayée qu'elle se sauva et n'osa plus retourner à la salle. Le lendemain matin, elle conta ce qu'elle avait vu à sa tante, mais cette aimable personne déclara que c'était une fantaisie de son esprit troublé ou bien qu'elle avait dû s'endormir et rêver au bord de la fontaine.

—Tu as dû penser à l'histoire des trois princesses mauresques qui habitaient autrefois cette tour.

—Quelle histoire, ma tante? Je ne la connais pas.

—Tu as certainement entendu parler des trois princesses Zayda, Zorayda et Zorahayda, qui étaient enfermées dans cette tour par le roi leur père et qui se firent enlever pas des gentilshommes chrétiens. Les deux premières s'enfuirent, mais la troisième n'eut pas le courage d'exécuter sa décision et l'on dit qu'elle mourut ici.

—Je me souviens maintenant de l'avoir entendue et je crois bien que j'ai pleuré sur le sort de la douce Zorahayda, dit Jacinta.

—Tu fais bien de pleurer sur son sort, répliqua la tante, car l'amoureux de Zorahayda était ton ancêtre. Il se lamenta longtemps d'avoir perdu sa princesse mauresque; mais le temps adoucit son chagrin et il épousa une dame espagnole, dont tu descends.

Jacinta resta songeuse et se dit:

—Ce que j'ai vu hier n'est pas un phantasme de mon esprit, j'en suis sûre. Si c'est l'esprit de la douce Zorahayda qui hante cette tour, ainsi que je l'ai appris, de quoi aurais-je peur? J'observerai cette nuit la fontaine... peut-être recommencera-t-elle sa visite.

Vers minuit, dans le plus grand silence, elle alla s'asseoir dans la salle. Comme la cloche de la lointaine tour de guet de l'Alhambra égrenait ses douze coups, l'eau de la fontaine s'agita de nouveau et se mit à danser... Bientôt la figure mauresque en émergea. Elle était jeune et belle; sa toilette était enrichie de joyaux et elle tenait en main un luth d'argent. Jacinta tremblait, allait s'évanouir... mais la douce et plaintive voix de l'apparition la rassura, ainsi que son expression mélancolique.

—Fille mortelle, lui dit-elle, qu'as-tu? Pourquoi tes larmes troublent-elles ma fontaine? Pourquoi tes soupirs et tes plaintes dérangent-ils le calme de la nuit?

—Je pleure à cause de l'inconstance d'un homme et je gémis sur ma solitude et mon abandon.

—Rassure-toi. Tes chagrins peuvent cesser. Vois devant toi une princesse mauresque, qui, comme toi, a été malheureuse en amour. Un gentilhomme chrétien, ton ancêtre, gagna autrefois mon cœur; il voulait me conduire à son pays natal et me convertir à sa religion; mais, le courage me manquant, je suis restée ici. C'est pour cela que les mauvais génies exercent sur moi leur pouvoir et que je reste enchantée dans cette tour jusqu'au moment où un pur chrétien consentira à rompre ce charme magique. Veux-tu entreprendre cette tâche?

—Je le veux, répondit la demoiselle, tremblante.

—Approche donc et sois sans crainte; trempe ta main dans la fontaine, asperge-moi et baptise-moi selon ta religion; alors l'enchantement se dissipera et mon âme en peine obtiendra le repos.

La jeune fille s'avança d'un pas chancelant, plongea sa main dans la fontaine et aspergea le pâle visage du fantôme.

La princesse défunte sourit avec une douceur ineffable. Posant son luth aux pieds de Jacinta, elle croisa ses bras blancs sur son sein et s'évanouit dans l'eau qu'elle troubla comme eût fait une giboulée.

Jacinta quitta la salle, pleine de surprise et de terreur. Cette nuit-là, elle ferma à peine l'œil; mais lorsqu'elle s'éveilla à l'aube, elle crut avoir été victime d'un cauchemar. Redescendant dans la salle, elle se convainquit de la réalité de la vision en apercevant près de la fontaine le luth qui brillait au soleil matinal.

Elle s'empressa d'aller dire à sa tante ce qui était survenu la veille et la pria de jeter un coup d'œil sur le luth qui établissait la vérité de ses dires. Et si le brave chaperon avait encore quelques doutes, ils ne résistèrent pas aux accents de l'instrument qui, sous les doigts de Jacinta, parvinrent à faire fondre le cœur frigide de l'immaculée Frédégonde où régnait un hiver éternel. Rien d'autre qu'une mélodie surnaturelle n'eût produit cet effet.

Le pouvoir extraordinaire de l'instrument éclatait chaque jour davantage. Le promeneur qui passait sous la tour s'immobilisait, extasié, comme sous l'influence d'un charme. Les oiseaux même se rassemblaient dans les arbres environnants et se taisaient pour l'écouter.

La nouvelle se répandit. Les habitants de Grenade montaient en foule à l'Alhambra pour recueillir quelques notes de la musique trascendante qui flottait au-dessus de la tour des Infantes.

La gentille sirène fut enfin tirée de sa retraite. Les puissants et les riches se disputaient sa présence, ou plutôt les charmes de son luth, qui attirait des foules élégantes dans leurs salons. Mais partout où elle allait, son dragon de tante ne la quittait pas d'une semelle et l'éloignait des admirateurs passionnés qui étaient pendus à sa musique. Sa renommée s'étendit de ville en ville. Málaga, Séville, Cordoue furent conquises tour à tour. Dans toute l'Andalousie, il n'était question que de la belle sirène de l'Alhambra. Comment pouvait-il en être autrement chez des gens aussi fous de musique et aussi galants que les Andalous, quand le luth possédait un pouvoir magique et la poétesse était inspirée par l'amour?

Pendant que toute l'Andalousie s'enthousiasmait ainsi pour notre héroïne, l'inquiétude régnait à la cour d'Espagne. Philippe V, on le sait, était un malheureux hypocondriaque, sujet à toutes sortes de lubies. Parfois il gardait le lit pendant des semaines et se plaignait de maux imaginaires. D'autres fois, il voulait absolument abdiquer, ce qui ennuyait fort sa royale épouse, qui avait beaucoup de goût pour les splendeurs de la cour et les gloires de la couronne et maniait le sceptre d'une main ferme et habile.

On n'avait rien trouvé de plus efficace que la musique pour dissiper les humeurs sombres du roi; la reine prenait donc grand soin de s'environner des meilleurs artistes, chanteurs et instrumentistes, et conservait à la cour le fameux chanteur italien Farinelli comme une manière de médecin du roi.

Au moment où se situe notre histoire, le sage et illustre Bourbon fut pris d'une fantaisie qui dépassait de loin toutes les autres. Après une longue période de maladie imaginaire, qui eut raison de toutes les mélodies de Farinelli et de tous les concerts de l'orchestre de la cour, le monarque fut persuadé qu'il avait rendu l'âme et qu'il était bel et bien mort.

Cet égarement eût été inoffensif, voire avantageux à la reine et aux courtisans, si le roi s'était contenté d'adopter l'immobilité propre à un mort; mais ce qui les ennuyait, c'est qu'il tenait à ce qu'on lui fît des funérailles; et ce qui les rendait tout à fait perplexes, c'est qu'il s'impatientait et qu'il les injuriait pour le manque de respect et la négligence dont ils se rendaient coupables en le laissant sans sépulture. Que faire? Désobéir aux volontés expresses du monarque était quelque chose de monstrueux pour un courtisan respecteux de l'étiquette... mais lui obéir, n'était-ce pas commettre un régicide?

Au milieu de ce redoutable dilemme, la nouvelle parvint à la cour qu'une jeune musicienne tournait la tête de l'Andalousie. La reine envoya en toute hâte des gens qui avaient mission de la ramener à San Ildefonso, où la cour résidait alors.

Au bout de quelques jours, comme la reine se promenait avec les dames de sa suite dans les vastes jardins qui, avec leurs terrasses, leurs allées et leurs fontaines, voulaient éclipser Versailles, la jeune fille prodige fut conduite devant elle. L'auguste Elisabeth contempla avec surprise l'apparence simple et modeste de celle dont la musique affolait le monde. Elle avait sa pittoresque toilette andalouse; le luth à la main, les yeux baissés, elle montrait dans sa beauté une simplicité et une fraîcheur qui la proclamaient encore «la Rose de l'Alhambra».

Comme à l'accoutumée, elle était accompagnée de la toujours vigilante Frédégonde qui, sur la demande de la reine, conta à celle-ci toute l'histoire de sa généalogie. Si l'imposante Elisabeth avait été intéressée par l'apparence de Jacinta, elle montra encore plus de plaisir à apprendre qu'elle était d'une famille noble, bien que ruinée, et que son père était mort bravement au service de la couronne.

—Si ton pouvoir égale ta renommée et si tu peux chasser le mauvais esprit qui possède ton souverain, je me charge moi-même de ton sort et je te comble de richesses et d'honneurs.

Impatiente d'éprouver son art, la reine conduisit aussitôt la jeune fille à la chambre du triste monarque.

Jacinta la suivit, les yeux baissés, entre deux rangs de gardes et parmi une foule de courtisans. Elles arrivèrent enfin à une vaste salle toute tendue de noir. Les fenêtres étaient fermées contre la clarté du jour: un grand nombre de cierges de cire jaune dans des candélabres d'argent diffusaient une lumière lugubre et révélaient confusément des courtisans silencieux, en habit noir, qui se mouvaient sur la pointe des pieds, d'un air tragique. Au milieu de son lit funéraire, ou plutôt de sa bière, les mains croisées sur la poitrine et ne laissant voir de son visage que le bout du nez, le roi «mort» était étendu.

La reine entra dans la chambre en silence et, designant un tabouret à Jacinta, elle lui fit signe de s'y asseoir et de commencer.

Au début, la jeune artiste frôla son luth d'une main tremblante; mais bientôt, reprenant confiance et s'animant à mesure qu'elle jouait, elle en tira des sons d'une harmonie tellement céleste que toute la compagnie se demanda s'ils étaient produits par une main humaine. Quant au monarque, qui se croyait déjà dans le monde des esprits, il s'imagina que c'était la musique des anges ou des sphères. Peu à peu, modifiant son thème, la jeune virtuose mêla sa voix au son de son instrument. Elle entonna une des ballades légendaires qui chantaient les gloires antiques de l'Alhambra et les exploits des Maures. Elle mettait toute son âme dans sa chanson, car elle associait à l'Alhambra ses souvenirs d'amour. La chambre mortuaire fut emplie de cet air passionné qui parvint au cœur sombre du monarque. Celui-ci leva la tête et regarda autour de lui; il s'assit sur sa couche. Ses yeux se mirent à briller... et, finalement, sautant à bas du lit, il réclama son épée et son bouclier.

Le triomphe de la musique—ou plutôt du luth enchanté—fut complet. Le démon était chassé et le «mort» ramené à la vie. On ouvrit toutes grandes les fenêtres et la riche lumière espagnole envahit la pièce tendue de noir. Tous les yeux cherchèrent l'enchanteresse: mais celle-ci, lâchant son luth, venait de s'évanouir... L'instant d'après, Ruiz de Alarcón la serrait contre sa poitrine.

Et bientôt les noces de l'heureux couple étaient célébrées magnifiquement...

—Mais, voyons, va me demander mon lecteur, comment Ruiz de Alarcón, justifia-t-il sa négligence?

—En faisant retomber toute la faute sur son vieux père autoritaire; d'ailleurs, quand on s'aime, on finit toujours par se réconcilier et oublier les torts passés.

—Mais comment le vieux noble autoritaire a-t-il consenti à cette union?

—Oh, un mot de la reine mit fin à son opposition, pour ne rien dire de tous les honneurs qui se mirent à pleuvoir sur sa jeune favorite. Et puis, vous le savez, le luth de Jacinta

avait un pouvoir magique qui triomphait de toutes les obsti-
nations.

—Et qu'advint-il du luth enchanté?

—Ah! c'est le plus curieux de l'histoire, et, en même temps,
la preuve de sa vérité. Le luth resta quelque temps dans la
famille; mais le grand chanteur Farinelli, par pure jalousie, le
vola et l'emporta avec lui. A sa mort, il passa aux mains d'Italiens, qui, ignorant son pouvoir, fondirent l'argent et mirent
ses cordes à un ancien violon de Crémone. Et ces cordes ont
gardé quelque chose de leur charme. Un mot à l'oreille de
mon lecteur pour que le secret reste entre nous: ce violon qui
ensorcelle aujourd'hui le monde... c'est celui de Paganini!

LE VETERAN

Parmi les curieuses connaissances que j'ai faites en me promenant autour de l'Alhambra se trouve un vieux colonel d'Invalides. Le brave homme niche comme un faucon dans une des tours mauresques. Son histoire, qu'il conte volontiers, est un tissu d'aventures, de tribulations et de vicissitudes qui rendent la vie de presque chaque Espagnol aussi capricieuse et diverse que celle de Gil Blas.

A douze ans, il est en Amérique (il compte comme un des événements les plus extraordinaires et les plus heureux de sa vie d'avoir pu voir le général Washington). Puis il prend part à toutes les guerres de son pays. Il peut parler par expérience de la plupart des prisons et des cachots de la Péninsule. Amputé d'une jambe, mutilé des mains, il a été tellement taillé et recousu qu'il constitue une espèce d'histoire ambulante des troubles de l'Espagne, où chaque bataille, chaque querelle a laissé sa cicatrice, à la façon dont Robinson Crusoe, faisait une entaille sur son arbre pour marquer chaque nouvelle année. Mais le plus grand malheur de ce brave gentilhomme fut, semble-t-il, d'avoir pris le commandement de Málaga, pendant une période de dangers et de confusion et d'avoir été élu général par les habitants qui voulaient se défendre de l'invasion des Français. Ce rôle lui a valu d'adresser à son gouvernement tant de justes réclamations, qu'il en aura—je le crains bien—

jusqu'à la fin de sa vie à écrire et publier des pétitions et des mémoires qui fatiguent son esprit, épuisent sa bourse et attristent ses amis; aucun d'eux, en effet, ne peut lui rendre visite sans avoir à subir la lecture d'un interminable document et sans le quitter avec une demi-douzaine de brochures. Cas très fréquent en Espagne: partout on peut voir d'honorables gens ruminant leur rancœur dans un coin et ressassant, non sans complaisance, l'injustice dont ils ont été victimes. D'ailleurs, un Espagnol qui est en contestation ou en procès avec son gouvernement se voit, par là même, pourvu d'une occupation jusqu'à la fin de sa vie.

J'ai souvent rendu visite au vétéran chez lui, dans la partie supérieure de la Torre del Vino (ou Tour du Vin) [1]. Sa chambre est petite, mais confortable et donne sur une magnifique vue de la *vega*. Elle est arrangée avec une précision toute militaire: Trois mousquets et une paire de pistolets, fourbis et brillants, sont accrochés au mur entre un sabre et une canne. Au-dessus, deux tricornes, l'un pour la parade, l'autre pour tous les jours. Une petite étagère contenant une demi-douzaine de livres forme toute sa bibliothèque. Celui qu'il préfère est un vieux manuel de maximes philosophiques, qu'il feuillette et médite chaque jour, appliquant à son propre cas chacune de ces maximes, pourvu qu'elles aient une petite saveur amère et traitent de l'injustice du monde.

Cela ne l'empêche pas d'être sociable et de bonne compagnie, lorsqu'on sait le distraire de ses rancunes et de sa philosophie. J'aime bien ces hommes ballottés par la vie et leurs rudes odyssées. Au cours de mes visites à cet invalide, j'ai appris des choses curieuses à propos d'un ancien commandant de notre forteresse, qui devait lui ressembler en plus d'un point et

---

[1] Cette tour n'a jamais existé. Peut-être s'agit-il de la *Puerta del Vino*. (*N. de l'Editeur.*)

avoir connu le même sort dans les guerres. J'ai enrichi ces détails de ceux que j'ai obtenus des vieux résidents de la place et en particulier du père de Mateo Jiménez qui, dans ses contes, prend volontiers pour héros le personnage que je vais présenter au lecteur.

LE GOUVERNEUR ET LE NOTAIRE

AUTREFOIS l'Alhambra était gouverné par un vieil et vaillant gentilhomme qui, ayant perdu un bras à la guerre, était surnommé communément *el Gobernador Manco,* c'est-à-dire: le Gouverneur Manchot. Très fier d'être un vieux soldat, il portait ses moustaches retroussées jusqu'aux yeux, des bottes de campagne et une épée de Tolède, aussi longue qu'une broche, et dont la garde s'ornait d'une pochette.

De plus, il était à cheval sur le règlement et très attaché à ses privilèges ainsi qu'à ses dignités. Sous son autorité, les exemptions de l'Alhambra, au titre de domaine et résidence royale, étaient rigoureusement appliquées. Personne n'avait la permission d'entrer dans la forteresse avec une arme à feu, ou même une épée ou un bâton, à moins d'être d'un certain rang; et les cavaliers, à l'entrée, devaient mettre pied à terre et conduire leur monture par la bride. De même que la colline de l'Alhambra s'élève au centre même de la ville comme une protubérance, cet *imperium in imperio,* ce poste indépendant au centre même de son domaine ne laissait pas d'être agaçant pour le capitaine général, qui commandait la province. En l'occurrence, la situation était rendue encore plus irritante par le zèle intraitable du vieux gouverneur, qui prenait feu à propos de la moindre question d'autorité et de juridiction, et par le caractère bohème et dissolu de la populace qui, peu à peu,

257

avait pris possession de l'Alhambra, comme d'un sanctuaire, d'où elle exerçait impunément ses déprédations sur les honnêtes bourgeois de la ville.

Il y avait donc une hostilité perpétuelle, une animosité brûlante entre le capitaine général et le gouverneur, et d'autant plus virulente chez ce dernier, qu'entre deux puissances voisines, c'est toujours la plus petite que est la plus jalouse de sa dignité. L'imposant palais du capitaine général se dressait sur la Plaza Nueva, juste au bas de l'Alhambra: on y voyait continuellement s'affairer et parader gardes, domestiques et fonctionnaires de la ville. Un bastion de la forteresse dominait le palais et le jardin public tout proche. Et c'est sur ce bastion que le vieux gouverneur aimait aller et venir d'un air important, son épée tolédane au côté, en jetant des regards méfiants sur son rival d'en bas, comme un faucon guette sa proie de l'arbre sec où il a installé son nid.

Chaque fois qu'il descendait en ville, c'était en grand apparat, à cheval, entouré de gardes ou bien dans son plus beau carrosse, un énorme monument de bois sculpté, tiré par huit mules, avec valets de pied et laquais. Il se flattait de produire sur les badauds une impression de respect et d'admiration... Mais les plaisantins de Grenade, et surtout ceux qui flânaient du côté du palais du capitaine général, se moquaient de cette mesquine parade et, faisant allusion au caractère misérable de ses sujets, baptisaient le gouverneur «le roi des mendiants». Une des sources les plus intarissables de dispute entre les deux vaillants rivaux était le droit réclamé par le gouverneur de ne pas payer de taxe sur les marchandises qui traversaient la ville, à destination de la garnison. Peu à peu, ce privilège avait donné lieu à une vaste contrebande. Un nid de trafiquants prit pour repaires les baraques de la forteresse et les nombreuses grottes du voisinage, réalisant un commerce prospère, de connivence avec les soldats de la garnison.

Cela éveilla enfin la vigilance du capitaine général. Il consulta son avocat et factotum, un astucieux et remuant *escribano* ou notaire, qui se frotta les mains à l'idée d'inquiéter le vieux potentat de l'Alhambra et de le perdre dans un labyrinthe de subtilités juridiques. Il conseilla au capitaine général d'user de son droit d'examiner tout convoi passant par les portes de sa ville et lui rédigea de sa plus belle plume une lettre dans laquelle il revendiquait ce droit. Le Gouverneur *Manco,* en vieux soldat qu'il était, avait une sainte horreur des *escribanos* et surtout de celui du capitaine général.

—Comment! fit-il en retroussant férocement ses moustaches, le capitaine général se sert maintenant de ce scribouillard pour me mystifier? Je vais lui montrer un peu qu'un vieux soldat ne se laisse pas prendre à ses arguties.

Et, saisissant la plume, il griffonna une note dans laquelle, sans daigner entamer la discussion, il insistait sur son droit de libre transit et menaçait de ses foudres l'imprudent douanier qui oserait mettre la patte sur tout convoi protégé par le drapeau de l'Alhambra. Or, tandis que la question était débattue, il advint qu'un mulet chargé de provisions pour la forteresse arriva un jour devant la porte du Génil, par laquelle il devait traverser un faubourg de Grenade pour atteindre sa destination. Le convoi était conduit par un vieux caporal qui avait longtemps servi sous le commandement du gouverneur, un dur à cuire, un homme selon son cœur, aussi raide et rouillé qu'une vieille lame de Tolède.

Comme il approchait de la porte de la ville, le caporal plaça le drapeau de l'Alhambra sur la selle de son mulet et, se redressant droit comme un i, il avança sans tourner la tête, mais avec le regard de côté du roquet qui franchit une zone hostile, prêt à aboyer et à mordre.

—Qui va là? demanda la sentinelle à la porte.

—Soldat de l'Alhambra, fit le caporal, sans tourner davantage la tête.

—Que transportes-tu?

—Provisions pour la garnison.

—Passe.

Le caporal avança avec ses hommes. A peine avait-il fait quelques pas qu'une troupe de douaniers faisait irruption d'un bureau de péage.

—Eh là! cria leur chef. Muletier, halte-là! et ouvre tes bagages.

Le caporal fit volte-face et se mit en position de combat.

—Respecte le drapeau de l'Alhambra, dit-il. Ces marchandises sont pour le gouverneur.

—Au diable le gouverneur et son drapeau. Stoppe, muletier, je te l'ordonne.

—Tu le fais à tes risques, cria le caporal en brandissant son mousquet. Muletier, en avant!

Le muletier donna un vigoureux coup de gourdin à sa bête; le douanier bondit et saisit la bride. Là-dessus le caporal le mit en joue et l'abattit.

La rue fut aussitôt en révolution. Le vieux caporal fut saisi et, après avoir essuyé une pluie de horions dont la populace en Espagne aime à gratifier les gens dans son cas, pour leur donner un avant-goût des aménités de la justice, il fut chargé de fers et traîné à la prison de la ville. Lorsque le convoi eut été fouillé de fond en comble, il reçut l'autorisation de continuer son chemin.

Le vieux gouverneur entra dans une colère folle lorsqu'il apprit l'insulte qu'on avait faite à son drapeau et la capture du caporal. Il parcourut les salles mauresques et les bastions, rugissant, écumant, jetant des regards de feu et de flamme sur le palais du capitaine général. Après avoir donné libre cours à sa rage, il envoya un message dans lequel il réclamait qu'on lui remît le caporal, ayant seul le droit de juger les délits de ceux qu'il commandait. Le capitaine général, par la plume de l'*escribano* ravi, lui répondit avec force détails, que le crime, commis dans les murs de la ville et contre la personne de l'un de ses fonctionnaires, relevait de sa propre juridiction. Le gouverneur répliqua en renouvelant sa réclamation; le capitaine général riposta avec un luxe accru de détails et de subtilités juridiques. Plus le gouverneur s'enflammait et haussait le ton dans ses réclamations, plus le capitaine général se refroidissait et s'étendait dans ses réponses... jusqu'au jour où le vieux lion en vint à rugir de se voir pris ainsi dans les rets de la justice.

Tout en se divertissant ainsi aux dépens du gouverneur, le subtil *escribano* menait le procès du caporal, qui, enfermé dans son cachot, ne recevait les consolations de ses amis qu'à travers une petite fenêtre défendue par des barreaux.

Une montagne de témoignages écrits—selon la coutume espagnole—s'éleva, grâce à la diligence de l'infatigable *escribano*. Le pauvre caporal fut écrasé par le poids de tant de papier. Convaincu de meurtre, il était bientôt condamné à être pendu.

C'est en vain que le gouverneur faisait pleuvoir protestations et menaces du haut de son Alhambra. Le jour fatal était proche. Le caporal, mis *en capilla,* c'est à dire dans la chapelle de la prison, comme tous les coupables la veille de l'exécution, méditait sur sa fin et ses péchés.

Voyant que les choses prenaient cette tournure extrême, le vieux gouverneur décida de s'en charger personnellement. A cette fin, il fit sortir son carrosse d'apparat et, entouré de ses gardes, descendit à grand bruit dans la ville. Il s'arrêta devant la porte de l'*escribano* et le convoqua.

Les yeux du vieux gouverneur s'allumèrent comme des charbons à la vue de l'homme de loi qui s'efforçait hypocritement de dissimuler son triomphe.

—Qu'est-ce que j'entends? dit-il. Vous allez mettre à mort un de mes hommes!

—La loi le veut—c'est stricte justice, dit l'*escribano,* gloussant et se frottant les mains de satisfaction. Je peux montrer à votre Excellence le compte rendu du procès.

—Apportez-le-moi, dit le gouverneur.

L'*escribano* courut à son cabinet, tout heureux d'avoir une nouvelle occasion de déployer ses rouries aux dépens de cette vieille tête de bois.

Il revint avec un portefeuille bourré de pièces et se mit à lire avec sa volubilité professionnelle une énorme déposition. Tandis qu'il lisait, une foule s'était rassemblée autour de lui, le cou tendu, bouche bée.

—Veuillez donc entrer dans mon carrosse. Nous serons à l'abri de cette populace et je vous entendrai mieux, proposa le gouverneur.

L'*escribano* monta... Mais, en un clin d'œil, la porte se referma, le fouet claqua et mules, voiture, gardes disparurent dans un bruit de tonnerre, laissant derrière eux la foule ébahie. Le gouverneur ne s'arrêta que lorsqu'il eut installé sa proie dans l'un des cachots les plus épais de l'Alhambra.

Puis, à la manière militaire, il envoya un drapeau blanc au palais, pour proposer un échange d'ôtages—le caporal contre le notaire. La fierté du capitaine général en fut blessée; il envoya un refus dédaigneux et fit élever une énorme potence au centre même de la Plaza Nueva, pour l'exécution du caporal.

—Aha! c'est votre réponse! dit le Gouverneur *Manco.*

Et aussitôt, il fit ériger un gibet sur le bord du grand bastion qui surplombait la Plaza.

«Maintenant, écrivit-il dans un nouveau message au capitaine général, vous pouvez pendre mon soldat, si bon vous semble; mais au moment où il se balancera sur la place, vous leverez les yeux pour voir votre *escribano* pendouiller dans le ciel.»

Le capitaine général fut inflexible: la troupe défila sur la place; les tambours battirent, la cloche sonna le glas. Une immense multitude de badauds s'était rassemblée pour assister à l'exécution. Mais de son côté, le gouverneur avait disposé sa garnison sur le bastion et fait sonner le glas pour le notaire à la *Torre de la Campana,* la Tour de la Cloche.

La femme du notaire, avec toute sa progéniture d'*escribanos* en herbe, se fraya un chemin à travers la foule et, se jetant aux pieds du capitaine général, l'implora de ne pas sacrifier la vie de son mari et le bien-être de sa nombreuse famille à son amour-propre. «Car, dit-elle, vous connaissez trop bien le vieux gouverneur pour douter qu'il ne mette sa menace en exécution, si vous pendez son homme.»

Le capitaine général se laissa enfin fléchir par ses larmes, ses lamentations et les clameurs de sa nichée. Il renvoya sous escorte à l'Alhambra le caporal qui, dans sa tenue de futur pendu, avait l'air d'un frère capucin, mais gardait la tête haute et impassible. Il réclamait en échange, selon la convention, son *escribano.* L'homme de loi fut tiré de son cachot, plus mort que vif. Son arrogance et sa morgue de naguère avaient disparu. On dit que la peur avait blanchi ses cheveux. Il avait l'air abattu et soumis, comme s'il sentait encore le chanvre autour de son cou.

Le vieux gouverneur mit son unique main sur la hanche et le considéra un moment, avec un sourire glacial.

—Désormais, mon ami, lui dit-il en manière de conclusion, modérez votre zèle à précipiter les autres à la potence; ne soyez pas trop certain de votre sécurité, quand bien même vous auriez la loi de votre côté; et surtout, prenez garde d'essayer une autre fois vos petites finasseries sur un vieux soldat.

LE GOUVERNEUR *MANCO* ET LE SOLDAT

Tout en maintenant de son mieux le prestige militaire de l'Alhambra, le Gouverneur manchot s'exaspérait d'entendre continuellement reprocher à la forteresse d'être un nid de brigands et de *contrabandistas*. Un jour, brusquement, le vieux potentat décida de réformer tout cela, et, se mettant vigoureusement à l'œuvre, il chassa des familles entières de vagabonds de la forteresse et de tous les alvéoles creusés dans les collines alentour. Il fit également circuler des patrouilles dans les allées et les sentiers, avec ordre d'arrêter tout suspect.

Par un clair matin d'été, une patrouille, formée du vieux caporal irascible qui s'était distingué dans l'affaire du notaire, d'un trompette et de deux simples soldats, était assise sous la muraille du Généralife, près de la route qui descend de la Montagne du Soleil, lorsqu'ils entendirent le pas d'un cheval et une voix d'homme, rude mais musicale, qui entonnait une vieille chanson guerrière de Castille.

Bientôt, ils distinguèrent un gaillard brûlé de soleil, vêtu d'un uniforme déguenillé de fantassin, qui menait un puissant coursier caparaçonné à l'ancienne manière arabe.

Etonné à la vue de cet étrange soldat qui descendait, en menant sa monture par la bride, le caporal s'avança et interpella l'homme.

265

—Qui va là?

—Un ami.

—Qui es-tu d'abord?

—Un pauvre soldat qui revient de la guerre, la tête brisée et l'escarcelle vide pour toute récompense.

Comme il approchait, on put le détailler. Il avait sur le front un bandeau noir qui, avec sa barbe grise, lui donnait un air de tête brûlée; mais un regard malicieux ajoutait à sa physionomie une sorte de bonne humeur canaille.

Après avoir répondu aux questions de la patrouille, le soldat se crut en droit d'interroger ses questionneurs.

—Puis-je vous demander, leur dit-il, quelle est la ville que j'aperçois au pied de la colline?

—La ville? s'écria le trompette. C'est un peu fort! Voilà un gaillard qui vient de la colline du Soleil et qui demande le nom de la grande ville de Grenade!

—Grenade! ¡Madre de Dios! Est-ce possible?

—Est-ce possible? répéta le trompette. Et peut-être aussi que tu ne sais pas que ces tours sont celles de l'Alhambra?

—Tête de trompette, répondit l'étranger, ne plaisante pas avec moi. Si ce palais est vraiment l'Alhambra, j'ai d'étranges nouvelles à révéler au gouverneur.

—Nous allons t'en donner l'occasion, dit le caporal, car nous avons l'intention de te mener devant lui.

Sur ces mots, le trompette saisit la bride du cheval, les deux soldats prirent chacun l'inconnu par un bras et le caporal, se plaçant devant eux, cria: «En avant... marche!» et tout le monde se dirigea vers l'Alhambra.

Le spectacle du soldat en guenilles et du magnifique pur-sang que ramenait la patrouille attira l'attention de tous les

badauds de la forteresse et de tous les bavards qui se rassemblent d'ordinaire autour des puits et des fontaines depuis le
petit matin. Comme le caporal passait avec sa prise, la roue de
la citerne s'arrêta de tourner et les servantes en espadrilles
s'immobilisèrent, bouche bée, la cruche à la main. Un cortège
bigarré se forma bientôt à l'arrière-garde de l'escorte.

On échangeait des signes de tête, des œillades. des conjectures... «C'est un déserteur», disait l'un. «Un contrebandier», disait l'autre; «un *bandolero*». déclarait un troisième...
jusqu'au moment où l'on assura que c'était le capitaine d'une
terrible bande de voleurs qui avait été vaillamment capturé
par le caporal et sa patrouille. «Bon, bon, disaient les vieilles
commères, capitaine ou pas, qu'il essaie un peu de sortir des
pattes, ou plutôt de la patte unique du gouverneur *Manco*».

Le gouverneur *Manco* était installé dans une des salles intérieures de l'Alhambra et prenait sa tasse de chocolat matinale,
en compagnie de son confesseur, un franciscain replet du couvent voisin. Une demoiselle brune de Málaga, aux airs graves,
fille de sa gouvernante, le servait. Les mauvaises langues prétendaient que c'était une Sainte Nitouche qui, malgré tous ses
airs, avait trouvé un coin sensible dans le cœur du vieux guerrier et qu'elle le menait par le bout du nez. Mais passons...
Mieux vaut ne pas examiner de trop près la vie privée des
grands de ce monde.

Lorsqu'on vint l'informer qu'un étranger avait été surpris
en train de rôder autour de la forteresse et qu'il était dans la
cour, entre les mains du caporal, attendant le bon plaisir de
son Excellence, la fierté et la dignité de sa charge enflèrent
la poitrine du gouverneur. Remettant sa tasse de chocolat à la
brune demoiselle, il réclama son épée, la ceignit, s'installa
dans un grand fauteuil, frisa sa moustache, prit un air sévère
et impressionnant... Puis il ordonna qu'on lui amenât le prisonnier. Celui-ci arriva, fortement tenu de chaque côté et gardé

par le caporal. Il gardait, toutefois, un air calme et résolu et répondit au regard, qui se voulait scrutateur, du vieux militaire par un regard dont le sans-gêne n'était pas pour enchanter quelqu'un d'aussi formaliste que le gouverneur.

—Eh bien, prévenu, fit le gouverneur après l'avoir détaillé un moment en silence. Qu'as-tu à dire pour ta défense?... Qui es-tu?

—Un simple soldat qui revient de la guerre plein de cicatrices et de meurtrissures.

—Un soldat... hum... un fantassin, si j'en juge d'après ton uniforme. On me dit que tu as un superbe pur-sang arabe. Je présume que tu le ramènes également de la guerre, en plus de tes cicatrices et de tes meurtrissures.

—Si votre Excellence me le permet, j'ai quelque chose d'étrange à vous conter à propos de ce cheval. A vrai dire, c'est quelque chose d'absolument extraordinaire qui affecte la sécurité de la forteresse, et même de toute la ville de Grenade. Mais je ne peux vous en parler qu'en privé, ou seulement en présence de gens ayant toute votre confiance.

Le gouverneur réfléchit un instant, puis ordonna au caporal et à ses hommes de se retirer, mais de rester postés derrière la porte, en cas de nécessité.

—Ce révérend frère, dit-il, est mon confesseur. Tu peux dire n'importe quoi en sa présence... Quant à cette demoiselle, ajouta-t-il en désignant de la tête la jeune personne qui s'était attardée dans la pièce par curiosité, quant à cette demoiselle, c'est un modèle de prudence et de discrétion. On peut se fier à elle.

Le soldat lança un regard quelque peu railleur de son côté et dit:

—Dans ce cas, je ne vois pas d'inconvénient à ce qu'elle reste ici.

Quand les autres se furent retirés, le soldat commença son histoire. Il parlait avec une grande facilité et une correction qu'on n'eût pas attendue de son rang apparent.

—Avec la permission de votre Excellence, dit-il, je suis, comme j'ai eu l'honneur de vous le faire remarquer, un soldat qui a fait pas mal de dures campagnes. Après avoir fait mon temps, j'ai été libéré, il n'y a pas longtemps à Valladolid. Je me suis mis en route vers mon village natal d'Andalousie. Hier soir, le soleil se couchait tandis que je traversais une immense plaine déserte de la Vieille Castille...

—Allons, allons! s'écria le gouverneur. Que nous dis-tu là? La Vieille Castille se trouve à deux ou trois cents lieues d'ici.

—Justement, répondit le soldat impassible. Quand je vous disais que j'avais des choses étranges à vous raconter... Mais pas moins vraies pour cela, comme votre Excellence le verra, si vous daignez m'écouter patiemment.

—Continue, prévenu, dit le gouverneur en tortillant ses moustaches.

—Comme le soleil se couchait je promenais mes regards autour de moi en quête d'un gîte pour la nuit, mais aussi loin que ma vue pouvait s'étendre, il n'y avait pas de signe d'habitation. Je vis qu'il me resterait à coucher sur la dure avec, pour oreiller, mon sac. Mais votre Excellence est un vieux soldat et sait que pour quelqu'un qui a l'habitude de la guerre, une nuit à la belle étoile n'est pas un grand mal.

Le gouverneur acquiesça du chef et tira sa pochette de la garde de l'épée pour chasser un moucheron qui bourdonnait autour de son nez.

—Donc, pour abréger, continua le soldat, je marchais pendant plusieurs milles jusqu'au moment où je parvins à un pont jeté au-dessus d'un profond ravin où courait un petit filet d'eau presque desséché par la chaleur de l'été. Au bout de ce pont se trouvait une tour mauresque dont le haut était en ruine, mais qui présentait une voûte basse complètement intacte. «Voilà, me dis-je, un excellent endroit où s'arrêter.» Je descendis au ruisseau et bus un bon coup de son eau qui était très pure, car je mourais de soif. Après quoi, j'ouvris mon sac d'où je tirai un oignon et quelques croûtes—toutes mes provisions—et, m'asseyant sur une pierre au bord du ruisseau, je me mis à dîner. Ensuite, je comptais m'installer pour la nuit dans la voûte de la tour... un endroit épatant pour quelqu'un qui sort d'une guerre, ainsi que s'en doute votre Excellence, qui est un vieux soldat.

—J'en ai vu de pires, en mon temps, fit le gouverneur en remettant sa pochette dans la garde de son épée.

—J'étais donc en train de grignoter tranquillement ma croûte de pain, poursuivit le soldat, lorsque j'entendis quelque chose qui bougeait à l'intérieur de la voûte. Je prêtai l'oreille... le pas d'un cheval! Bientôt un homme sortit par une porte pratiquée dans les fondations de la tour, près du bord de l'eau, et qui tenait un puissant cheval par la bride. A la lueur des étoiles, je ne pouvais le distinguer. Je trouvai suspect toutefois de le voir rôder ainsi parmi les ruines d'une tour, dans une telle solitude. Ce pouvait être un voyageur, comme moi; ou bien un contrebandier, ou encore, un *bandolero*. Quelle importance? Grâce à Dieu et à ma pauvreté, je n'avais rien à perdre. Je continuai donc à grignoter tranquillement mon pain.

L'homme conduisit son cheval au ruisseau, près de l'endroit où je m'étais installé, ce qui me permit de l'examiner à loisir. A ma grande surprise, je constatai qu'il avait la tenue arabe, avec une cuirasse d'acier, et un casque brillant que je distinguai à ses reflets. Son cheval également était harnaché à la manière mauresque avec de grands étriers plats. Il le conduisit donc ainsi que j'ai dit, vers la rivière où l'animal plongea la tête presque jusqu'aux yeux et but à en éclater, à ce qu'il me parut, du moins.

—Camarade, dis-je à l'homme, ta bête boit bien. C'est bon signe quand un cheval plonge bravement le museau dans l'eau.

—Il peut bien boire, dit l'étranger, avec un accent maure; cela fait bien un an qu'il n'a pas avalé d'eau.

—Par *Santiago*, dis-je, voilà qui est plus fort que la sobriété des chameaux que j'ai vus en Afrique. Approche donc, tu m'as l'air d'être un soldat. Veux-tu t'asseoir et partager avec moi mes maigres provisions?

A la vérité, dans une telle solitude, j'avais envie d'un compagnon et j'étais prêt à m'accommoder d'un infidèle. D'ailleurs, comme le sait votre Excellence, un soldat ne fait point cas de la religion de ses compagnons, et tous les soldats du monde sont amis en temps de paix.

Le gouverneur opina du chef.

—Donc, comme je vous le disais, je l'invitai à partager mon maigre dîner, car je ne pouvais moins faire, selon les lois de l'hospitalité.

—Je n'ai pas le temps de m'arrêter pour boire ou manger, me répondit-il. J'ai un long voyage à faire avant le matin.

—Dans quelle direction? demandai-je.

—L'Andalousie, fit-il.

—C'est la mienne, dis-je. Si tu n'as pas le temps de t'arrêter pour manger avec moi, peut-être me prendras-tu en croupe. Je vois que ton cheval est une bête robuste et je suis certain qu'il peut porter deux personnes sur son dos.

—Soit, dit le chevalier.

Il n'eût pas été élégant de sa part, ni digne d'un soldat de refuser, d'autant plus que je l'avais invité à partager mon dîner. Il monta donc à cheval et moi derrière lui.

—Et maintenant, tiens-toi bien, fit-il. Mon coursier va comme le vent.

—Ne crains rien pour moi, répondis-je. Et nous nous mîmes en route.

Du pas tranquille, notre monture passa bientôt au trot, puis du trot au galop, et enfin du galop à une course échevelée. Rochers, arbres, maisons, tout semblait voler derrière nous.

—Quelle est cette ville? demandai-je.

—Ségovie, dit-il.

Il n'avait pas prononcé ces mots que les tours de Ségovie avaient disparu derrière nous. Balayant les montagnes du Guadarrama, nous plongeâmes vers l'Escorial, et, après avoir rasé les murs de Madrid, nous filâmes à travers les plaines de la Manche. Nous allions ainsi par monts et par vaux, tours et villes, montagnes, plaines, fleuves, dans un monde enseveli sous le sommeil et qui luisait faiblement à la pâle clarté des étoiles.

Pour abréger mon histoire et ne pas importuner votre Excellence, je vous dirai simplement que le soldat maure s'arrêta brusquement sur le versant d'une montagne.

—Nous voici au terme de notre voyage, fit-il.

Je regardai autour de moi: aucune habitation; rien que la bouche d'une caverne. Tandis que j'examinais les lieux, je vis surgir des foules en habit maure, les uns à cheval, les autres à pied, qui arrivaient des quatre points de l'horizon comme portés par le vent et se précipitaient dans la caverne, comme des abeilles dans leur ruche. Avant que j'aie eu le temps de poser une question, mon soldat, éperonnant sa bête, s'élançait avec la foule dans un chemin abrupt et tortueux qui plongeait jusqu'aux entrailles de la montagne. A mesure que nous avancions, nous vîmes percer une lumière qui vibrait comme les premières blancheurs de jour; mais d'où venait-elle? Je ne pus

le découvrir. Devenue de plus en plus forte, elle me permit de tout voir autour de moi. Je remarquai maintenant, sur notre passage, de grandes cavernes qui s'ouvraient à droite et à gauche, comme des salles d'arsenal. Certaines étaient tapissées de boucliers, de heaumes, de cuirasses, de lances et de cimeterres; dans d'autres, s'entassaient sur le sol des monceaux de munitions de guerre et d'équipement de campagne.

Cela eût réjoui le cœur d'un vieux soldat comme votre Excellence de voir tant de provisions guerrières. Dans d'autres cavernes, il y avait de longues rangées de chevaliers armés jusqu'aux dents, lance brandie, étendards déployés; mais ils restaient immobiles sur leur selle comme des statues. Dans d'autres salles, je vis des guerriers endormis par terre, près de leurs chevaux et des fantassins en ligne. Ils étaient tous vêtus et armés à la manière mauresque d'autrefois.

Bref, Excellence, pour résumer cette longue histoire, nous entrâmes enfin dans une immense caverne, je dirais même un palais, dont les parois semblaient veinés d'or et d'argent et étinceler de diamants, de saphirs ainsi que de toutes sortes de pierres précieuses. Au fond, sur un trône d'or, siégeait un roi maure, entouré de ses nobles, avec une garde de noirs africains armés de cimeterres. Toute la foule qui continuait à affluer par milliers passait devant le trône et chacun rendait hommage au roi. Dans l'assistance, certains portaient de splendides vêtements, sans la moindre tache, étincelant de joyaux, ou bien des armures brunies et émaillées; tandis que d'autres laissaient voir des tenues en haillons et des armes bosselées, rongées et couvertes de rouille.

Jusque là, j'avais tenu ma langue, car votre Excellence le sait, un soldat en service ne doit pas poser de questions; mais je ne pus me taire davantage.

—Dis-moi, camarade, lui demandai-je, que signifie tout ceci?

—Ceci, me répondit le soldat, est un mystère effrayant. Sache donc, ô chrétien, que tu as devant tes yeux la cour et l'armée de Boabdil, le dernier roi de Grenade.

—Que me dis-tu? m'écriai-je. Boabdil et sa cour ont été exilés de cette terre il y a des centaines d'années et tous sont morts en Afrique.

—C'est ce que prétendent vos chroniques mensongères, répliqua le Maure. Sache que Boabdil et les guerriers qui ont assuré la dernière défense de Grenade ont tous été enfermés dans cette montagne par un puissant enchantement. Quant au roi et à l'armée qui sortirent de Grenade au moment de la capitulation, ce n'étaient qu'un cortège de fantômes et de démons qui avaient pris leur semblance pour tromper les souverains catholiques. D'ailleurs, laisse-moi te dire, camarade, que toute l'Espagne est placée sous un charme. Il n'y a pas de grotte de montagne, de tour de guet solitaire dans les plaines, ni de château ruiné sur les collines qui n'abritent sous leurs voûtes des guerriers endormis depuis des siècles et qui le resteront jusqu'au moment où auront été expiés les péchés pour lesquels Allah a permis que le royaume de Grenade passe temporairement aux mains des infidèles. Une fois par an, à la veille de la Saint Jean, ils sont libérés de leur enchantement, du coucher de soleil à l'aube suivante, et ont la permission de se rendre en ces lieux pour rendre hommage à leur souverain. Les foules d'hommes que tu vois grouiller dans cette caverne, ce sont des guerriers musulmans qui viennent des quatre coins de l'Espagne. Pour ma part, tu connais cette vieille tour de pont, en Vieille Castille, où j'ai passé des centaines d'hivers et d'étés... Je dois y être de retour à l'aube. Ces bataillons de cavalerie et d'infanterie que tu as vus dans les cavernes voisines, ce sont les guerriers enchantés de Grenade. Il est écrit dans le livre du destin que, lorsque ce charme sera rompu, Boabdil descendra de la montagne, à la tête de son armée, reprendra son trône à l'Alhambra et son empire sur Grenade, et, rassemblant autour de lui ses guerriers enchantés, il reconquerra la Péninsule et la soumettra de nouveau à la loi musulmane.

—Et quand cela se produira-t-il? demandai-je.

—Allah seul le sait: nous espérions que le jour de la délivrance était proche; mais aujourd'hui l'Alhambra est régi par un gouverneur vigilant, un brave et intraitable soldat connu sous le nom de Gouverneur *Manco*. Tant que ce guerrier commandera cette forteresse et se tiendra prêt à repousser notre premier assaut, je crains bien que Boabdil et toutes ses troupes ne doivent se contenter de dormir sur leurs armes.

À ces mots, le gouverneur se redressa, ajusta son épée et frisa ses moustaches.

—Enfin, pour abréger cette longue histoire et ne pas importuner votre Excellence, je vous dirai que mon soldat, après m'avoir ainsi renseigné, mit pied à terre.

—Reste ici, me dit-il, et garde le cheval, tandis que je vais m'agenouiller devant Boabdil.

Là-dessus, il me quitte et se mêle à la foule qui se presse devant le trône.

—Que faire? pensai-je alors. Vais-je attendre ici que cet infidèle revienne pour m'emporter sur son cheval fantôme Dieu sait où; ou bien, saurai-je profiter de son absence pour fausser compagnie à ces honorables spectres? Un soldat a tôt fait de se décider, comme le sait votre Excellence. Le cheval n'appartenait-il pas à un ennemi de la religion et du royaume? N'était-il pas de bonne guerre de le prendre en butin? M'installant sur la selle, je tournai bride, et enfonçant l'éperon dans les flancs de mon coursier, je m'ouvris un passage par le chemin que nous avions pris. Tandis que nous filions à travers les salles où les cavaliers musulmans demeuraient en immobiles bataillons, je crus percevoir derrière moi un bruit d'armes et un brouhaha. J'éperonnai de nouveau mon cheval qui redoubla de vitesse. J'entendis à mes trousses une sorte de sifflement de rafale; j'entendis le martellement de mille sabots, une foule innombrable me rattrapait... Je me vis porté par la foule, et rejeté de la caverne, tandis que des milliers de formes inconsistantes s'évaporaient aux quatre vents du ciel.

Dans le tumulte et la confusion de cette scène, je fus lancé à terre, inanimé. Quand je revins à moi, j'étais étendu au sommet d'une colline; le pur sang arabe était à mes côtés. En tombant, mon bras s'était accroché à la bride, ce qui, je suppose, l'avait empêché de s'enfuir vers la Vieille Castille.

Votre Excellence peut aisément juger de la surprise que j'éprouvai quand, en regardant autour de moi, je vis des haies d'aloès et de cactus ainsi que d'autres signes de climat méridional, ainsi que cette grande ville à mes pieds, avec ses palais et sa grande cathédrale.

Je descendis précautionneusement de la colline, conduisant mon cheval par la bride; je ne voulais pas le monter de nouveau, de crainte qu'il ne me jouât quelque mauvais tour. Comme je descendais, je rencontrai votre patrouille qui m'apprit que j'étais devant Grenade, sous les murs même de l'Alhambra, la forteresse du redoutable Gouverneur *Manco*, la terreur de tous les musulmans enchantés. Quand j'appris cela, je décidai aussitôt d'aller trouver votre Excellence, pour vous informer de tout ce que j'avais vu et vous avertir des périls qui vous menacent de toutes parts, afin que vous pussiez prendre des mesures destinées à protéger votre forteresse et le royaume tout entier de cette armée souterraine qui vous guette dans les entrailles de la colline.

—Dis-moi, mon ami, toi qui as fait tant de campagnes, demanda le gouverneur, que me conseillerais-tu de faire pour prévenir ce danger?

—Il n'appartient pas à un simple deuxième classe, dit le soldat modestement, de donner des leçons à un chef de votre valeur; mais il me semble que votre Excellence pourrait murer solidement toutes les grottes et les ouvertures de la montagne, de façon à enfermer complètement dans leur repaire Boabdil et toute son armée. De plus, si le bon père, ajouta le soldat en faisant une révérence et en se signant dévotement, si le bon père veut bien bénir les *barricadas* et y placer des croix, des reliques et des images de saints, je crois que cela serait de force à contrebalancer tout l'ensorcellement des infidèles.

—Ce serait sûrement très efficace, dit le frère.

Le gouverneur mit alors son poing sur la hanche, près du pommeau de son épée de Tolède; il fixa le soldat, en branlant doucement la tête.

—Ainsi donc, mon ami, fit-il, tu t'imagines vraiment que je me laisse piper par des histoires à dormir debout, des contes de fées et d'enchantements? Ecoute, accusé... plus un mot! Tu es, peut-être, un vieux soldat, mais tu as affaire à un autre soldat, encore plus vieux que toi, et qui connaît un peu la tactique! Holà, gardes! mettez cet homme aux fers.

La chambrière allait intercéder en faveur du prisonnier, mais le gouverneur la fit taire d'un regard.

Comme on le fouillait, un des gardes sentit quelque chose de volumineux dans l'une de ses poches et en tira une grande bourse de cuir qui paraissait bien rebondie. La prenant par un bout, il en vida le contenu sur la table, devant le gouverneur, et jamais butin de pillard ne fut si merveilleux. Des bagues, des bijoux, des rosaires de perles, d'étincelantes croix de diamant en jaillirent pêle-mêle avec une profusion de pièces d'or dont certaines s'en allèrent rouler aux quatre coins de la pièce.

Les fonctions de la justice furent pour un temps interrompues; ce fut une ruée vers les brillantes fugitives. Seul le gouverneur, imbu de la véritable fierté espagnole, conserva sa digne attitude, non sans trahir dans ses regards quelque inquiétude tant que la dernière pièce et le dernier bijou ne furent pas remis en place.

Le frère était moins calme; tout son visage rougeoyait comme un four et ses yeux étincelaient à la vue des rosaires et des croix.

—Misérable sacrilège! s'exclama-t-il. Quelle église, quel sanctuaire as-tu dépouillés de ces reliques sacrées?

—Pas la moindre chapelle, révérend père. Si ces objets ont jamais été volés, ils ont dû l'être autrefois par le soldat musulman dont je vous ai parlé. Quand j'ai été interrompu, j'allais justement conter à son Excellence qu'en prenant possesion de la monture du musulman, je détachai une bourse de cuir qui pendait à l'arçon de la selle et qui, je présume, contenait le butin de ses campagnes d'autrefois, du temps où les Maures envahirent notre pays.

—Tout cela est bien beau; mais il faut te résoudre maintenant à loger dans une chambre des Tours Vermeilles, qui, sans l'aide d'aucun sortilège magique, te mettra aussi bien en sécurité que les cavernes de tes Maures enchantés.

—Votre Excellence agira comme bon lui semble, répliqua froidement le prisonnier. Je saurai toujours gré à son Excellence de bien vouloir me loger dans la forteresse. En cette matière, un soldat qui a fait la guerre n'est pas très difficile, comme votre Excellence le sait. Pourvu que j'aie un cachot confortable et une nourriture régulière, je n'en demande pas plus. Je supplierai seulement votre Excellence d'ouvrir l'œil sur la forteresse et de penser à la suggestion que j'ai faite à propos des cavernes de la montagne.

Ainsi se termina la scène. Le prisonnier fut conduit à un

épais cachot des Tours Vermeilles; le pur-sang arabe fut mené à l'écurie de son Excellence et la bourse du chevalier maure fut déposée dans le coffre-fort de ce grand personnage. Il est vrai qu'à ce sujet le frère hasarda quelques questions: ces dépouilles sacrilèges ne devaient-elles pas être remises sous la garde de l'Eglise?... Mais comme la réponse du gouverneur avait été catégorique, et comme il était maître absolu de l'Alhambra, le frère abandonna prudemment la discussion, bien décidé, toutefois, à en informer les dignitaires de Grenade.

Pour expliquer ces promptes et sévères mesures de la part du vieux gouverneur *Manco,* il convient de faire remarquer qu'à ce moment-là, les montagnes de l'Alpujarra, aux environs de Grenade, étaient terriblement infestées par une bande de voleurs, placés sous les ordres d'un chef audacieux, du nom de Manuel Borasco, qui rôdaient dans la province et entraient même dans la ville, sous divers déguisements, pour avoir intelligence du départ de convois ou de voyageurs aux bourses bien garnies qu'ils prenaient soin d'attaquer dans quelque col désert. Ces agressions multiples et audacieuses avaient attiré l'attention du gouvernement, et les commandants de plusieurs postes militaires avaient reçu des instructions leur enjoignant d'être en alerte et d'arrêter tous les vagabonds suspects. A la suite d'un certain nombre de critiques qu'il avait essuyées personnellement, le gouverneur *Manco* avait, en l'ocurrence, redoublé de zèle. Il ne doutait pas d'avoir saisi quelque formidable malfaiteur.

Entre temps, l'histoire du soldat se répandait et défrayait la chronique, non seulement dans la forteresse, mais aussi dans toute la ville de Grenade. On disait que le fameux bandit Manuel Borasco, la terreur de l'Alpujarra, était tombé dans les griffes du vieux gouverneur *Manco,* et qu'il avait été enfermé par lui dans un cachot des Tours Vermeilles. Toutes ses victimes accoururent pour le reconnaître. Les Tours Vermeilles, comme on sait, sont séparées de la colline jumelle de l'Alhambra par un ravin où s'ouvre la principale allée. Il n'y avait pas de murs extérieurs, mais une sentinelle montait la garde devant la tour. La fenêtre de la pièce où le soldat était emprisonné portait de solides barreaux et donnait sur une petite esplanade. C'est là que les bonnes gens de Grenade se rendaient en foule pour le contempler, comme si c'eût été une hyène dans sa cage. Mais pourtant personne ne reconnut en lui Manuel Borasco, car ce bandit avait une physionomie féroce qui contrastait singulièrement avec la bonhomie de l'actuel prisonnier. Les visiteurs venaient non seulement de la ville, mais aussi de toute la province; mais personne ne le connaissait, et peu à peu l'on se demanda s'il n'y avait pas quelque vérité dans son histoire. Que Boabdil et son armée fussent enfermés dans la montagne, c'était une vieille tradition que les plus vieux tenaient de leurs pères. Beaucoup de gens montèrent à la colline du Soleil, ou plutôt de Santa Elena, à la recherche de la caverne mentionnée par le soldat et se penchèrent au-dessus d'un vieux puits noir qui s'enfonçait on ne sait jusqu'où—et qui subsiste de nos jours—car on disait que c'était l'entrée de la résidence souterraine de Boabdil.

Peu à peu, le soldat devint très populaire auprès du petit peuple. Un bandit des montagnes n'a aucunement en Espagne la réputation infamante qu'il aurait dans un autre pays; au contraire, c'est une espèce de personnage chevaleresque aux yeux du commun. Et, comme on aime bien critiquer les gens en place, on se mit à murmurer contre les trop sévères mesures du vieux gouverneur *Manco* et à regarder un peu son prisonnier comme un martyr.

Il faut dire que celui-ci était un joyeux luron qui avait toujours le mot pour rire, et des compliments pour les femmes. Il s'était procuré une vieille guitare et assis près de sa fenêtre, il chantait des ballades et des madrigaux pour les femmes du voisinage qui se rassemblaient, le soir, sur l'esplanade et dansaient le boléro au son de sa musique. La barbe maintenant rasée, son visage tanné trouvait quelque faveur auprès du beau sexe et la sérieuse chambrière du gouverneur déclara que ses regards coquins étaient absolument irrésistibles. Cette compatissante personne avait, dès le début, manifesté une profonde sympathie pour ses infortunes et, après avoir tenté vainement d'adoucir le gouverneur, s'était mise en devoir de modérer les rigueurs de son régime. Chaque jour, elle apportait au prisonnier les restes de la table du gouverneur, ou quelque bon morceau pris au garde-manger, accompagnés, de temps en temps, d'une consolante bouteille de Valdepeñas ou de bon Málaga.

Tandis que cette vénielle trahison s'opérait au sein même de la citadelle, les ennemis de l'extérieur préparaient une guerre ouverte. L'histoire du sac plein d'or et de bijoux, découvert sur la personne du voleur présumé, s'était divulguée, non sans exagérations, dans tout Grenade. Le vieux rival du gouverneur, le capitaine général, souleva une question de juridiction territoriale. Il insistait sur le fait que le prisonnier avait été arrêté hors des murs de l'Alhambra, et qu'il dépendait, par conséquent, de son autorité. Il réclamait sa personne et les *spolia opima* saisis avec lui. Dûment informé par le frère franciscain du contenu du sac, le grand Inquisiteur proclamait le prisonnier coupable de sacrilège et affirmait que son butin appartenait à l'église et son corps au prochain autodafé. La dispute s'envenima; et le gouverneur furieux jura que, plutôt que de rendre son captif, il le pendrait à l'intérieur de l'Alhambra comme espion arrêté dans les limites de la forteresse.

Le capitaine général le menaça d'envoyer un détachement de soldats pour transférer le prisonnier des Tours Vermeilles à la prison de la ville. Le grand Inquisiteur, de son côté, était résolu à envoyer quelques uns de ses familiers auprès du Saint

Siège. Un soir, le gouverneur fut averti de tout ce qui se machinait contre lui.

—Qu'ils viennent donc, fit-il. Je les attends de pied ferme. Il doit se lever tôt, celui qui veut surprendre un vieux soldat comme moi.

Il ordonna, en conséquence, que le prisonnier fût jeté, le lendemain, dès l'aube, dans un cul de basse fosse de l'Alhambra même.

—Et tu entends, mon enfant, dit-il à sa chambrière, tu frapperas à ma porte et me réveilleras avant le chant du coq, pour que je veille en personne à l'exécution de mes ordres.

Le jour blanchit, le coq chanta; mais personne ne frappa à la porte du gouverneur. Le soleil se leva au-dessus du sommet des montagnes, brilla à sa fenêtre... Le gouverneur ne fut tiré de ses rêves matinaux que par son vieux caporal, dressé devant lui, avec tous les signes de la terreur.

—Il a filé! il est parti! lui criait le caporal, haletant.

—Qui a filé?... qui est parti?

—Le soldat... le voleur... le diable en personne. Son cachot est vide, mais sa porte est verrouillée... Personne ne sait comment il a pu s'enfuir.

—Qui l'a vu en dernier lieu?

—Votre chambrière. Elle lui apportait son repas.

—Amenez-la moi tout de suite.

Stupéfaction! La chambre de cette si sérieuse personne était également vide; il était évident qu'elle n'avait pas dormi dans son lit. Sans aucun doute, elle s'était enfuie avec le prisonnier, étant donné qu'on l'avait vue plus d'une fois en conversation avec lui.

Touché au point le plus sensible, le vieux gouverneur n'avait pas le temps de sacrer qu'il se voyait victime d'un nouveau malheur. Comme il se rendait à son bureau, il trouva son coffre-fort ouvert. La bourse du soldat maure avait disparu et, avec elle, deux gros sacs remplis de doublons.

Mais comment, et de quel côté, les deux fugitifs s'étaient-ils sauvés? Un vieux paysan qui vivait dans une ferme, au bord d'un chemin qui menait à la Sierra, déclara qu'il avait entendu le sabot d'un puissant coursier qui filait, juste avant le jour, vers les montagnes. Il avait mis les yeux à sa vitre et n'avait eu que le temps de distinguer un cavalier avec une femme assise devant lui.

—Fouillez-moi les écuries! cria le gouverneur *Manco*.

On les fouilla; tous les chevaux étaient dans leurs stalles, à l'exception du pur-sang arabe. Il y avait, à sa place, un gros gourdin auquel était attachée l'inscription suivante: «Au gouverneur *Manco,* ce don d'un vieux soldat.»

LEGENDE DES DEUX STATUES DISCRETES

AUTREFOIS vivait, dans un appartement délabré de l'Alhambra, un joyeux petit homme, du nom de Lope Sánchez, qui travaillait dans les jardins et passait tout son temps à chanter, gai comme un pinson. C'était l'âme vivante de la forteresse. Quand il avait terminé son travail, il s'asseyait sur un banc de pierre de l'esplanade, grattait sa guitare et chantait les exploits du Cid, de Bernardo del Carpio, de Fernando del Pulgar et d'autres héros nationaux pour distraire les soldats—ou bien il entonnait des chansons plus entraînantes, *boleros* ou *fandangos,* pour faire danser les jeunes filles.

Comme la plupart des petits hommes, Lope Sánchez avait une grande et grosse femme qui pouvait presque le mettre dans sa poche; mais, à la différence des autres pauvres, au lieu de dix enfants, il n'en avait qu'un: c'était une fillette d'une douzaine d'années, Sanchica, aussi joyeuse que son père, et qui faisait ses délices. Elle jouait autour de lui tandis qu'il travaillait dans les jardins, dansait au son de sa guitare, lorsqu'il se reposait à l'ombre, et folâtrait comme une biche par les bois, les allées et les salles délabrées de l'Alhambra.

C'était la veille de la Saint Jean et les amateurs de fêtes, hommes, femmes, enfants, montérent, la nuit, à la colline du Soleil qui s'élève au-dessus du Généralife pour passer cette veille sur son sommet plat. Il faisait un brillant clair de lune; les montagnes étaient d'un gris d'argent; la ville, avec ses dômes et ses clochers s'étendait dans l'ombre et la *vega* semblait une terre enchantée avec ses ruisseaux qui luisaient mystérieusement parmi ses bois noirs. Au sommet de la colline on alluma un feu de joie, selon une vieille tradition locale qui remontait au temps des Maures. Les habitants des alentours célébraient cette veillée de la même façon et les feux, répandus dans la *vega* et sur les versants des montagnes jetaient leur flamme pâle au clair de lune.

La nuit se passa gaiement à danser au rythme de la guitare de Lope Sánchez, qui n'était jamais aussi gai que durant ces fêtes. Tandis que les autres dansaient, la petite Sanchica s'amusait avec ses compagnes parmi les ruines d'un vieux fort qui couronne la montagne [1]; en ramassant des pierres dans le fossé, elle trouva une petite main, curieusement sculptée dans le jais, les doigts fermés et le pouce fortement appuyé par dessus. Ravie de son aubaine, elle courut montrer l'objet à sa mère, ce qui provoqua toutes sortes de sages considérations parmi l'assistance. Certains s'en méfiaient, par superstition.

—Jette-la, disait l'un. C'est une main mauresque... vous pouvez me croire. Il y a de la sorcellerie là-dedans.

—Pas du tout, disait un autre. Les bijoutiers du Zacatín vous en donneront bien quelque chose.

Au milieu de la discussion, un vieux soldat basané, qui avait servi en Afrique et aurait pu passer pour un Maure, s'approcha pour examiner l'objet. Il le palpa d'un air connaisseur.

—J'ai vu des objets comme celui-ci, fit-il, parmi les Maures de Barbarie. C'est une amulette très efficace contre le mauvais

[1] *La Silla del Moro.*

286

œil, les envoûtements et les pratiques magiques. Je te félicite, ami Lope. Cette main présage beaucoup de chance à ta fille.

Et aussitôt, la femme de Lope Sánchez, attachant la petite main de jais à un ruban, la mit au cou de sa fille.

La vue de ce talisman évoqua toutes sortes de superstitions. La compagnie, abandonnant la danse, s'assit en groupes par terre, et l'on se conta de vieilles légendes héritées des ancêtres. Certains de leurs récits portaient sur les merveilles de la montagne même où ils se trouvaient, et qui—disait-on—abritait des lutins. Une vieille commère, en particulier, fit une description détaillée du palais souterrain, creusé dans les entrailles de la montagne, où, dit-on, Boabdil et toute sa cour demeurent ensorcelés.

—Parmi ces ruines, fit-elle, en désignant des murs croulants et des monticules de terre au loin, sur la montagne, il y a un grand puits noir qui s'enfonce jusqu'au cœur de la montagne. Pour tous les trésors de Grenade, je n'accepterais jamais d'y descendre. On dit qu'autrefois un pauvre homme de l'Alhambra, qui gardait ses chèvres sur cette colline, y est descendu pour chercher un cabri. Il en ressortit affolé et hagard et fit un tel récit des choses qu'il avait vues en bas que tout le monde crut qu'il avait perdu la tête. Il délira un jour ou deux; il parlait des lutins arabes qui l'avaient poursuivi dans la caverne et ne voulait plus retourner sur la montagne avec ses chèvres. Un jour, enfin, il s'y décida, mais le pauvre diable n'en revint jamais. Les voisins ne trouvèrent que ses chèvres qui broutaient parmi les ruines, son chapeau et sa cape posés près de l'entrée de puits... Il avait disparu.

La petite Sanchica écoutait de toutes ses oreilles. Elle était curieuse de nature et ressentit aussitôt le plus grand désir de jeter un coup d'œil sur ce fameux puits. Faussant compagnie à ses petites amies, elle se dirigea vers les ruines lointaines, et, après avoir tâtonné pendant quelque temps, arriva à un petit creux, près du sommet de la montagne, à partir duquel celle-ci plongeait brusquement dans la vallée du Darro. Au centre de ce creux béait le puits. Sanchica s'aventura jusqu'au bord et y jeta un regard. Le puits était d'un noir d'encre et donnait une impression de profondeur sans limite. Le sang de l'enfant se glaça; elle recula, avança encore, eût bien voulu s'enfuir, mais, trouvant un certain charme à son effroi, se pencha de nouveau pour voir. Enfin, elle fit rouler un gros bloc jusqu'au bord de l'abîme et l'y poussa. D'abord, il tomba en silence, puis, répercuté d'une paroi à l'autre, il fit un roulement de tonnerre, et, tout au fond, finalement un bruit mouillé... Tout se tut.

Mais le silence ne dura pas longtemps. On eût dit que quelque chose s'était éveillé au sein de l'abîme épouvantable. Un murmure s'en éleva qui s'enflait comme celui d'une ruche. Il grossissait toujours: c'était un brouhaha lointain, mêlè au faible choc des armes, au retentissement des cymbales et des trompettes, comme si, dans les entrailles de la terre, une armée se rangeait en bataille.

La fillette s'enfuit, terrorisée, et courut vers l'endroit où elle avait laissé ses parents et ses compagnes. Tout le monde était parti. Le feu de joie expirait et sa dernière spirale de fumée s'évanouissait au clair de lune. Les feux lointains qui brûlaient dans la *vega* et sur les montagnes s'étaient tous éteints. Tout semblait enseveli sous le sommeil. Sanchica appela ses parents et ses amies, mais personne ne lui répondit. Elle descendit la montagne, longea les jardins du Généralife, arriva à l'avenue qui montait à l'Alhambra. Alors, elle s'assit sur un banc pour reprendre son souffle. La cloche de la tour de guet sonna minuit. Tout se taisait, comme si la nature était endormie, à l'exception du faible murmure d'un ruisselet courant sous les buissons. La suavité de l'heure allait endormir l'enfant, lorsque son œil perçut quelque chose de brillant dans le lointain, et, stupéfaite, elle vit que c'était une longue cavalcade de guerriers maures qui descendait le long des allées touffues. Les uns étaient armés de lances et d'écus; les autres, de cimeterres et de haches de combat. Leurs cuirasses polies luisaient aux rayons de la lune. Leurs fiers coursiers rongeaient leur frein et piaffaient, mais ils semblaient avancer sur des sabots de feutre, tant leur allure était silencieuse, et les cavaliers étaient pâles comme la mort.

Parmi eux, chevauchait une belle dame avec une couronne et des perles mêlées à ses boucles d'or. Son palefroi était revêtu de velours grenat, brodé d'or, qui balayait le sol; mais la jeune femme, les yeux baissés, semblait désolée.

Vint ensuite un cortège de courtisans magnifiquement parés de robes et de turbans de diverses couleurs, et parmi eux, sur un alezan doré, Boabdil el Chico, dans un manteau royal couvert de bijoux et portant une couronne éblouissante de diamants. La petite Sanchica le reconnut à sa barbe blonde et à sa ressemblance avec le portrait de lui qu'elle avait vu souvent dans la galerie du Généralife. Elle contempla stupéfaite ce défilé royal qui disparaissait maintenant parmi les arbres; mais, bien qu'elle sût que ce spectacle était surnaturel, elle continuait à l'observer d'un œil intrépide, tant la réconfortait le talisman magique qui était pendu à son cou.

La cavalcade avait passé; Sanchica se leva pour la suivre. Elle la vit cheminer vers la grande porte de la Justice qui était grande ouverte. Les vieilles sentinelles dormaient d'un épais sommeil sur les bancs de la barbacane et le cortège royal passa près d'eux sans bruit, bannières déployées. Sanchica avançait à quelque distance; mais, à sa grande surprise, elle vit que la terre s'ouvrait, à l'intérieur de la barbacane. Elle entra, fit quelques pas et fut encouragée à aller plus avant en découvrant des marches grossièrement creusées dans le roc, puis un passage souterrain, illuminé çà et là par une lampe d'argent qui émettait, en même temps que sa lumière, un parfum délicieux. S'y aventurant, elle arriva enfin dans une grande salle, magnifiquement aménagée dans le style arabe, et tout illuminée par des lampes de cristal et d'argent. Là, sur un sofa, un vieil homme, en costume musulman et à longue barbe blanche, dodelinait de la tête. Un bâton entre ses mains semblait sur le point de lui échapper. A quelques pas de là, une belle dame, en toilette espagnole d'autrefois, portant une couronne étincelante de diamants et de perles dans les cheveux, jouait tout bas de la lyre. La petite Sanchica se souvint alors de l'histoire qu'elle avait entendue parmi les vieilles gens de l'Alhambra, et où il était question d'une princesse chrétienne séquestrée au centre de la montagne par un vieux magicien arabe, qu'elle maintenait plongé dans le sommeil au moyen de sa lyre enchantée.

La dame, surprise d'apercevoir une mortelle dans la salle, s'arrêta de jouer.

—Sommes-nous à la veille de la Saint Jean? demanda-t-elle.

—Oui, madame, répondit Sanchica.

—Alors le charme magique est suspendu pour cette nuit. Viens ici, mon enfant, et ne crains rien. Je suis une chrétienne comme toi, mais fixée ici par un enchantement. Touche mes chaînes avec ce talisman que tu as accroché au cou, et cette nuit je serai libre.

Disant ces mots, elle ouvrit sa robe et laissa voir une large ceinture d'or et une chaîne d'or qui la retenait au sol. L'enfant n'hésita pas un instant à appliquer la petite main de jais à la ceinture d'or et aussitôt la chaîne tomba. A ce bruit, le vieil homme se réveilla et se frotta les yeux; mais la dame effleura les cordes de sa lyre et le magicien se remit à somnoler, à dodeliner de la tête, tandis que son bâton menaçait de lui échapper.

—Maintenant, dit la dame, touche ce bâton avec ton talisman.

La fillette obéit; le bâton tomba et l'homme s'endormit tout à fait.

La dame posa doucement la lyre sur le sofa et l'appuya contre la tête du magicien. Puis, faisant vibrer les cordes de son instrument, elle dit:

—O puissant esprit de l'harmonie, continue à le tenir sous ton pouvoir jusqu'à l'aube. Maintenant, suis-moi, mon enfant, et tu verras l'Alhambra tel qu'il apparaissait au temps de sa gloire, car tu as un talisman qui découvre toutes ses merveilles.

Sanchica suivit la dame en silence. Elles passèrent par la barbacane de la Porte de la Justice et s'avancèrent vers la *Plaza de los Aljibes,* l'esplanade qui s'étend devant la forteresse.

Celle-ci était remplie de soldats maures, cavalerie et infanterie, formés en escadrons, toutes bannières déployées. Dans le portique, il y avait également des gardes royaux et des rangées de noirs aux cimeterres dégaînés. Personne ne disait rien et Sanchica passa sans crainte derrière son guide. Son étonnement s'accrut lorsqu'elle pénétra dans le palais royal, où elle avait été élevée. Le grand clair de lune illuminait toutes les salles, les cours et les jardins; mais la scène qu'il lui révélait était toute différente de celle à quoi elle était accoutumée. Les murs des appartements n'étaient plus tachés ni détériorés par la vieillesse. Au lieu de toiles d'araignées, ils étaient maintenant tendus de riches damas; les dorures et les peintures étaient restaurées dans toute leur fraîcheur originale. Les salles, au lieu d'être nues et sans garnitures, étaient décorées de divans et de sofas tapissés des plus rares étoffes brodées de perles et de gemmes précieuses, et, dans les cours, tous les jets d'eau jouaient.

Dans les cuisines régnait une intense activité. Des cuisiniers préparaient des semblants de plats, rôtissaient et faisaient cuire des apparences de poulets et de perdrix; des serviteurs allaient et venaient avec des vaisselles d'argent pleines de mets délicats, destinés à un festin. La cour des Lions était bondée de gardes, de courtisans et de laquais, comme au temps des Maures. A l'extrémité de la salle de la Justice, Boabdil siégeait sur son trône, entouré de sa cour, avec son sceptre illusoire. Malgré toute cette foule et toute cette apparente agitation, on n'entendait ni une voix ni un pas. Rien d'autre ne troublait le silence de minuit que le chant des fontaines. La petite Sanchica suivait son guide dans un émerveillement muet, jusqu'au moment où elles arrivèrent à une porte qui conduisait à des passages ouverts sous la tour de Comares. De chaque côté de la porte se dressait la forme d'une nymphe sculptée dans l'albâtre. Leur visage se tournait vers le même point de la voûte. La dame s'arrêta et fit signe à l'enfant d'approcher. Elle lui dit:

—Il y a ici un grand secret que je te révèle en récompense de ton courage et de ta confiance. Ces statues vigilantes surveillent un trésor que cacha ici, autrefois, un roi maure. Dis à ton père de venir le chercher à l'endroit que fixent leurs yeux et il se verra l'homme le plus riche de Grenade. Mais pourtant, seules tes mains innocentes et ton talisman lui permettront d'emporter le trésor. Dis à ton père d'en user avec discrétion et qu'il en consacre une partie à faire dire une messe chaque jour pour me délivrer de ces sortilèges impies.

Lorsque la dame eut dit ces mots, elle mena l'enfant vers le petit jardin de Lindaraja, qui est contigu à la voûte aux statues. La lune tremblait sur l'eau de la fontaine solitaire et diffusait une tendre lumière sur les orangers et les citronniers. La dame arracha une branche de myrte et en fit une couronne qu'elle posa sur la tête de l'enfant.

—Que ceci te rappelle ce que je viens de te révéler et te donne un témoignage de la réalité de cette scène, lui dit-elle. Mon heure est venue... Il faut que je retourne à ma salle souterraine... Ne me suis pas, un malheur pourrait t'arriver... Adieu. Souviens-toi de ce que je t'ai dit, fais dire des messes pour ma délivrance.

Et, disant ces mots, la dame pénétra dans un passage noir et disparut.

Un faible chant de coq retentit au loin dans une ferme de la vallée du Darro et une pâle lueur commença à s'étendre au-dessus des montagnes, à l'orient. Une brise s'éleva, et un bruissement semblable à celui des feuilles mortes parcourut les couloirs et les cours. Des portes claquèrent violemment.

Sanchica revint sur les lieux qu'elle avait vus tout à l'heure peuplés... mais Boabdil et sa cour fantôme avaient disparu. La lune brillait dans les salles désertes et les galeries dépouillées de leur passagère splendeur, tachées et détériorées par l'âge, tapissées de toiles d'araignée. La chauve-souris voletait dans ses voûtes et la grenouille coassait dans le bassin...

Sanchica se hâta de prendre un escalier qui menait à l'humble appartement de la famille. La porte était ouverte, comme de coutume, car Lope Sánchez était trop pauvre pour s'offrir une barre ou un verrou. Elle se glissa dans sa couche et, mettant la couronne de myrte près de son coussin, s'endormit bientôt.

Le matin venu, elle conta tout ce qu'elle avait vu à son père. Lope Sánchez ne fit d'abord que rire de ce qu'il appelait la crédulité de sa fille. Il s'en allait à son travail journalier lorsque sa fillette le rejoignit, hors d'haleine.

—Papa, papa! lui dit-elle, regarde la couronne de myrte que la dame m'a posée sur la tête!

Lope Sánchez en resta bouche bée, car la tige du myrte était d'or pur et chacune des feuilles était une émeraude étincelante! N'ayant pas l'habitude des pierres précieuses, il ignorait ce que pouvait valoir la couronne, mais ce qu'il voyait le convainquit que c'était quelque chose de plus palpable qu'un rêve, et que, de toute façon, sa fille n'avait pas rêvé pour rien. Son premier soin fut de recommander à celle-ci le secret absolu. A cet égard, il n'avait pas de craintes, car il l'avait toujours vue plus avisée que les personnes de son âge et de son sexe. Il se rendit ensuite à la voûte aux statues. Il nota qu'elles avaient la tête tournée vers l'intérieur du bâtiment. Il ne put s'empêcher d'admirer avec quelle discrétion et quelle ingéniosité elles gardaient et révélaient à la fois leur secret. Prolongeant la ligne de leur regard, il fit une marque sur le mur et se retira.

Tout le jour, mille soucis vinrent le tourmenter. Il ne pouvait s'empêcher d'aller rôder autour des deux statues et s'effrayait à l'idée que son secret pouvait être découvert. Chaque pas qui s'en approchait le faisait trembler. Il eût donné n'importe quoi pour faire tourner la tête des statues, oubliant qu'elles regardaient dans la même direction depuis des siècles sans que personne ne se doutât de rien.

—Le diable les emporte! murmurait-il. Elles vont tout trahir. A-t-on jamais entendu parler d'une façon pareille de garder un secret?

Puis, entendant des pas, il s'esquivait, comme si sa présence en ces lieux risquait d'éveiller des soupçons. Puis, revenant à petits pas, il regardait autour de lui pour s'assurer que tout allait bien, mais la vue des statues l'indignait de nouveau.

—Ah oui, disait-il, vous regardez, vous ne vous fatiguez jamais de regarder là où il ne faut pas. Peste soit de vous! Vous êtes bien de votre sexe... Quand elles n'ont pas de langue pour babiller, elles le font avec les yeux.

Finalement, à son grand soulagement, il vit s'achever cette longue journée d'inquiétude. Les bruits de pas cessèrent de retentir dans les salles sonores de l'Alhambra; le dernier étranger franchit le seuil du palais. Le grand portail fut verrouillé. La chauve-souris, la grenouille et la chouette reprirent peu à peu leurs jeux nocturnes dans la solitude.

Lope Sánchez attendit, cependant, que la nuit fût bien avancée pour s'aventurer avec sa fillette dans la salle aux deux nymphes. Elles fixaient toujours du même regard mystérieux et entendu l'endroit secret. «Avec votre permission, aimables dames, leur dit Lope Sánchez en passant entre elles, je vais vous décharger de ce souci que vous supportez depuis deux ou trois bons siècles.» Et, s'attaquant à la partie du mur qu'il avait marquée, il découvrit bientôt une cavité qui contenait deux grandes jarres de porcelaine. Il essaya de les amener à lui, mais ce fut impossible, tant que les mains innocentes de l'enfant ne les eurent pas touchées. Avec son aide, il les délogea de leur niche et vit alors, à son immense joie, qu'elles étaient pleines de pièces d'or mauresques, mêlées de bijoux et de pierres précieuses. Avant l'aube, elles étaient dans sa chambre, et les statues fixaient un mur désormais vide.

Voici Lope Sánchez devenu riche du jour au lendemain. Mais la richesse amène avec elle tout un monde de soucis qu'il avait ignoré jusqu'ici. Comment allait-il placer sa fortune en lieu sûr? Comment allait-il en jouir sans éveiller de soupçons? Et maintenant, pour la première fois de sa vie, il eut peur des voleurs. Il songeait avec terreur à l'insécurité de sa maison et se mit en devoir de barricader ses portes et ses fenêtres. Pourtant, malgré toutes ces précautions, il était incapable de dormir tranquille. Son habituelle gaîté avait disparu; il ne plaisantait plus avec personne... en un mot, il devenait la créature la plus misérable de l'Alhambra. Ses vieux amis remarquèrent cette altération d'humeur, le prirent sincèrement en pitié et l'évitèrent à l'idée qu'il était dans le dénuement et risquait de leur demander de l'aide. Ils étaient loin de se douter que son seul malheur était la richesse.

La femme de Lope Sánchez partageait son inquiétude, mais

elle avait ses consolations spirituelles. Nous aurions dû informer déjà notre lecteur que, comme Lope était assez léger et étourdi de caractère, sa femme, dans les cas graves, demandait conseil à son confesseur, Fray Simón, un homme solide et imposant avec ses larges épaules, sa barbe épaisse et sa tête ronde, appartenant au couvent de Saint François, et qui était le consolateur spirituel de la moitié des bonnes commères du quartier. Il était tenu, de plus, en haute estime par plusieurs communautés de nonnes qui le récompensaient de ses services spirituels par des friandises et des liqueurs comme on en fabrique dans les couvents: biscuits, confitures, bouteilles de vin cordial, etc... du meilleur effet après les jeûnes et les vigiles.

Fray Simón prenait de l'embonpoint dans l'exercice de ses fonctions. Sa peau luisante brillait au soleil lorsqu'il remontait la côte de l'Alhambra par les jours de chaleur. Pourtant, malgré cet aspect florissant, la corde à nœuds autour de sa ceinture indiquait l'austerité qu'il s'imposait. Les gens se découvraient sur son passage comme devant un miroir de piété, et même les chiens, flairant l'odeur de sainteté de sa robe, le saluaient de leurs aboiements.

Tel était donc Fray Simón, le directeur spirituel de la puissante femme de Lope Sánchez. Et comme, en Espagne, le père confesseur est le confident domestique des femmes du peuple, il ne fut pas longtemps à être mis au courant de l'histoire du trésor.

En apprenant la nouvelle, le frère, bouche bée, se signa une douzaine de fois. Puis, après un temps, il dit:

—Fille de mon âme! sache que ton mari est coupable d'un double péché... contre l'Etat et contre l'Eglise! Le trésor qu'il a accaparé a été trouvé sur le domaine royal et appartient évidemment à la couronne; mais, étant un butin impie, arraché, pour ainsi dire, aux griffes de Satan, il doit être remis aux mains de l'Eglise. Pourtant, ou peut trouver un arrangement. Apporte-moi la couronne de myrte.

Lorsque le bon père la vit, ses yeux brillèrent plus que jamais d'admiration devant la grosseur et la beauté des émeraudes.

—Comme elle est le premier fruit de cette découverte, fit-il, il faut la consacrer à des œuvres pieuses. Je vais la pendre en offrande devant l'image de Saint François dans notre chapelle et je vais le prier, cette nuit même, pour que ton mari ait la permission de conserver son trésor.

La bonne dame fut ravie de faire sa paix avec le ciel à si bon compte; et le frère, après avoir mis la couronne sous son manteau, s'en alla saintement vers son couvent.

Quand Lope Sánchez rentra chez lui, sa femme lui conta ce qui s'était passé. Il en fut extrêmement irrité, car il n'avait pas la foi de sa femme et voyait d'un mauvais œil les visites du frère.

—Femme, dit-il, qu'as-tu fait? Tu as tout compromis avec tes cancans.

—Quoi! s'écria la bonne dame, veux-tu maintenant m'interdire de décharger ma conscience dans le sein de mon confesseur?

—Non, tu peux confesser tes péchés tout autant que tu voudras! mais cette histoire de trésor est un péché qui m'appartient et ma conscience s'en porte fort bien.

Mais à quoi bon se plaindre? Le secret était éventé et perdu, comme une eau répandue sur le sable. La seule espérance était dans la discrétion du frère.

Le lendemain, comme Lope Sánchez était sorti, on frappa doucement à sa porte et Fray Simón entra d'un air bonasse et patelin.

—Ma fille, dit-il, j'ai prié avec ferveur Saint François et il a entendu ma prière. Au milieu de la nuit, le saint m'est apparu en rêve, mais avec un visage sévère. «Comment peux-tu me demander de renoncer à ce trésor des païens, alors que tu connais la pauvreté de ma chapelle? Va-t-en chez Lope Sánchez, réclame lui en mon nom une part du trésor maure pour m'offrir deux candélabres... et qu'il jouisse en paix du reste.»

Quand la brave femme eut entendu cette nouvelle, elle se signa en tremblant, puis se rendit à l'endroit secret où Lope avait caché son trésor. Elle emplit de pièces d'or une grande bourse de cuir et la remit au frère. Le pieux moine la gratifia, en retour, de bénédictions, pour elle et toute sa descendance jusqu'à la dernière génération. Puis, glissant la bourse dans sa manche, il croisa les mains sur la poitrine et s'en alla d'un air d'humble gratitude.

Lorsque Lope Sánchez fut mis au courant de ce deuxième don à l'église, il faillit devenir fou.

—Malheureux, s'écria-il, que va-t-il advenir de moi? Lambeau par lambeau, je serai dépouillé, ruiné, réduit à la mendicité.

Sa femme eut les plus grandes peines du monde à le calmer en lui rappelant la richesse illimitée qui lui restait encore et combien Saint François avait été modéré dans ses exigences.

Malheureusement, Fray Simón avait beaucoup de pauvres à nourrir, pour ne rien dire d'une demi-douzaine d'orphelins et d'enfants trouvés qu'il avait à sa charge. Chaque jour donc il renouvelait ses visites, et réclamait de l'argent tantôt pour Saint Dominique, pour Saint André ou Saint Jacques, jusqu'au moment où le pauvre Lope, désespéré, se dit que s'il ne se mettait pas hors d'atteinte du révérend frère, il lui faudrait faire sa paix avec tous les saints du calendrier. Il décida de faire ses paquets, de battre en retraite pendant la nuit et de s'en aller vivre ailleurs.

A cette fin, il acheta un solide mulet qu'il attacha à une voûte sombre qui s'ouvrait sous la Tour à Sept Etages, le lieu même par où sort le Velludo, le cheval fantôme sans tête, pour parcourir les rues de Grenade, poursuivi par une meute de chiens. Lope Sánchez, lui, ne croyait guère à cette légende, mais, tablant sur l'effroi qu'elle causait, savait bien que personne n'aurait l'idée de mettre son nez dans l'écurie du cheval maudit. Il envoya sa famille, pendant la journée, dans un village assez distant, avec ordre de l'y attendre. Comme la nuit avançait, il transporta son trésor dans la voûte et après en avoir chargé son mulet, il se mit en route et descendit précautionneusement l'allée sombre.

Le bon Lope avait pris toutes ces mesures dans le plus grand secret; seule sa chère femme en était instruite. Pourtant, par quelque révélation miraculeuse, il se trouva que Fray Simón ne les ignorait pas, non plus. Le zélé frère, voyant le trésor des infidèles sur le point de lui glisser entre les mains, décida d'y regoûter de nouveau, pour le plus grand profit de l'Eglise et de Saint François. Donc, lorsque les cloches eurent sonné pour les *animas* et que l'Alhambra fut plongé dans le silence, il se glissa furtivement hors de son couvent, et après avoir franchi la Porte de la Justice, il se cacha parmi les buissons de roses et de lauriers qui bordent l'allée principale. Il compta les quarts d'heure qu'égrenait la cloche de la tour de guet, tout en écoutant le hululement de la chouette et les aboiements lointains des chiens des gitans.

Il entendit finalement le sabot d'un cheval et, à travers l'ombre des arbres qui le dominaient, perçut vaguement une bête qui descendait l'allée. Le vigoureux frère gloussa de plaisir à l'idée du bon tour qu'il allait jouer au brave Lope.

Retroussant ses jupes et se tortillant comme un chat qui va

bondir sur une souris, il attendit jusqu'au moment où sa proie se trouva exactement en face de lui; puis, faisant irruption de son abri, mettant une main sur l'épaule de l'animal et l'autre sur sa croupe, fit un saut qui n'aurait pas déshonoré le meilleur écuyer du monde et se posa solidement sur l'échine de l'animal.

—Aha, dit le robuste franciscain, rira bien qui rira le dernier!

Il avait à peine dit ces mots que la bête se mit à ruer, piaffer, plonger en avant et à dévaler la colline à fond de train. Le frère essaya de la retenir, mais en vain. L'animal bondissait de rocher en rocher, de buisson en buisson. L'habit du frère, lacéré en rubans, flottait au vent; sur sa tête tondue pleuvaient les coups de branches et les égratignures de ronces. Pour accroître sa terreur, il se vit poursuivi de sept chiens hurleurs et s'aperçut enfin, mais trop tard, qu'il était monté sur le terrible *Velludo!*

Ils s'en allèrent donc le long de la grande allée, traversèrent la Plaza Nueva, longèrent le Zacatín, firent le tour de la Bibarramba, et jamais chasseur ni meute ne firent course plus furieuse ni tapage plus endiablé. C'est en vain que le frère invoquait tous les saints du calendrier et la Vierge; mais chaque nom qu'il prononçait était comme un coup d'éperon et faisait bondir le *Velludo* aussi haut qu'une maison. Tout le reste de la nuit, le malheureux Fray Simón fut emporté de çà de là, malgré qu'il en eût; il se sentait tous les os rompus et la partie la plus charnue de son individu plus échauffée qu'il n'eût souhaité. Enfin, le chant du coq donna le signal du jour nouveau. A cet appel, le cheval fantôme fit volte-face et remonta au galop vers la tour. Il parcourut de nouveau la Bibarramba, la Plaza Nueva, le Zacatín, et l'allée aux fontaines, avec ses sept chiens qui aboyaient, hurlaient et bondissaient aux jambes du frère terrorisé. La première blancheur du jour apparaissait, lorsqu'ils atteignirent la tour; là, le coursier fantôme fit une superbe ruade qui envoya en l'air le franciscain, puis il s'engouffra dans la voûte sombre, toujours suivi par la meute infernale. Un profond silence succéda à leur vacarme.

Vit-on jamais jouer un tour aussi diabolique à un révérend frère? Un paysan qui se rendait à son travail, de bon matin, rencontra le malheureux Fray Simón, étendu sous un figuier, au pied de la tour, mais si contusionné et moulu de coups qu'il ne pouvait ni bouger ni parler. On le mena avec la plus grande sollicitude à sa cellule et le bruit se répandit qu'il avait été agressé et maltraité par des voleurs. Un jour ou deux s'écoulèrent avant qu'il ne pût recouvrer l'usage de ses membres. Evidemment le mulet au trésor lui avait échappé, mais il se consolait à l'idée qu'il avait sauvegardé une partie non négligeable du butin. Dès qu'il put bouger, son premier soin fut de chercher sous sa couche, où il les avait dissimulés, la couronne de myrte et les sacs de cuir pleins d'or soustraits à la piété de la bonne Madame Sánchez. Quel ne fut pas son désarroi de constater que la couronne n'était plus qu'une branche flétrie de myrte et que les sacs de cuir ne contenaient que du sable et du gravier!

Malgré toute sa déconvenue, Fray Simón eut la sagesse de tenir sa langue, car, en divulguant son secret, il risquait d'attirer sur sa personne les rires du voisinage et le châtiment de ses supérieurs. C'est seulement plusieurs années ensuite qu'il révéla à son confesseur, sur son lit de mort, sa chevauchée nocturne sur le dos du Velludo.

On resta longtemps sans nouvelles de Lope Sánchez, une fois qu'il eut disparu de l'Alhambra. On se souvenait de lui comme d'un excellent homme, mais on craignait, à la mélancolie et à l'inquiétude qu'il avait laissé voir peu avant son mystérieux départ, que la pauvreté et la misère ne l'aient réduit à un acte désespéré. Quelques années plus tard, de passage à Málaga, un de ses vieux compagnons, un invalide, faillit être renversé par un carrosse à six chevaux. L'attelage s'arrêta et un vieux gentilhomme, magnifiquement vêtu, avec perruque et épée, en descendit pour assister le vieux soldat. Quelle ne fut pas la stupéfaction de ce dernier en reconnaissant dans ce noble personnage son vieil ami Lope Sánchez, qui célébrait justement les noces de sa fille Sanchica avec un grand d'Espagne!

Le carrose transportait également l'épouse de Lope Sánchez et les deux jeunes mariés. Madame Sánchez, aussi ronde qu'une barrique, portait des plumes, des bijoux, des colliers de perles et de diamants, des bagues à chaque doigt et une toilette que l'on n'avait plus vue depuis le temps de la reine de Saba. La petite Sanchica, devenue femme, était d'une grâce et d'une beauté de duchesse, sinon de princesse. Quant à son mari, assis près d'elle, c'était un gringalet tout rabougri, à cuisses de coq—preuve suffisante de son origine, car un vrai grand d'Espagne dépasse rarement trois coudées de haut. Cette union était l'œuvre de Madame Sánchez.

La richesse n'avait pas gâté le bon cœur de Lope. Il garda plusieurs jours avec lui son vieux camarade, le régala comme un roi, l'amena au théâtre et aux courses de taureaux. Finalement, il lui offrit, en le quittant, une grande bourse pleine d'argent pour lui-même et une autre à distribuer parmi ses anciens compagnons de l'Alhambra.

Lope contait qu'un de ses frères, mort en Amérique, lui avait laissé une mine de cuivre; mais les bonnes langues de l'Alhambra déclaraient qu'il avait tiré toute sa fortune du trésor gardé par les deux nymphes de marbre. Il est à noter que ces très discrètes statues continuent jusqu'à ce jour à fixer le même endroit dans le mur, ce qui incite beaucoup de gens à croire qu'il reste encore un trésor à découvrir au voyageur entreprenant, tandis que les autres, et particulièrement les femmes, les considèrent avec grande complaisance comme la preuve indubitable que les femmes savent parfois garder un secret.

MOHAMED IBN ALAHMAR
FONDATEUR DE L'ALHAMBRA

APRÈS avoir traité si librement les merveilleuses légendes de l'Alhambra, je me sens tenu de donner à mon lecteur quelques détails précis sur son histoire, ou plutôt sur celle de ces magnifiques princes—celui qui le fonda et celui qui l'acheva—à qui le monde doit un monument oriental si beau et si poétique. Pour obtenir ces faits, j'ai dû descendre de la sphère de la fantaisie et de la fable, où l'imagination colore toute chose, pour mener mes recherches au milieu des volumes poussiéreux de l'Université, l'ancienne bibliothèque des Jésuites. Ce trésor d'érudition si célèbre autrefois n'est plus que l'ombre de ce qu'il fut autrefois, car les Français le dépouillèrent de ses manuscrits et de ses pièces les plus rares lorsqu'ils furent maîtres de Grenade. On y trouve cependant, entre d'énormes tomes de polémique jésuitique, quelques traités de littérature espagnole, et surtout, un certain nombre de ces antiques et poussiéreuses chroniques, reliées en parchemin, pour lesquelles j'ai une vénération particulière.

J'ai passé, dans cette vieille bibliothèque, des heures délicieuses à consulter en paix ces documents, car on avait eu la bonté de me confier les clés des portes et des vitrines et je pouvais feuilleter à loisir tout ce que je désirais—privilège rare en ces sanctuaires du savoir où la vue des fontaines scellées tantalise trop souvent l'homme avide de connaître.

Au cours de ces visites, j'ai glané, sur les personnages historiques en question, les détails suivants.

* * *

Les Maures de Grenade regardaient l'Alhambra comme un miracle d'art et pensaient que le roi qui l'avait fondé pratiquait la magie ou tout au moins l'alchimie grâce à quoi il avait pu se procurer les sommes énormes nécessaires pour l'édifier. Un rapide aperçu de son règne nous donnera la clé de sa richesse.

Le nom de ce monarque, selon les inscriptions que l'on trouve dans certaines salles, était Abu Abd'allah (c'est-à-dire, le père d'Abdallah); mais il est connu plus communément dans l'histoire musulmane sous le nom de Mohamed Ibn Alahmar (Mohamed, fils d'Alahmar) ou encore, pour abréger, Ibn Alahmar.

Il naquit à Arjona, en l'an 591 de l'Hégire, soit en 1195 de l'ère chrétienne, de la noble maison des Beni Nasar (les fils de Nasar). Ses parents n'épargnèrent aucune dépense pour le préparer à la place importante à laquelle le destinaient l'opulence et la dignité de sa famille. Les sarrasins d'Espagne connaissaient déjà une civilisation brillante; chaque grande ville était un foyer d'art et de savoir. Il fut donc facile de trouver à ce jeune prince les précepteurs les plus cultivés. Parvenu à sa majorité, Ibn Alahmar fut nommé *alcaide* de Jaén et d'Arjona, et sa douceur ainsi que son esprit équitable lui gagnèrent tous les suffrages. Quelques années plus tard, à la mort de Aben Hud, le pouvoir musulman en Espagne se brisa en diverses factions et beaucoup de lieux se déclarèrent pour Mohamed Ibn Alahmar. Ambitieux, de tempérament ardent, celui-ci saisit l'occasion pour faire une tournée à travers le pays. Partout il fut reçu avec acclamations. Ce fut en 1238 qu'il entra à Grenade au milieu des clameurs enthousiastes de la foule. Il se vit proclamé roi avec toutes sortes de démonstrations de joie et se trouva bientôt à la tête des musulmans d'Espagne. C'était le premier prince de l'illustre maison des Beni Nasar qui occupait le trône. Son règne fut une vraie bénédiction pour ses sujets. Il donna le commandement de ses villes à ceux qui s'étaient distingués par leur valeur et leur prévoyance et qui lui semblaient les plus estimés du peuple. Il mit sur pied une police vigilante et établit des lois sévères pour l'administration de la justice. Les pauvres et les malheureux étaient toujours admis en sa présence et il veillait personnellement à leur aide et à leur réconfort. Il bâtit des hôpitaux pour les aveugles, les infirmes, les vieillards et tous ceux qui étaient incapables de travailler; il les visitait souvent, non point à jours fixes, en grande pompe, pour trouver tout en ordre, mais brusquement, à l'improviste, s'informant personnellement, par observation directe et enquête serrée, du traitement administré aux malades ainsi que de la conduite de ceux qui avaient mission de les soigner. Il fonda des écoles et des collèges, qu'il visitait de la même façon, inspectant en personne l'instruction des jeunes. Il créa également des boucheries et des fours, pour que la population eût une nourriture saine à un tarif juste et raisonnable. Il amena d'abondantes conduites d'eau dans la ville, érigea des bains et des fontaines, bâtit des aqueducs et des canaux pour irriguer la *vega*. C'est ainsi que la prospérité et l'abondance régnèrent dans sa belle ville; ses portes étaient ouvertes au commerce et ses entrepôts remplis d'objets de luxe et de marchandises venus de tous les climats et de tous les pays.

Or, tandis que Mohamed Ibn Alahmar gouvernait ses fertiles domaines avec autant de sagesse et de bonheur, il fut soudain menacé des horreurs de la guerre. Les chrétiens, à cette époque, profitant du démembrement de l'empire musulman, reconquéraient rapidement leurs anciennes terres. Jaime le *Conquistador* avait déjà soumis tout Valence et Ferdinand le Saint portait dans l'Andalousie ses armes victorieuses. Il avait assiégé la ville de Jaén et jurait de ne pas lever le camp avant d'avoir pris possession de la place. Mohamed Ibn Alahmar, convaincu de l'insuffisance de ses moyens, en face du puissant souverain de Castille, prit une rapide résolution, se rendit secrètement au camp chrétien et se présenta à l'improviste au roi Ferdinand.

—Tu vois en moi, lui dit-il, Mohamed, roi de Grenade. Je me fie à ta bonne foi et me mets sous ta protection. Prends tout ce que je possède et accepte-moi comme ton vassal.

Touché par cette preuve de confiance, le roi Ferdinand décida de ne pas être en reste de générosité. Il releva son ancien rival et l'embrassa comme un ami. Il n'accepta pas les richesses proposées, mais le prit pour vassal, le laissant maître de ses domaines à condition qu'il lui versât un tribut annuel, assistât aux Cortes au même titre que les autres nobles de son empire et le servît à la guerre avec un certain contingent de cavaliers.

Peu de temps après, Mohamed fut appelé à fournir son aide militaire au roi Ferdinand, à l'occasion du fameux siège de Séville. Le roi maure sortit de Grenade avec cinq cents cavaliers d'élite qui savaient mieux que personne au monde tenir un coursier et manier la lance. Participation humiliante et mélancolique, car ils devaient tourner leur épée contre leurs coreligionnaires.

Mohamed se distingua, dans cette conquête, par ses prouesses et plus encore par l'humanité qu'il fit adopter au roi Ferdinand dans les usages de la guerre. Lorsque, en 1248, la fameuse cité de Séville se rendit au monarque castillan, Mohamed rentra dans ses domaines, triste et soucieux. Il voyait tous les maux qui menaçaient la cause musulmane et prononça cette exclamation qui lui revenait souvent à la bouche, dans les jours d'angoisse: «Ah, que notre vie serait étroite et misérable, si nos espoirs n'étaient si vastes et débordants!»

¡Qué angosta y miserable sería nuestra vida, si no fuera tan dilatada y espaciosa nuestra esperanza!

Quand le mélancolique vainqueur approcha de sa Grenade bien-aimée, la foule se massa dans les rues pour le voir, pleine d'impatience et de joie, car elle l'aimait comme un bienfaiteur. On avait élevé des arcs de triomphe en l'honneur de ses exploits guerriers, et partout où il passait on l'acclamait «*El Ghalib*», le vainqueur. En s'entendant appeler ainsi, Mohamed secoua la tête et s'exclama: *Wa le ghalib ilé Ala* (Il n'y a de vainqueur que Dieu). Dès lors, il adopta cette devise. Il l'écrivit en travers de son écu et ses descendants la conservèrent.

Mohamed avait acheté la paix en se soumettant au joug des chrétiens; mais il savait que cet état de choses, basé sur des éléments si discordants et empreints d'une hostilité si profonde, n'avait guère de chances de durer. Appliquant la vieille maxime: «Arme-toi durant la paix et habille-toi durant l'été», il tira parti de cet intervalle de tranquillité pour fortifier ses domaines, remplir ses arsenaux et encourager les arts utiles qui donnent à un empire la richesse et la puissance réelle. Il distribua des prix et des récompenses aux meilleurs artisans, protégea le développement de la race chevaline et des animaux domestiques, favorisa l'agriculture et, doublant par ses soins la fertilité naturelle de ses terres, transforma en jardins les belles vallées de son royaume. Il s'intéressa également à la production et à la fabrication de la soie, au point que les tissus de Grenade surpassèrent même ceux de Syrie en finesse et en beauté. Il fit exploiter activement les mines d'or, d'argent et d'autres métaux qu'on avait découvertes dans les régions montagneuses de son royaume et fut le premier roi de

Grenade qui battit à son nom de la monnaie d'or et d'argent, veillant à ce que l'exécution en fût toujours soignée.

C'est à ce moment, vers le milieu du treizième siècle et juste après son retour de Séville, qu'il commença à batir le splendide palais de l'Alhambra, dont il surveillait et dirigeait en personne les travaux, mêlé aux artistes et aux manœuvres.

Bien que magnifique dans ses œuvres et grand dans ses entreprises, il était simple en privé, et modéré dans ses plaisirs. Son costume, dépourvu de tout faste, ne le distinguait pas de ses sujets. Son harem n'abritait qu'un petit nombre de beautés et encore ne les visitait-il que rarement, bien qu'il les entretînt avec opulence. Ses femmes étaient les filles des principaux nobles et il les traitait comme des amies et des égales. Mieux encore, il avait réussi à les faire vivre ensemble amicalement. Il passait beaucoup de temps dans ses jardins, surtout dans ceux de l'Alhambra qu'il avait parés des plantes les plus rares et des fleurs les plus belles et les plus odorantes. Là, il prenait plaisir à lire des chroniques ou à s'en faire lire; et parfois, entre deux affaires, il s'occupait de l'instruction de ses trois fils auxquels il avait donné les maîtres les plus instruits et les plus vertueux.

Comme il s'était proposé spontanément et volontairement comme vassal à Ferdinand, il lui resta toujours loyal et lui donna maintes preuves de fidélité et d'attachement. Lorsque ce glorieux monarque mourut à Séville en 1254, Mohmed Ibn Alahmar envoya des ambassadeurs apporter ses condoléances à Alphonse X, qui lui succédait et avec eux une vaillante escorte de cent chevaliers maures de haut rang, chargés de veiller la dépouille mortelle, chacun tenant en main un cierge allumé. Le monarque musulman renouvela ce grand témoignage de respect à chaque anniversaire de la mort du roi Ferdinand le Saint: chaque fois, les cent gentilshommes maures se rendaient de Grenade à Séville, où ils reprenaient leur poste, cierges allumés, autour du cénotaphe royal, au centre de la sompteuse cathédrale.

Mohamed Ibn Alahmar conserva toutes ses facultés et sa vigueur jusqu'à un âge avancé. A soixante-dix-neuf ans, il partit à cheval, avec la fleur de sa chevalerie, pour résister à une invasion. Comme l'armée sortait de Grenade, un des principaux *adalides* —ou guides— qui avait pris les devants, brisa accidentellement sa lance contre l'arc de la porte. Alarmés par cette circonstance, qu'ils considéraient comme un mauvais présage, les conseillers du roi le supplièrent de revenir sur ses pas. Mais ce fut en vain. La roi persista dans sa résolution et à midi le présage s'accomplit fatalement, disent les chroniqueurs maures. Mohamed, brusquement pris de malaise, faillit tomber de son cheval. On le plaça sur une litière et on voulut le ramener à Grenade, mais son mal s'aggrava à tel point que l'on dut planter sa tente dans la *vega*. Ses médecins consternés ne savaient quels remèdes prescrire. Au bout de quelques heures, il cracha du sang et mourut dans de violentes convulsions. Le prince castillan Don Philippe était à ses côtés lorsqu'il expira. Son corps embaumé fut enfermé dans un cercueil d'argent et enterré à l'Alhambra dans un sépulcre de marbre précieux, au milieu des sincères lamentations de ses sujets qui le pleuraient comme un père.

Tel fut le patriote éclairé qui fonda l'Alhambra, le prince dont le nom reste entrelacé aux ornements les plus gracieux et les plus délicats du palais et dont la mémoire est bien faite pour inspirer les idées les plus hautes à ceux qui parcourent le théâtre désolé de sa magnificence et de sa gloire.

Malgré l'ampleur de ses entreprises et les dépenses qu'elles coûtèrent, les caisses de son trésor étaient toujours pleines. C'est cette apparente contradiction qui donna naissance à la légende selon laquelle le roi pratiquait la magie et possédait le secret de transmuer les vils métaux en or. Ceux qui auront suivi avec attention sa politique intérieure, telle qu'on l'a exposée ici, s'expliqueront aisément la magie naturelle et la simple alchimie qui faisaient déborder son trésor.

YUSEF ABUL HAGIG
OU
L'ACHEVEMENT DE L'ALHAMBRA

Sous l'appartement du gouverneur, se trouve à l'Alhambra, la mosquée royale où les monarques musulmans accomplissaient leurs dévotions privées. Bien que consacrée chapelle catholique par la suite, elle porte des traces de son origine mauresque; on y voit toujours les colonnes sarrasines avec leurs chapiteaux dorés et les galeries à jalousies destinées aux femmes du harem; et les écussons des rois maures sur les murs se mêlent à ceux des souverains castillans.

C'est en ce lieu saint que mourut l'illustre Yusef Abul Hagig, le prince magnanime qui acheva l'Alhambra et qui, pour ses vertus et sa valeur, mérite presque autant de renom que celui qui fonda ce palais. C'est avec plaisir que je tire de l'obscurité, où on l'a trop longtemps laissé, le nom d'un autre de ces princes d'une race évanouie et presque oubliée qui régna dans la splendeur et le raffinement, tandis que toute l'Europe était plongée dans une relative barbarie.

Yusef Abul Hagig (ou bien Haxis, comme on l'écrit parfois) accéda au trône de Grenade en 1333. Son aspect physique et ses qualités morales lui gagnèrent tous les cœurs et firent augurer d'emblée un règne heureux et prospère. Il était de noble prestance, d'une force singulière et d'une grande beauté virile. Il avait le teint exceptionnellement clair et, selon les chroniqueurs arabes, il rehaussait la gravité et la majesté de son apparence en conservant une longue barbe qu'il teignait en noir. Il avait une excellente mémoire, garnie de science et d'érudition. D'un génie vif, il était reconnu comme le meilleur poète de son temps. Ses manières étaient aimables, affables, élégantes. Yusef possédait le courage qui est commun à tous les esprits généreux, mais son caractère s'accordait mieux à la paix qu'à la guerre. Lorqu'il prenait les armes, comme il fut contraint de le faire à plusieurs reprises, il échouait en général. Portant sa bénignité personnelle jusque dans la guerre, il interdisait toute cruauté inutile, et recommandait la pitié et la sollicitude à l'égard des femmes, des enfants, des vieillards, des infirmes, de tous les moines et religieux. Parmi ses malheureuses entreprises figure la grande campagne qu'il fit avec le roi du Maroc, contre les rois de Castille et de Portugal qui le défirent dans la mémorable bataille du Salado, revers désastreux qui faillit porter un coup mortel à la domination musulmane en Espagne.

Après cette défaite, Yusef obtint une longue trêve, durant laquelle il se consacra à l'instruction de son peuple et au perfectionnement de ses mœurs. A cette fin, il établit des écoles dans tous les villages, avec un système d'éducation très simple et uniforme; il obligea tout hameau de plus de douze maisons d'avoir une mosquée et il interdit les divers abus et inconvenances qui s'étaient introduits dans les cérémonies religieuses, ainsi que dans les fêtes et divertissements publics. Il réglementa la police de la ville et établit des patrouilles et des gardes de nuit. Il inspecta les affaires municipales. Il se préoccupa également d'achever les grands travaux architecturaux de ses prédécesseurs et d'en créer d'autres sur ses propres plans. C'est ainsi qu'il termina l'Alhambra, fondé par le bon Ibn Alahmar: Yusef construisit la belle Porte de la Justice, terminée en 1348, qui forme l'entrée de la forteresse. Il orna également plusieurs cours et salles du palais, ainsi qu'on peut le voir sur les inscriptions des murs, où son nom revient à maintes reprises. Il éleva également le noble *Alcázar*—ou citadelle—de Málaga, qui n'est plus aujourd'hui qu'une masse de ruines informes, mais qui devait montrer dans son intérieur une élégance et une magnificence analogues à celles de l'Alhambra.

Le génie d'un souverain marque tout son temps. Les nobles de Grenade, imitant les goûts élégants et gracieux de Yusef, emplirent bientôt la ville de Grenade de palais magnifiques dont les salles étaient pavées de mosaïques, les murs et les plafonds travaillés en dentelle et délicatement coloriés de bleu, de vermillon et d'autres brillantes couleurs, ou bien revêtus de cèdre et d'autres bois précieux. Malgré le passage des siècles, il en subsiste des spécimens dans tout leur lustre. Beaucoup de ces demeures avaient des fontaines dont les jets rafraîchissaient l'air. Elles avaient également de hautes tours de bois ou de pierre curieusement creusées et sculptées, et recouvertes de plaques de métal qui étincelaient au soleil. Telles étaient la pureté et la délicatesse qui se manifestaient dans l'architecture de ce peuple si épris d'élégance; pour reprendre la belle comparaison d'un écrivain arabe, «Grenade, au temps de Yusef, était un vase d'argent débordant d'émeraudes et de jacinthes».

Une anecdote suffira à montrer la magnanimité de ce généreux prince. La longue trêve qui avait succédé à la bataille du Salado était parvenue à son terme et tous les efforts de Yusef en vue de la renouveler furent vains. Son ennemi mortel, Alphonse XI de Castille, se mit en guerre avec de gros effectifs et assiégea Gibraltar. Yusef, à contre-cœur, prit les armes et envoya des renforts pour soutenir la ville. Or, voici qu'au milieu de son angoisse, il apprit que son redoutable adversaire venait de succomber à la peste. Au lieu de s'en réjouir bruyamment, Yusef, touché d'une noble tristesse, rappela les grandes qualités du défunt: «Hélas! s'écria-t-il, le monde a perdu un de ses princes les plus accomplis; un roi qui savait honorer le mérite aussi bien chez ses ennemis que chez ses amis!»

Les chroniqueurs espagnols eux-mêmes attestent sa magnanimité. Ils rapportent que les chevaliers maures, partageant les sentiments du roi, portèrent le deuil d'Alphonse XI. Même ceux de Gibraltar, qui avaient été assiégés de si près, lorqu'ils apprirent que le monarque ennemi gisait dans son camp, décidèrent entre eux de ne faire aucun mouvement hostile contre les chrétiens. Le jour où l'adversaire leva le camp et emmena le corps d'Alphonse XI, les Maures sortirent en masse de Gibraltar et assistèrent, muets et mélancoliques, au cortège funèbre. La même révérence pour le défunt fut observée par tous les chefs maures de la frontière, qui laissèrent passer dans le calme le cortège qui ramenait le roi décédé de Gibraltar à Séville [1].

Yusef ne devait pas survivre longtemps à l'ennemi qu'il avait si généreusement pleuré. En 1354, un jour qu'il priait dans la mosquée royale de l'Alhambra, un fou bondit soudain derrière lui et lui enfonça une dague dans le flanc. Aux cris du roi, les gardes et les courtisans accoururent. Il le trouvèrent baignant dans son sang et se tordant dans les convulsions. Mené aux appartements royaux, il expirait peu après. Le meurtrier fut déchiré en morceaux et ses membres ensevelis publiquement pour satisfaire la furie de la populace.

Le corps du roi fut enterré dans un superbe sépulcre de marbre blanc. Une longue épitaphe d'or sur fond bleu rappe-

---

[1] «Y los moros que estaban en la Villa y Castillo de Gibraltar después que sopieron que el Rey don Alonso era muerto ordenaron entresi que ninguno fuese osado de fazer ningun movimiento contra los cristianos nin mover pelea contra ellos; estovieron todos quedos y dezian entre ellos que aquel dia muriera un noble rey y un gran principe del mundo.» (Cité par l'auteur.)

lait ses vertus: «Ci-gît un roi et un martyr d'illustre descendance, aimable, cultivé, vertueux; renommé pour la grâce de
sa personne et des ses manières, ainsi que pour sa clémence,
sa piété et sa bienveillance, exaltées à travers tout le royaume
de Grenade. Ce fut un grand prince, un illustre capitaine; épée
tranchante des musulmans; vaillant porte-drapeau entre les
rois les plus puissants...»

La mosquée subsiste encore, qui entendit les derniers cris
de Yusef; mais le monument qui rappelait ses vertus a disparu
depuis longtemps. Pourtant son nom reste inscrit parmi les ornements de l'Alhambra et survivra, mêlé au palais légendaire
dont l'embellissement fit sa fierté et ses délices.

L'AUTEUR DIT ADIEU A GRENADE

MON règne heureux et pacifique sur l'Alhambra devait brusquement prendre fin. Un jour que je goûtais voluptueusement la fraîcheur de la salle des bains, des lettres me parvinrent qui m'enjoignaient de quitter mon élysée musulman pour me retremper dans l'agitation et les affaires du monde trépidant. Comment allais-je affronter ses tracas et son tumulte, après avoir mené une telle vie de calme et de rêve? Comment supporterais-je sa contrainte prosaïque, après avoir vécu dans la poésie de l'Alhambra?

Peu de préparatifs me suffisaient. Une carriole *(tartana)* devait nous conduire, un jeune Anglais et moi, par Murcie, Alicante et Valence, vers la France; et un escogriffe, qui avait été contrebandier—et voleur, je crois bien—devait nous servir de guide et de garde du corps. Les préparatifs furent bientôt faits, mais le départ se révéla difficile. Jour après jour, je le différais, et plus je m'attardais dans les lieux que j'aimais, plus je leur trouvais de charme.

Je m'étais attaché également au petit monde domestique et social parmi lequel j'évoluais, et l'intérêt que l'on me montra, à l'occasion de mon départ, me convainquit que mes sentiments étaient partagés. En fait, quand le jour arriva, je n'eus pas la force de prendre congé de la bonne Tía Antonia. Je sentais que le tendre cœur de la petite Dolores était gros à éclater... Je fis donc silencieusement mes adieux au palais et à ceux qui l'habitaient, puis je descendis en ville, comme si je devais être bientôt de retour. Là, mon guide m'attendait avec la *tartana*. Après avoir déjeuné avec mon compagnon de voyage dans une *posada,* nous nous mîmes en route.

Humble fut le cortège et triste le départ du deuxième *Rey Chico!* Manuel, le neveu de Tía Antonia, Mateo, mon officieux écuyer, aujourd'hui désolé, et deux ou trois vieux Invalides de l'Alhambra, avec qui j'avais pris l'habitude de bavarder, étaient descendus pour me dire adieu: c'est une belle coutume ancienne en Espagne que de faire plusieurs kilomètres pour accueillir un ami qui arrive ou pour accompagner un ami qui s'en va. Nous nous mîmes donc en route, ayant devant nous notre garde dégingandé, escopette en bandoulière, Manuel et Mateo de chaque côté de la *tartana* et les vieux Invalides derrière.

A quelque distance au nord de Grenade, la route s'élève sur les collines; je mis pied à terre et fis quelques pas avec Manuel, qui profita de l'occasion pour me confier le secret de son cœur et ses amours avec Dolores, dont j'avais été informé depuis longtemps par cette agence de nouvelles qu'était Mateo Jiménez. Son diplôme de docteur rapprochait leur union; il ne leur manquait plus que la dispense du Pape, à cause de leur consanguinité. S'il pouvait ensuite obtenir le poste de docteur dans la forteresse, son bonheur serait complet! Je le félicitai du discernement et du bon goût dont il avait fait preuve dans le choix de sa compagne, souhaitai toute la félicité possible à leur union et exprimai mon assurance de voir la surabondante tendresse de la gentille Dolores se fixer sur un objet plus stable que des chats vagabonds et des pigeons volages.

Il me fut dur de quitter ces bonnes gens et de les voir lentement redescendre les collines, se retournant de temps en temps pour me faire, de la main, un dernier signe d'adieu. Manuel, lui, avait de joyeuses perspectives pour se consoler, mais le pauvre Mateo semblait complètement abattu. De son poste de premier ministre et d'historiographe à son misérable emploi de tisserand, la chute était pénible; et le pauvre diable, malgré son excessive obligeance, avait pris, je ne sais comment, une plus grande place que je ne pensais dans mes affections. C'eût été pour moi, à ce moment, une réelle consolation que de prévoir la bonne fortune qui l'attendait et à laquelle j'avais contribué: l'importance que j'avais attachée à ses histoires, à ses bavardages et à ses connaissances locales, ainsi que la familiarité dans laquelle je l'avais admis au cours de nos nombreuses promenades, en élevant chez lui l'idée de ses mérites, lui ouvrirent une nouvelle carrière. Le fils de l'Alhambra est devenu depuis un cicerone officiel et bien payé. La preuve en est qu'il n'a jamais été obligé de reprendre la vieille cape en guenilles dans laquelle je le trouvai la première fois.

Vers le crépuscule, j'arrivai au point où la route s'enfonce en zigzag dans les montagnes. Je m'arrêtai pour jeter un dernier coup d'œil sur Grenade. La colline sur laquelle nous étions dominait un merveilleux panorama de la ville, de la *vega* et des montagnes environnantes. Elle était juste à l'opposé de la *Cuesta de las Lágrimas,* celle du dernier soupir du Maure. Je pouvais maintenant ressentir quelque chose de la douleur qui étreignit le pauvre Boabdil, lorsqu'il dit adieu au paradis qu'il laissait et vit devant lui la route stérile et caillouteuse qui le conduisait à l'exil.

Le soleil couchant, comme à l'accoutumée, répandit une mélancolique splendeur sur les tours cuivrées de l'Alhambra. Je pouvais à peine discerner le balcon de la tour de Comares où j'avais goûté si souvent les délices de la rêverie. Les bois touffus et les jardins autour de la ville reflétaient la riche dorure du soleil; la buée violette des soirs d'été voilait la *vega*. Que tout était à la fois triste et charmant à mes derniers regards!

«Il faut que je quitte ce paysage avant le coucher du soleil, me dis-je, pour le conserver dans toute sa beauté.»

Je poursuivis donc ma route parmi les montagnes. Quelques pas encore et Grenade, la *vega* et l'Alhambra avaient disparu de ma vue; et c'est ainsi que s'acheva un des rêves les plus délicieux d'une vie trop faite de songes, peut-être, au gré de mon lecteur.

INDEX

TABLE DES MATIERES

INDEX DES GRAVURES